Udo Marquardt

Spaziergänge mit Sokrates

Große Denker und
die kleinen Dinge des Lebens

Verlag C.H. Beck

Die Deutsche Bibliothek – CIP-Einheitsaufnahme

Marquardt, Udo:
Spaziergänge mit Sokrates : große Denker und die kleinen Dinge des Lebens / Udo Marquardt – Orig.-Ausg. – 2. Aufl. – München : Beck, 2001
(Beck'sche Reihe ; 1363)
ISBN 3 406 42163 6

Originalausgabe
ISBN 3 406 42163 6

Zweite Auflage, 2001
Umschlagentwurf: + malsy, Bremen
Umschlagabbildung: Joan Miró: Carta Collage, 1929

Gesamtherstellung: Druckerei C. H. Beck, Nördlingen
Printed in Germany

www.beck.de

Inhalt

Einleitung

Ein Bart macht keinen Philosophen

Paris im Juni 1970. Zusammen mit Freunden verkauft der Philosoph Jean-Paul Sartre auf der Straße *La Cause du Peuple*, eine verbotene maoistische Zeitung. Die Polizei taucht auf, es kommt zu einem kleinen Tumult, die Zeitungsverkäufer werden zum Kommissariat gebracht. Wie üblich werden die Ausweise verlangt. Alle Beteiligten müssen Anschrift und Beruf angeben. Auch Jean-Paul Sartre.

Die Szene auf der Polizeiwache entbehrt nicht einer gewissen Komik. Der weltberühmte Philosoph Sartre muß beweisen, daß er Sartre ist. Der Spuk bei der Polizei dauert keine zwei Stunden, dann sind Sartre und seine Freunde wieder frei. Als Beruf hatte Sartre schließlich Schriftsteller angegeben. Hätte er auf die Bezeichnung Philosoph bestanden, wäre er nicht so rasch freigekommen. Der Autor von *Das Sein und das Nichts* war nicht einmal Professor der Philosophie. Um Sartres Identität als Philosoph zu überprüfen, hätte es gewiß mehr als zwei Stunden gebraucht. Denn was ein Philosoph ist, weiß eigentlich niemand so genau. Um zu beweisen, daß er Philosoph ist, hätte Sartre belegen müssen, daß er an irgendeiner Universität Philosophie lehrt. Aber das tat er nicht.

Wenn man das Kriterium der Professur anlegt, wäre eine ganze Reihe von Denkern keine Philosophen gewesen. Augustinus war Kirchenmann, ebenso Malebranche und Berkeley. Seneca und Marc Aurel waren Politiker. Montaigne Beamter, Giordano Bruno Astronom. Leibniz und Locke verdienten ihr Geld als Diplomaten, Spinoza als Linsenschleifer, Schopenhauer und Kierkegaard lebten vom Kapital ihrer Eltern. Eine Professur hatte keiner von ihnen. Und doch waren alle Philosophen. Ein festes Berufsbild des Philosophen gibt es offenbar nicht. Das Kriterium der Professur allein macht den Philosophen nicht aus. Woran also erkennt man, ob einer Philosoph ist?

In der Antike gehörte der Bart zum Philosophen. Aristoteles, Platon, Sokrates – allesamt bärtig. Aber schon rasch machte die Erkenntnis die Runde, daß allein ein Bart auch nicht genügt, um einen Philosophen zu machen. Jeder mit Bart ein Philosoph? Das war denn doch etwas zuviel. Und so verdanken wir dieser Erkenntnis das Merkwort *Barba non facit philosophum*, ein Bart macht keinen Philosophen. Die Denker der Neuzeit sind entsprechend gut rasiert, mit Ausnahme von Marx und Bachelard. Nur der Schnurrbart hält sich am Leben. Der Schnauzer von Hobbes war berühmt. Sein Biograph Austen notierte: „Sein rötlich blonder Schnurrbart bog sich ganz natürlich nach oben, was kennzeichnend ist für einen lebhaften Geist." Friedrich Nietzsches Schnäuzer hatte geradezu übermenschliche Dimensionen.

Lange wurde den Philosophen nachgesagt, sie würden sich nicht waschen. Wenn man den Philosophen also nicht am Bart erkennt, dann vielleicht am Geruch. Unsauberkeit, das war vor allem das Markenzeichen der kynischen Philosophen des Altertums, der berühmteste von ihnen war Diogenes von Sinope, der mit der Tonne. Die Kyniker hatten ihren Namen von dem griechischen Wort für Hund: *kyon*. In der Weigerung sich zu waschen lag eine Ablehnung der gesellschaftlichen Normen. Wenn Bedürfnislosigkeit zum philosophischen Programm gehörte, warum sollte man dann unbedingt auf einem Bad bestehen? Zumal wenn man auf der Straße oder in einer Tonne lebte. Dann war es mit dem Waschen ohnehin nicht einfach. Und wer wie die Kyniker seinen Lebensunterhalt erbettelte, wer also als eine Art gesellschaftlicher Parasit lebte, der konnte aus Dankbarkeit ruhig ein paar Parasiten auf der eigenen Haut und im Haar ernähren. Denn bärtig und struppig waren die Kyniker übrigens auch. Ein strenger Geruch als Markenzeichen des Philosophen hat sich inzwischen allerdings überlebt. Immerhin hat sich der Brauch der Unsauberkeit unter den Philosophen länger gehalten als das Tragen eines Bartes. Im 17. Jahrhundert erklärt ein Biograph Spinozas, der Denker habe sich durch seine Sauberkeit ausgezeichnet, was um so bemerkenswerter sei, als Spinoza ja Philosoph gewesen sei. Und sogar noch Sartre soll in der Tradition des Vermeidens von Wasser und Seife gestanden haben. Im ersten Weltkrieg gaben ihm seine Kameraden den Spitznamen „der Mann mit den schwarzen Handschuhen".

Antisthenes, ebenfalls ein Kyniker, hat den Philosophenmantel erfunden. Das war ein grobes Stück Stoff, irgendwo zwischen Poncho und Schlafsack. Groß genug, um darunter diverse Geschäfte auf der Straße zu erledigen, von der Verdauung bis zur Liebe, allein oder zu zweit. Immerhin hat der Mantel Antisthenes den Beinamen eingetragen „Hund in einfachem Mantel". Der Philosophenmantel hieß bei den Griechen *tribon*, bei den Römern *pallium*. Und er war in der Antike so berühmt, daß Herodes Atticus spotten konnte: „Ich sehe einen Bart und einen Mantel, einen Philosophen sehe ich nicht." Dem Mantel ging es wie dem Bart, er allein weihte nicht ein in die Geheimnisse der Philosophie.

Zum Mantel des Philosophen gehörte der Stock. Ideal, um Hunde und Schlangen zu verscheuchen. Geeignet aber auch als Argumentationshilfe, sozusagen als *argumentum ad hominem*. Die Sitte des Stocktragens hatte sich allerdings bei Hobbes so verfeinert, daß er in seinem Stockknauf einen Federhalter und ein Tintenfaß hatte, um Ideen notfalls sofort notieren zu können. Mit einem solchen Stock verscheucht man keine Hunde mehr und keine philosophischen Gegner.

Halten wir also fest: Der Philosoph stinkt nicht, er ist weder am Bart, noch am Mantel oder am Spazierstock zu erkennen. Und ein Professor an der Universität muß er auch nicht sein. Bleibt als Kennzeichen des Philosophen das Schreiben von Büchern. Viele von ihnen kennt fast jeder, zumindest vom Titel: Kants *Kritik der reinen Vernunft* etwa; Hegels *Phänomenologie des Geistes*; Martin Heideggers *Sein und Zeit* oder Nietzsches *Zarathustra*. Eine Frage ist, worum es in diesen Büchern geht; eine andere Frage ist, wer sie gelesen hat; noch eine andere Frage, wer sie verstanden hat. Das Schreiben von Büchern hat eine lange Tradition in der Philosophie des Abendlandes. Platon, Aristoteles, Plotin, Augustinus, Thomas von Aquin – sie alle haben uns Texte hinterlassen, ihr Denken lebt in diesen Büchern fort.

Das Buch also als Attribut des Philosophen? Auch hier ist Vorsicht angebracht. Denn am Beginn der Philosophie steht keineswegs das Verfassen von Texten, sondern das Gespräch. Sokrates, der Philosoph schlechthin, hat kein einziges Buch geschrieben. Seine philosophische Methode war das Gespräch. Auf dem Marktplatz von Athen diskutierte er mit Passanten über Fragen wie: Was ist die Tapferkeit? Was ist Frömmigkeit? Ihm wäre es nie in den Sinn gekommen, seine Gedanken aufzuschreiben. Was wir über Sokrates wissen, ist aus zweiter Hand. Platon, Aristophanes, Xenophon und Diogenes Laertios haben über Sokrates geschrieben. Sokrates selbst schweigt zu uns. Daß Sokrates kein Buch geschrieben hat, ist keineswegs auf Faulheit zurückzuführen. Auch konnte Sokrates lesen und schreiben. Das philosophische Gespräch war ihm die ureigenste Methode des Philosophierens. Im Gespräch formen sich die Gedanken, sie lassen sich prüfen, ändern. Das Gespräch erlaubt einen spielerischen Umgang mit dem Denken. Es ist nicht auf Ergebnisse aus, sondern auf den Fortschritt des Gedankens, des Denkens selbst.

Sich einen Gedanken klar zu machen funktioniert am besten, indem man über diesen Gedanken spricht, bei einem Spaziergang etwa, oder beim Herumschlendern auf dem Markt. Man prüft seine Ideen gesprächsweise, während man hin und wieder halt macht, um die Aussicht zu genießen, oder einige Tomaten genauer in Augenschein zu nehmen.

Philosophie also nicht als staubtrockene Arbeit in der Bibliothek, sondern als Spiel der Gedanken beim Spazierengehen. Es ist ganz natürlich, wenn man dabei auf Seitenwege gerät, auf Wege, die nicht nur von der Philosophie handeln, sondern auch von den Philosophen. Ohne sie gäbe es ja die Philosophie überhaupt nicht. Eine Tatsache, die allzu oft vergessen wird. Auf diesen Seitenwegen der Philosophie werden also Geschichten erzählt über die Liebe, den Streit und den Tod der Philosophen. Es darf mit ihnen geschmaust und gelacht werden. Das Frühstücksei ist ebenso ein Thema wie das Fernsehen oder das Ding an sich.

Es ist nicht wichtig, daß solche Gedanken-Spaziergänge ein Ergebnis haben. Die Gespräche des Sokrates, wie sie Platon in seinen Dialogen überliefert hat, enden in den meisten Fällen, ohne die eingangs gestellte Frage endgültig zu beantworten. Dahinter steht die Einsicht, daß es auf die wirklich wichtigen Fragen wohl keine endgültigen Antworten gibt. Und wenn doch, so ist der Mensch kaum in der Lage, sie zu begreifen. Ich weiß, daß ich nichts weiß, hat Sokrates gesagt. Das hinderte ihn nicht, sich und seinen Mitbürgern immer neue Fragen zu stellen. Ja, gerade deshalb stellte er sie. Wichtig ist allein, sich auf den Weg zu einer Antwort zu machen. Denn der Weg ist in diesem Fall das Ziel: die Philosophie.

Spaziergänge mit Sokrates

Über Gehen und Denken

Gehen hilft beim Denken. Diese Einsicht ist fast so alt, wie die europäische Philosophie. Was man nicht im Kopf hat, muß man in den Beinen haben. Um die Gedanken aus den Beinen in den Kopf zu bekommen, sind viele Philosophen begeisterte und ausdauernde Spaziergänger. Das war schon im alten Griechenland so. Gleich der erste Philosoph, Thales, war Spaziergänger. Auch wenn er beim Spazierengehen noch in einen Brunnen fiel, so waren seine Gedankengänge doch erfolg- und einflußreich.

Thales lebte im siebten Jahrhundert vor Christus in Milet, einem Städtchen an der ionischen Küste Kleinasiens, ein wenig südlich von der Insel Samos gelegen. Thales gehörte zu den Sieben Weisen, und wir verdanken ihm die Einteilung des Jahres in 365 Tage, den Thaleskreis und die Entdeckung des Kleinen Bären. Er gilt als Begründer der ionischen Naturphilosophie und war überzeugt, der Urstoff der Welt sei das Wasser.

In den antiken Lebensbeschreibungen begegnet uns Thales als ein seltsamer Kauz und verschrobener Einzelgänger, als menschenscheuer Sonderling. So berichtet Diogenes Laertios, Thales habe auf die Frage seiner Mutter, warum er unverheiratet sei, erwidert: „Noch ist nicht Zeit dazu." Als sie ihn im fortgeschrittenen Alter deswegen immer heftiger bedrängte, wehrte er sich: „Nun ist die Zeit dazu vorüber." Auf Kinder verzichtete er mit der Begründung, er tue es „aus Liebe zu den Kindern".

Von Thales nun wird erzählt, er sei eines Tages beim Spazierengehen in einen Brunnen gefallen, weil er den Himmel beobachtet habe. Dabei sah ihn eine thrakische Magd. Sie mußte über den Philosophen, der mit dem Kopf im Nacken spazierte und deshalb in den Brunnen fiel, lauthals lachen und spottete, er übersehe vor lauter Nachdenken über den Himmel, was direkt vor seinen Füßen liege. Platon hat in seinem Dialog *Theaitetos* die Geschichte vom Spaziergang des Thales überliefert und kommentiert: „Mit diesem nämlichen Spotte nun reicht man immer noch aus gegen alle, welche in der Philosophie leben. Denn in der Tat, ein solcher weiß nichts von seinem Nächsten und Nachbar, nicht nur nicht, was er betreibt, sondern kaum, ob er ein Mensch ist oder etwa irgendein anderes Geschöpf."

Doch trotz Sturz und Spott war der Spaziergang des Thales kein Reinfall. Denn wegen seiner Himmelsbeobachtungen beim Spazierengehen konnte er die Sonnenfinsternis vom 28. Mai 585 v.Chr. vorhersagen, damals eine wissenschaftliche Sensation. An diesem Tag beginnt denn auch sozusagen offiziell die Philosophie der Griechen. Ein bedeutendes Datum also. Entsprechend bissig kommentiert Hegel in seinen *Vorlesungen über die Geschichte der Philosophie* von 1805 das Lachen der thrakischen Magd über den Philosophen im Brunnen. „Das Volk lacht über dergleichen, hat den Vorteil, daß die Philosophen ihm dies nicht heimgeben können. Die Menschen begreifen nicht, daß die Philosophen über sie lachen, die freilich nicht in die Grube fallen können, weil sie ein für allemal darin liegen – weil sie nicht nach dem Höheren schauen."

Die Wege des Sokrates durch Athen endeten nicht wie bei Thales mit einem harmlosen Sturz. Sokrates mußte sich 399 vor Christus selbst den Tod geben. Denn er fragte nicht nach dem Himmel, sondern nach dem Menschen. Und das, so scheint es, fanden seine Mitbürger gar nicht lustig. Sie lachten nicht mehr wie die thrakische Magd zwei Jahrhunderte zuvor, sondern schafften sich Sokrates vom Halse. Denn irgendwann ging den Athenern sein dauerndes Fragen auf die Nerven. Einige von ihnen behaupteten, er leugne die Götter und verderbe die Jugend. Damit brachten sie Sokrates vor Gericht. Er wurde verurteilt, den tödlichen Schierlingsbecher zu trinken. Man sieht, die Zeiten waren härter geworden für die Philosophen. Aber das lag auch daran, daß sie ihre Themen verändert hatten.

Sokrates ging es um eine begründete Sittlichkeit. Er war überzeugt, wer einmal begriffen hat, was gut ist, kann gar nicht schlecht handeln. Es kam also darauf an, den Menschen Einsicht in das Gute zu verschaffen. Deshalb spazierte er Tag für Tag durch Athen und verwickelte seine Mitbürger in philosophische Gespräche über die Tugenden, die Gerechtigkeit und das Gute.

In seinem *Phaidros* führt Platon einen solchen Spaziergang des Sokrates vor. Gerade hat er Phaidros getroffen, den Titelhelden des Dialogs. Sokrates will wissen: „O lieber Phaidros, woher denn und wohin? – Vom Lysias, o Sokrates, dem Sohn des Kephalos, und ich gehe lustwandeln hinaus vor die Stadt; denn ich habe dort lange Zeit sitzend zugebracht von früh an. Und deinem und meinem Freund Akumenos folgend, pflege ich draußen auf den Straßen umherzugehen; dieses nämlich, sagt er, sei weniger ermüdend als das in den Wandelgängen."

Den Spaziergang, den Sokrates und Phaidros nun unternehmen, kann man heute noch nachgehen, auch wenn er nicht mehr vor die Tore Athens führt, sondern mitten durch die Stadt. Er folgt dem Lauf des Flüßchens Illissos hin zum Ardettos-Hügel.

„*Sokrates:* Hier laß uns abbiegen, am Illissos hinuntergehen und dann, wo es uns gefallen wird, uns einsam niedersetzen.
Phaidros: Zur rechten Zeit, wie es scheint, bin ich unbeschuht; denn du freilich bist es immer. So ist es am bequemsten, im Wässerchen selbst die Füße netzend zu gehen, und gar nicht unangenehm, zumal in dieser Jahreszeit um die jetzige Stunde.
Sokrates: So geh voran und sieh dich um, wo wir uns wohl setzen können.
Phaidros: Siehst du jene höchste Platane dort?
Sokrates: Wie sollte ich nicht?
Phaidros: Dort ist Schatten und mäßige Luft, auch Rasen, darauf zu sitzen oder, wenn wir wollen, uns niederzulegen.
(...)
Sokrates: Bei der Here! Dies ist ein schöner Aufenthalt. Denn die Platane selbst ist prächtig belaubt und hoch, und des Gesträuches Höhe und Umschattung gar schön, und so steht es in voller Blüte, daß es den Ort mit Wohlgeruch ganz erfüllt. Und unter der Platane fließt die lieblichste Quelle des kühlsten Wassers, wenn man seinen Füßen trauen darf. Auch scheint hier nach den Statuen und Figuren ein Heiligtum einiger Nymphen und des Acheloos zu sein. Und wenn du das suchst, auch die Luft weht hier willkommen und süß und säuselt sommerlich und lieblich in den Chor der Zikaden. Unter allen am herrlichsten aber ist das Gras am sanften Abhang in solcher Fülle, daß man hingestreckt das Haupt gemächlich kann ruhen

lassen. Kurz, du hast vortrefflich den Führer gemacht, lieber Phaidros.
Phaidros: Du aber, wunderbarer Mann, zeigst dich ganz seltsam. Denn in der Tat, wie du auch sagst, einem Fremden gleichst du, der sich herumführen läßt, und nicht einem Einheimischen. So wenig wanderst du aus der Stadt über die Grenze, noch auch selbst zum Tore scheinst du mir hinauszugehen.
Sokrates: Dies verzeih mir schon, o Bester. Ich bin eben lernbegierig, und Felder und Bäume wollen mich nichts lehren, wohl aber die Menschen in der Stadt."

Diese Rahmenhandlung des Dialogs erzählt einiges über Sokrates. Wir erfahren, daß Sokrates ein Stadtmensch ist. Schon wenige Meter vor den Toren Athens kennt er sich nicht mehr aus. Er gehört nicht in die Felder und Wiesen, sondern auf die Agora. Sokrates ist kein Spaziergänger, der Entspannung und Ruhe zum Nachdenken in der Natur sucht. Er ist Flaneur, eine typische Erscheinung der Stadt. Menschen will er treffen, denn um sie geht es ihm ausdrücklich. Philosophie ist eine öffentliche Angelegenheit. Als solche ist ihr Ort die Stadt. Genauer: die Agora, der Markt. Es braucht keinen besonderen Raum, um gemeinsam nachzudenken. Die Stufen eines Tempels tun es ebenso wie der Rand eines Brunnens, um sich zu setzen. Der Spaziergang mit Phaidros ist denn auch die Ausnahme. In keinem anderen Dialog Platons finden wir Sokrates vor den Toren Athens. Und eine Akademie, einen vor der Öffentlichkeit abgeschlossenen Ort zum Nachdenken, wie sein Schüler Platon sie eröffnete, hätte Sokrates wohl kaum gutgeheißen.

Freilich, der typische Flaneur war Sokrates auch nicht. Er ging nicht durch Athen, um zu sehen und gesehen zu werden. Eitelkeit war bei ihm nicht im Spiel. Auch das erfahren wir aus dem *Phaidros*. Denn Sokrates ging barfuß, legte also keinen Wert auf besondere Kleidung.

Zum Flaneur Sokrates paßt es, daß er keine schriftlichen Werke hinterlassen hat. Seine Gänge durch Athen, seine Gespräche auf der Agora sind, wenn man so will, sein Werk. Wann und wo sollte man auch Bücher schreiben, wie heute in der Philosophie üblich, wenn man den ganzen Tag auf den Beinen ist? Noch aus einem anderen Grund hat Sokrates nicht geschrieben. Das Schreiben hat etwas Endgültiges. Es fixiert das Gedachte auf dem Papier. Genau darum ging es Sokrates aber nicht. Er wollte keine Ergebnisse, wichtig war ihm die Arbeit des Denkens und Argumentierens selbst. Ich weiß, daß ich nichts weiß, heißt es sinngemäß in der *Apologie*, Sokrates' Verteidigungsrede vor dem Athener Gericht. Was also sollte man aufschreiben? Viel mehr ist Philosophie das ständige Überprüfen des eigenen Schein-Wissens.

So auch im Gespräch mit Phaidros, das sich um ästhetische und ethische Fragen, um den Vorzug des Redens vor dem Schreiben dreht. Auch wenn Sokrates für das Gespräch plädiert, das Ergebnis seiner Unterhaltung mit Phaidros bleibt offen. Es muß weiter nachgedacht werden. Entsprechend endet Platons Dialog mit der Aufforderung des Sokrates: „Laß uns denn gehen." Fügen wir an: zurück nach Athen, zu neuen Gesprächen, neuen Argumenten.

Erstaunlich an Sokrates ist, daß er zwar den ganzen Tag durch Athen lief, um seine Mitbürger zum Denken zu bewegen. Wenn er aber selbst einen Gedanken fassen mußte, dann ging er nicht, sondern blieb wie angewurzelt auf der Stelle stehen, wie Alkibiades in seiner Lobrede auf ihn betont: „Es war ihm etwas eingefallen, und er stand nachsinnend darüber von morgens an auf einer Stelle und, da es ihm nicht vonstatten ging, ließ er nicht nach, sondern blieb immer forschend stehen. Nun wurde es Mittag, und die Leute merkten es und erzählten verwundert einer nach dem anderen, daß Sokrates vom Morgen an über etwas nachsinnend dastehe. Endlich, als es Abend war und man gespeist hatte, trugen einige Ionier, denn damals war es Sommer, ihre Schlafdecken hinaus, teils um im Kühlen zu schlafen, teils um auf ihn achtzugeben, ob er auch die Nacht über da stehenbleiben würde. Und er blieb stehen, bis es Morgen wurde und die Sonne aufging; dann verrichtete er noch sein Gebet an die Sonne und ging fort."

Platon, der berühmteste Schüler des Sokrates, zog aus dem gewaltsamen Tod seines Lehrers durch den Schierlingsbecher die Konsequenz. Er verzichtete darauf, seine Mitbürger auf der Agora zum Philosophieren anzuhalten. Statt dessen gründete er eine Akademie, die Urform jeder europäischen Universität. Am Eingang der Akademie war ein Schild angebracht, daß nur eintreten dürfe, wer die Geometrie beherrsche. So beugte Platon der Massenuniversität vor. Die wenigen Schüler der Akademie ließen Platon genug Zeit, ein umfangreiches Werk zu verfassen. Dabei handelt es sich fast ausschließlich um Dialoge, in deren Mittelpunkt Sokrates steht. Die schriftlich festgehaltenen Dialoge und die Akademie wirken wie die Schatten der sokratischen Gänge und Gespräche in Athen und der Angewohnheit des Sokrates, beim Nachdenken stehen zu bleiben, dem Geist sozusagen einen festen Ort zu geben.

Es ist Aristoteles, ein Schüler der platonischen Akademie, der das Gehen beim Denken zur Methode erhebt. Ein halbes Jahrhundert nach dem Tod des Sokrates gründete er in Athen eine eigene philosophische Schule. Sie lag in den Säulenhallen des Lykeion-Gymnasions, einer typisch griechischen Anlage für sportliche Übungen, die dem Gott Apollon Lykeios geweiht war. Die Schule trug den Namen *Peripatos*, was soviel bedeutet wie Spaziergänger. Denn Aristoteles ging während des Unterrichts mit seinen Schülern durch die Wandelgänge der Säulenhalle.

Stellen wir uns den Denker beim Unterricht vor. Umringt von einer Schülerschar geht er langsam von einem Ende des Ganges zum anderen. Er spricht über die Natur. „Da Naturbeschaffenheit Anfangsgrund von Veränderung und Wandel ist, diese unsere Untersuchung aber um Naturbeschaffenheit geht, so darf nicht verborgen bleiben, was Veränderung denn ist. Denn wenn man hier in Unkenntnis ist, ist man es notwendig auch bezüglich des Naturbegriffs."

Aristoteles bleibt stehen. Im Gang seiner Gedanken wirkt das wie ein Ausrufzeichen: „Zudem, ohne die Begriffe *Ort*, *leer* und *Zeit* kann Veränderung nicht sein." Aristoteles geht weiter. Am Ende des Ganges angekommen macht er kehrt und faßt zusammen: „Es ist also klar, daß deswegen und wegen der Tatsache, daß diese Begriffe für alles gemeinsam und allgemein sind, ihre Untersuchung durchzuführen ist, und zwar indem man jeden einzelnen von ihnen vornimmt."

Es ist kein Zufall, daß gerade Aristoteles das Gehen zur Lehrmethode macht. Denn *Veränderung* oder *Bewegung* (griechisch *kinesis*) ist ein zentraler Begriff seiner Philosophie. Er versteht den gesamten Kosmos als ein vielstimmiges Spiel der verschiedensten Bewegungsformen. Unbewegt ist allein Gott. Denn er ist der Ursprung aller Bewegungen, und als solcher darf er selbst nicht bewegt sein. Deshalb wird die Welt auch nicht durch eine

Tätigkeit Gottes bewegt, sondern durch die Bewegung auf ihn zu. Die Sehnsucht allen Lebens, zu Gott zu gelangen, hält den gesamten Kosmos in Bewegung.

Mit Aristoteles ist Bewegung in die Philosophie gekommen. Wer als Denker auf sich hält, geht spazieren. Deshalb gehört neben Bart und Mantel bald auch der Spazier- oder Wanderstab zu den Insignien des Philosophen. Beliebt ist der Wanderstab vor allem bei den sogenannten Kynikern.

Diese Aktionsphilosophen verzichten auf jede Form des bürgerlichen Stillstandes. Ihr berühmtester Vertreter ist Diogenes von Sinope. Angeblich hauste er in einem alten Faß. Nur keinen Besitz, lautete die Botschaft. Wer im eig'nen Hause pennt, gehört schon zum Establishment. Entsprechend antwortete Diogenes einmal auf die Frage, wo er wohne, er sei Kosmopolit, also Weltbürger.

Zum Weltbürger gehört das Reisen. Der ideale Kyniker war immer unterwegs, ein Philosoph ohne festen Wohnsitz. Seine Ausrüstung bestand aus einem warmen Mantel und einem Stock. Der grobe Philosophenmantel war eine Erfindung von Diogenes' Lehrer Antisthenes. Im feinen Athen hatte ein solch derber Mantel etwas Snobistisches, ähnlich wie eine abgewetzte Jeans. Zudem war der Mantel dick genug, um damit im Freien übernachten zu können. Fügen wir an, daß ein solcher Mantel natürlich nicht unbedingt sauber war. Noch im dritten Jahrhundert nach Christus galt bei den christlichen Wüstenvätern, daß der Mantel eines Eremiten drei Tage im Freien liegen könne, ohne daß jemand den Versuch machte, ihn zu stehlen. Kein Wunder, daß später Theophrast von den Kynikern behauptete, sie stinken. Doch auch wenn der Philosophenmantel nicht fein war, er wurde bald zum Markenzeichen des Denkers. Bei Lactantius heißt es, die Geheimnisse der Philosophie bestünden für viele nur in Bart und Mantel.

Mit dem Stock war es etwas anders. Natürlich diente er als Wanderstab. Mit ihm konnte man Hunde und Schlangen vertreiben, sich aber auch gegen empörte Zuhörer zur Wehr setzen. Doch der Stock war mehr. Er war ein ironischer Kommentar zu den Szeptern, mit denen in Griechenland Richter und Generäle ausstaffiert waren. Auch die Kommentatoren von *Illias* und

Odyssee trugen Stöcke. Über diese Würdenträger machten sich die Kyniker mit ihren Stöcken lustig. Denn auch sie waren Richter, auch sie führten Krieg und kommentierten das Althergebrachte, freilich mit ganz anderen Wertsetzungen. Sie brachen den Stab über die Arroganz der Mächtigen, die Borniertheit der Intellektuellen und die Dummheit der Massen. Schließlich sollte der Stock an die Keule des Herakles erinnern. Herakles, Lieblingsgott der Kyniker, trug seine Keule durchaus nicht zu dekorativen Zwecken mit sich. Er benutzte sie als Waffe. Und so wollen auch die Kyniker ihren Stock verstanden wissen, als „Instrument eines Willens zur Wanderschaft und zur Einsamkeit sowie gleichzeitig einer Rhetorik der Distanz. Der Stock ist das Mittel, für Distanz zu sorgen und sich zu isolieren, die Bedingung der Möglichkeit wahrer Autonomie." (Michel Onfray)

Auch Diogenes kennt sich aus mit der Rhetorik seines Wanderstabs. Einmal rammte ihm jemand in der belebten Innenstadt von Athen einen Balken ins Gesicht. Der Zimmermann sagte zu Diogenes, er solle sich in acht nehmen. Nach dem Zusammenstoß! Diogenes nahm seinen Stock und schlug ihn dem Zimmermann über den Kopf. Dann warnte er: „Nimm dich in acht!"

Freilich, Diogenes war auch nicht zimperlich, wenn es darum ging, Stockschläge einzustecken. Als er bei Antisthenes in die Schule gehen wollte, versuchte der, ihn mit Stockhieben zu vertreiben. Aber Diogenes hielt ihm den Kopf hin und sagte: „Schlage nur zu, denn du wirst kein Holz finden, das hart genug wäre, mich fortzutreiben, solange ich dich noch reden höre."

Im Laufe der Zeit verfeinerten sich die Sitten. Aus dem groben Philosophenmantel wurde ein feiner Schlafrock, aus dem derben Prügel ein eleganter Spazierstock.

Der im 17. Jahrhundert lebende Philosoph Thomas Hobbes unternahm keinen Spaziergang ohne seine Spezialausrüstung. Er hatte sich einen Spazierstock anfertigen lassen, dessen Knauf einen Federhalter und ein Tintenfaß enthielt. In der Manteltasche hatte Hobbes ein Notizbuch. Kam ihm unterwegs ein Gedanke, so konnte er ihn sofort notieren. Gegenüber den Prügeln der Kyniker stellte der Spazierstock des Thomas Hobbes eine enorme technische Entwicklung dar. Auch philosophisch hatte sich zwischen Hobbes und den Kynikern einiges verändert.

Ein zentraler Gedanke von Hobbes besagt, daß der Mensch der Wolf des Menschen ist. *Homo homini lupus.* Die Kyniker hatten diese Einsicht ganz praktisch vollzogen. Ihr Stock diente dazu, sich der eigenen Haut zu wehren. Hobbes jedoch hätte sich mit seinem Stock wohl kaum geprügelt. Er benutzte ihn nur noch, um beim Spazierengehen seine Gedanken zu notieren.

Ganz ähnlich Jean-Jacques Rousseau. Im Jahre 1749 unternahm er einen folgenschweren Spaziergang. Es war Oktober, noch ungewöhnlich heiß, weit und breit kein Schatten. Rousseau mußte langsam gehen. Während dieses Ganges las er im *Mercure de France*. Plötzlich blieb sein Blick an einer Frage hängen, die von der Akademie der Wissenschaften und schönen Literatur in Dijon zum Wettbewerb ausgeschrieben worden war: „Hat der Aufschwung der Wissenschaften und der Künste zur Korrumpierung oder zur Verfeinerung der Sitten beigetragen?“

Die Frage traf Rousseau wie ein Schlag: „Beim Anblick dieses Satzes erlebe ich ein anderes Universum und werde ein anderer Mensch.“ Plötzlich wußte er, er will Philosoph werden, blieb stehen, spitzte seinen Bleistift und begann zu schreiben.

Obwohl Immanuel Kant Rousseau bewunderte, ja sogar behauptete: „Rousseau hat mich zurecht gebracht“ – das wäre ihm nie passiert: beim Spazierengehen lesen und dann auch noch stehenbleiben.

Philosophisch stellte Kant die Welt auf den Kopf. In seiner *Kritik der reinen Vernunft* erklärte er: Unsere Erkenntnis richtet sich nicht nach der Welt, sondern es ist umgekehrt. Die Art und Weise, wie wir die Welt erfahren, richtet sich nach unserem Erkenntnisvermögen. Privat jedoch war Kant alles andere als ein Feuerkopf. Der philosophische „Alleszermalmer“ hielt auf strengste Ordnung.

Seine täglichen Gänge durch seine Heimatstadt Königsberg sind berühmt geworden. Denn Kant ging stets exakt zur gleichen Zeit den gleichen Weg. In Königsberg, Kants Heimatstadt, die er Zeit seines Lebens nicht verlassen hat, hieß es, man habe nach ihm die Uhr stellen können. Wie der ganze Tag war auch der tägliche Gang durch Königsberg streng geregelt. Er stand nach dem Mittagessen – der einzigen Mahlzeit am Tag, die Kant einnahm – auf dem Programm. Kant setzte eine weiß gepuderte Perücke auf, darauf noch einen Dreispitz, dann trippelte er los. Er ging langsam mit kleinen Schritten, denn Kant maß gerade 1,59 Meter. Beim Gehen hielt er den Kopf leicht zur Seite geneigt. Die Lippen preßte er fest zusammen. Denn im Freien machte Kant nie den Mund auf. Er war der Ansicht, das Einatmen frischer Luft durch den Mund führe zu rheumatischen Beschwerden und zu Erkältungen. Man mag das nur für einen Tick halten, aber es war keiner. Was Kant tat, hatte Gründe, hinter denen die tiefe Einsicht der *Kritik der reinen Vernunft* steht.

In diesem wahrhaft kopernikanischen Buch hatte Kant versucht, die Metaphysik auf einen sicheren Grund zu stellen. Denn alle anderen Versuche, auf die Fragen des Menschen nach Gott, Freiheit und Unsterblichkeit zu antworten, waren auf ein bloßes Herumtappen hinausgelaufen. Kant nun verzichtete darauf, verschiedene Metaphysik-Entwürfe zu untersuchen. Er wollte wissen, woher die grundsätzliche Fragwürdigkeit der Metaphysik kommt. Genau darum geht es in der *Kritik der reinen Vernunft*. Und Kant entdeckt: Es liegt im Wesen der menschlichen Vernunft, daß wir zu keinen endgültigen und gesicherten Antworten gelangen. Denn die Vernunft kann nicht hinter die Wirklichkeit zurückgehen und auf deren Grund blicken. Das führt dazu, daß sich bei allen wesentlichen Fragen sogenannte Antinomien aufweisen lassen. Man kann ebenso viele und gute Gründe dafür angeben, daß der Mensch frei ist, wie dafür, daß er unfrei ist. Und genauso ist es mit den Fragen nach Gott und der Unsterblichkeit. Es gibt keine sichere Erkenntnis. Weil das so ist, Kant spricht von einem Abgrund der menschlichen Vernunft, weil der Menschengeist auf einem weiten und stürmischen Ozean voller Nebelbänke und Eisberge unterwegs ist, kommt es darauf an, sich kleine Inseln der Ordnung zu schaffen, die das Überleben sichern.

Kant hat sein Leben als eine solche Insel der Ordnung im Chaos organisiert. Seine Erlebnisse und Einsichten setzte er um in große und kleine Maximen. So haßte er nichts so sehr, wie Störungen in seinem Tagesablauf. Einmal hatte ihn ein Edelmann zu einer Spazierfahrt über Land eingeladen, die sich so lange hinzog, daß Kant erst weit nach zehn Uhr, seiner üblichen Schlafenszeit, voller Angst und Unruhe nach Hause kam. Kant folgerte daraus, man dürfe sich nie auf Spazierfahrten mitnehmen lassen. Aus seiner Überzeugung, durch den Mund eingeatmete frische Luft verursache Rheuma, zog er den Schluß, es sei besser, beim Gehen durch die Nase zu atmen. Folgerichtig ging Kant unbedingt allein Spazieren, um kein Gespräch aufkommen zu lassen. Und er beschwerte sich über Bettler, die ihn belästigten. Denn hin und wieder mußte er eben doch den Mund öffnen, um sie zu verscheuchen.

Mit Kant beginnt die Philosophie gleichsam, sich selbst zu überholen. Ein Jahrhundert nach der 1781 erschienenen *Kritik der reinen Vernunft* zeigt das von Sokrates auf den Weg gebrachte logisch-rationale Denken Risse. Es gibt, so hatte Kant nachgewiesen, eben keine endgültigen Antworten auf die Fragen der Metaphysik. Die Metaphysik scheint damit am Ende. Wie immer in Krisenzeiten erinnert man sich auch in der Philosophie der Anfänge. Aber auch sie, so hatte Kant gezeigt, sind ungewiß. Und so will die Philosophie nicht nur zurück in ihren griechischen Ursprung. Sie will noch ursprünglicher werden, hin zur Sicherheit von Instinkt und Gefühl. Das Programm heißt: Dionysos, Gott des Rausches, gegen Apollon, den Gott, in dessen Heiligtum Aristoteles vor über 2000 Jahren seine Schule eröffnet hatte. Der Philosoph heißt Friedrich Nietzsche.

Im Winter 1887/88 geht Nietzsche in Nizza jeden Tag vier Stunden spazieren. Er geht allein, im schnellen Tempo, Tag für Tag die gleiche Strecke. Hin und wieder bleibt er stehen, betrachtet das Meer. „Die Tage kommen hier mit einer unverschämten Schönheit daher; es gab nie einen vollkommeneren Winter. Und diese Farben Nizzas: ich möchte sie Dir schicken. Alle Farben mit einem leuchtenden Silbergrau durchgesiebt; geistige, geistreiche Farben; nicht ein Rest mehr von der Brutalität der Grundtöne. Der Vorzug dieses kleinen Stücks Küste zwischen Alassio und Nizza ist eine Erlaubnis zum Afrikanismus in Farbe, Pflanze und Lufttrockenheit: das kommt im übrigen Europa nicht vor."

Nietzsche ist, als er das schreibt, 43 Jahre alt und ein Invalide. Er ist fast blind und fürchtet sich in großen Städten vor dem Überfahrenwerden. Immer wieder hat er heftige Anfälle von Kopfschmerzen, die ihn oft tagelang mit Fieber und Erbrechen niederwerfen. Bislang hatte er versucht, sich durch frische Luft und Marschieren zu kurieren. Aber langsam wird auch das Gehen zur Qual. In Briefen an seine Mutter klagte er über Kreuzschmerzen mit Ausstrahlungen zur rechten Hüfte hin. Beim Gehen schob er eine Schulter vor.

Immerhin leistet er sich im Januar 1887 zum ersten Mal einen Ofen. Die Winter zuvor hatte er entsetzlich gefroren, oft mit blauen Fingern am Schreibtisch gesessen. „Der Winter, ein schlimmer Gast, sitzt bei mir zu Hause," schreibt er im dritten Teil des *Zarathustra*, „blau sind meine Hände von seiner Freundschaft Händedruck. Ich ehre ihn, diesen schlimmen Gast, aber lasse gerne ihn allein sitzen. Gerne laufe ich ihm davon; und, läuft man gut, so entläuft man ihm."

Auch deshalb geht er spazieren: um nicht mehr zu frieren. Ein Ofen kommt nur im äußersten Notfall in Frage. Nietzsche verfolgt ein spartanisches Ideal, einen „Feuer-Götzen" – den Ofen – beten nur „Zärtlinge" an. „Lieber noch ein wenig zähneklappern, als Götzen anbeten."

Auf die Idee, daß sein Gliederreißen von der Kälte herrührt, kommt er nicht. Stattdessen versucht er, dem Winter in südlichen Gefilden davonzulaufen. Weil Nizza die meisten Sonnentage im Jahr hat, macht er es zu seiner Winterresidenz. Er braucht den blauen Himmel, das Licht, die trockene Luft, um arbeiten zu können, um die Kopfschmerzen und die Dumpfheit in Schach zu halten. Aber Nizza geht ihm auf die Nerven. Es ist zu laut, und er mag die Franzosen nicht. Im folgenden Winter versucht er es mit Turin. „Es ist eine herrliche und seltsam wohltuende Stadt. Das Problem, innerhalb der *besten* Quartiere einer Stadt, nahe, *ganz nahe* ihrem Zentrum, eine Einsiedler-Ruhe in ungeheuer schönen und weiten Straßen zu finden – dies für Großstädte anscheinend unlösbare Problem ist hier gelöst."

Nietzsches „Turiner Himmelfahrt" (Werner Ross) in den Wahnsinn beginnt mit langen Spaziergängen und Begeisterung. „Lieber Freund, ich machte gestern, mit Deinem Brief in der Hand, meinen gewohnten Nachmittags-Spaziergang außerhalb Turins. Reinstes Oktoberlicht überall; der herrliche Baumweg, der mich ungefähr eine Stunde dicht am Po entlang führte, vom Herbste noch kaum berührt. Ich bin jetzt der dankbarste Mensch von der Welt."

Keine Schülerschar folgt Nietzsche auf seinen Wegen wie einst dem Aristoteles. Denken heißt allein voranschreiten, den eigenen Weg finden, Abkürzungen nehmen, Fährten legen, sich vor Gemeinplätzen hüten. „Ein Tier verkriecht sich in seine Höhle, wenn es krank ist; so tut es auch *la bête philosophe.* Es kommt nur noch selten eine freundschaftliche Stimme zu mir. Ich bin jetzt allein, absurd allein; und in meinem unerbittlichen und unterirdischen Kampfe gegen alles, was bisher von den Menschen verehrt und geliebt worden ist (– meine Formel dafür ist die ‚Umwertung aller Werte'), ist unvermerkt aus mir selbst etwas wie eine Höhle geworden – etwas Verborgenes, das man nicht mehr findet, selbst wenn man ausginge, es zu suchen."

Mit dem so ausdauernden Spaziergänger Nietzsche scheint die Philosophie auf dem (Rück-) Weg zu Dionysos in ihr Ende eingegangen zu sein. Denn läßt sich ein größerer Unterschied denken: Sokrates, der plaudernde Flaneur in Athen – und Nietzsche, der einsame Spaziergänger von Nizza und Turin? Während Sokrates durch Athen ging, um seine Mitbürger vom Guten zu überzeugen, bedachte Nietzsche bei seinen einsamen Gewaltmärschen die Umwertung aller Werte und den Tod Gottes. Sokrates war ihm ein Graus.

Nur ein Jahr später, am 3. Januar 1889, bricht Nietzsche in Turin zusammen. Mitten auf der Straße, am hellichten Tag, umarmt der Philosoph des Übermenschen weinend ein Droschkenpferd. Die letzten elf Jahre seines Lebens dämmerte Friedrich Nietzsche vor sich hin.

1889, im Jahr von Nietzsches Zusammenbruch, wurde in Meßkirch Martin Heidegger geboren. Er ist umstritten wie kein anderer Philosoph des 20. Jahrhunderts. Die einen halten ihn für einen alemannischen Sokrates, die anderen für gefährlich, da ihn seine Philosophie 1933 in die Politik trieb. Als Hitler an die Macht kam war der in Freiburg lehrende Heidegger schon fast eine Legende. Sein 1927 erschienenes Buch *Sein und Zeit* hatte ihn mit einem Schlag weltberühmt gemacht.

Heidegger ging es in seiner Philosophie nur um eine einzige Frage: Was ist der Sinn von Sein? Gemeint ist nicht eine Frage nach dem Sinn des Lebens. Bildlich gesprochen geht es darum, den Boden zu beackern, in dem der Baum der Philosophie steht. Der Baum der Philosophie. Das Bild stammt von René Descartes. Der Franzose hatte ihre Disziplinen wie Ethik, Logik und Erkenntnistheorie mit den Ästen eines Baumes verglichen. Der Stamm aber sei die Metaphysik. Heidegger fragte, worin der Stamm Metaphysik wurzelt. Dieser Wurzelgrund, behauptete er, ist das Sein. Das aber habe die Philosophie vergessen. Und so machte Heidegger sich auf den Weg zurück zu den Ursprüngen.

Dieses Programm bestimmte den gesamten Gestus seines Philosophierens. Heidegger sprach immer wieder vom Weg seines Denkens. Bücher von ihm tragen Titel wie *Holzwege* oder *Wegmarken*. Und als Motto steht vor seiner Gesamtausgabe „Wege nicht Werke".

Denkwege waren für Heidegger immer auch Wanderwege. Dazu gehörte der tägliche Spaziergang und ausgedehnte Wanderungen durch den Schwarzwald, wo er in Todtnauberg seit 1923 eine Hütte besaß. Die Hütte ist der ruhende Pol im Leben Heideggers. Hierhin zieht er sich zurück in den Semesterferien, hier schreibt er seine Bücher, *Sein und Zeit* entstand hier. Und wer Heidegger auf der Hütte besucht, muß sich auf lange Spaziergänge einlassen. „Denn diese Spaziergänge – ‚seine' Spaziergänge – die sich oft bis tief in die Dämmerung ausdehnten, waren der von ihm offenbar gern gesehene eigentliche Anlaß für Hüttenbesuche. Die gemeinsamen Wege zogen sich oft weithin; den Bergpfad am Waldsaum hinauf, gegen die Stübenwasenhöhe, oder zum ‚Feldbergsträßle'; ein anderer Weg ging gegen Westen, an der Jugendherberge vorbei, um das ‚Horn' herum, einen weit vorgeschobenen bewaldeten Bergrücken – letzterer ein fast ebener Spaziergang, der es erlaubte, nebeneinander zu gehen und daher Gesprächen günstig." (Heinrich Wiegand Petzet)

Ein Weg hatte für Heidegger eine ganz besondere Bedeutung. Es ist ein Feldweg in seiner Heimatstadt Meßkirch, dem Heidegger 1949 sogar eine kleine Abhandlung gewidmet hat.

„Er läuft aus dem Hofgartentor zum Ehnried. Die alten Linden des Schloßgartens schauen ihm über die Mauer nach, mag er um die Osterzeit hell zwischen den aufgehenden Saaten und erwachenden Wiesen leuchten oder um Weihnachten unter Schneewehen hinter dem nächsten Hügel verschwinden. Vom Feldkreuz her biegt er auf den Wald zu. An dessen Saum vorbei grüßt er eine hohe Eiche, unter der eine roh gezimmerte Bank steht."

Immer wieder zieht es Heidegger auf diesen Weg. Auf der Bank liest er die großen Philosophen. Und wenn es damit nicht recht weiter will, geht er ein paar Schritte. „Wenn die Rätsel einander drängten und kein Ausweg sich bot, half der Feldweg. Denn er geleitete den Fuß auf wendigem Pfad still durch die Weite des kargen Landes."

Der Weg hilft beim Denken, da er den Fuß leitet. Diese „Leitung" ist mehr als nur eine Richtungsangabe für den Gehenden. Für Heidegger ist es ein philosophischer Zuspruch. Er spricht deshalb auch ausdrücklich vom „Zuspruch des Feldweges".

„Die Weite aller gewachsenen Dinge, die um den Feldweg verweilen, spendet Welt. Im Ungesprochenen ihrer Sprache ist, wie der alte Lese- und Lebemeister Eckehardt sagt, Gott erst Gott."

Heidegger kehrt die Verhältnisse gründlich um. Nicht mehr das Gehen hilft beim Denken. Nein! Die Hilfe ist der Weg, den man geht. „In der jahreszeitlich wechselnden Luft des Feldweges gedeiht die wissende Heiterkeit, deren Miene oft schwermütig scheint. Dieses heitere Wissen ist das ‚Kuinzige'. Niemand gewinnt es, der es nicht hat. Die es haben, haben es vom Feldweg." Der Philosoph geht also nicht mehr, um die Gedanken aus den Beinen in den Kopf zu befördern. Er geht, um durch den Weg überhaupt erst zum Denken zu kommen.

Freilich, seit Kant wissen wir, daß dieser Denk-Weg kein Ende hat. Es gibt keine endgültigen Antworten. Nietzsches Versuch, Antworten gerade dadurch zu gewinnen, die Dinge auf den Kopf zu stellen, war gescheitert. Am Ende der Umwertung aller Werte stand nur die Einsamkeit des Spaziergängers von Nizza. Zu Lebzeiten Nietzsches wollte niemand von seinem Programm wissen, das rauschhafte, dionysisch-künstlerische Denken gegen die Philosophie als vermeintlich strenge Wissenschaft zu stellen. Und als Nietzsche schließlich gehört wurde, verstand man ihn willentlich falsch und machte ihn zu einem Wegbereiter des Nationalsozialismus, der er nie war. Es ist unter anderem Heideggers Verdienst, Nietzsche von diesem Verdacht befreit zu haben. Mehr noch: Heidegger löste sich mit Hilfe von Nietzsches Philosophie selbst vom Nationalsozialismus.

Der Weg hilft beim Denken. Vielleicht hat man deshalb hoch über Heidelberg den weltberühmten Philosophenweg angelegt. Von ihm aus hat man einen herrlichen Blick auf den Neckar, das Heidelberger Schloß, die Heilig Geist Kirche und die Alte Brücke.

Hier hoffen täglich ganze Touristenscharen auf den Zuspruch des Weges. Es ist vielleicht kein Zufall, daß am Weg ein Denkmal an den Dichter Friedrich Hölderlin erinnert. Wie kein anderer hat er zusammen mit Nietzsche Martin Heidegger beeinflußt. Von Hölderlin stammt die Behauptung: „Philosophie mußt Du studieren, und wenn Du nicht mehr Geld hättest, als nötig ist, um eine Lampe und Öl zu kaufen, und nicht mehr Zeit als von Mitternacht bis zum Hahnenschrei." Daran hat sich bis heute nichts geändert – weil der Weg kein Ende hat und man aus Stürzen nur lernen kann.

Philosophie des Fernsehens

Die Behauptung, das Fernsehen sei im 20. Jahrhundert erfunden worden, ist falsch. Tatsächlich ist das Fernsehen über 2000 Jahre alt. Den ältesten Bericht darüber hat uns der Philosoph Platon überliefert. Er lebte im vierten Jahrhundert vor Christus. Der Bericht findet sich in dem Dialog *Der Staat* und ist unter der Bezeichnung *Höhlengleichnis* in die Philosophiegeschichte eingegangen.

In seinem Bericht beschreibt Platon Menschen, die angekettet in einer Höhle leben, „gefesselt an Hals und Schenkeln, so daß sie auf demselben Fleck bleiben und auch nur nach vornhin sehen, den Kopf aber umzudrehen der Fessel wegen nicht vermögend sind", notiert er. Diese Menschen sehen fern. Zugegeben, die Technik damals war nicht ausgereift, das Programm mehr als dürftig. Es steht zu vermuten, daß die Zuschauer gefesselt wurden, um sie trotz der schauderhaften Programmgestaltung vor dem Bildschirm zu halten. Diesen Bildschirm müssen wir uns als eine Höhlenwand vorstellen, auf die Bilder projiziert wurden. Der technische Aufwand dabei war minimal, erfüllte aber alle Bedingungen des Fernsehens, also der drahtlosen Übertragung bewegter Bilder. Irgendwo im Rücken der Zuschauer befand sich hinter einer Mauer ein Feuer. Mittels dieses Feuers wurden Schatten auf die Höhlenwand bzw. den Bildschirm geworfen. Das war das Programm. Platon schreibt: „Sieh nun längs dieser Mauer Menschen allerlei Gefäße tragen, die über die Mauer herüberragen, und Bildsäulen und andere steinerne und hölzerne Bilder."

Das Ur-Fernsehen war technisch miserabel, die Bilder flackerten und waren unscharf, das Programm war lausig. Aber dieses Fernsehen des vierten Jahrhunderts vor Christus leistete doch im wesentlichen alles, was auch das heutige Fernsehen zu bieten imstande ist. Und vor allem: Die Zuschauer hielten die Bilder für wahr, für unverfälschte Wirklichkeit, genau wie heute auch.

Platon macht das an zwei Beispielen deutlich. Das erste betrifft den Ton. Die Macher des Programms hatten die Vasen und Bildsäulen, aus denen es sich zusammensetzte, vor dem Feuer hin und her zu tragen, und dabei mußten sie sprechen. Das hatte zur Folge, daß die Zuschauer meinten, die Vasen und Bildsäulen auf ihrem Bildschirm sprächen selbst. Platon stellt dazu die provozierende Frage: „Meinst du, wenn einer der Vorübergehenden spräche, würden die Zuschauer denken, etwas anderes rede als der eben vorübergehende Schatten?" Die Antwort darauf ist eindeutig: „Nein, beim Zeus." Wir mögen die Naivität der damaligen Zuschauer belächeln, aber denken wir daran, daß im Fernsehen des 20. Jahrhunderts Kloschüsseln singen und Tiere sprechen.

Das zweite Beispiel, mit dem Platon belegt, daß auch die Zuschauer vor über 2000 Jahren schon die Fernsehbilder für bare Münze nahmen, geht davon aus, daß man einen dieser Zuschauer zwingt, den Platz vorm Bildschirm zu verlassen. Was hat das zur Folge? Dieser unfreiwillig ent-fesselte Zuschauer entdeckt zunächst einmal das Feuer. Er beginnt zu ahnen, daß er „lauter Nichtiges" gesehen hat, wie Platon schreibt. Er wird weiterhin gezwungen, sich auf die Suche nach dem Ursprung der Bilder zu machen. Den findet er schließlich. Zum Schluß des Experimentes wird der Ent-Fesselte wieder zurück in die Höhle, zurück vor den Bildschirm geführt. Dort berichtet er den anderen von seinen Erlebnissen. Das Ergebnis ist niederschmetternd. Der zurückgekehrte und nun medienkritische Zuschauer wird von den Zurückgebliebenen ausgelacht, man sagt ihm, so Platon, „er sei mit verdorbenen Augen von oben zurückgekommen und es lohne nicht, daß man versuche hinaufzukommen." Ja, schlimmer noch, die Zuschauer von damals wollen Medienkritik unter Androhung der Todesstrafe verbieten. Wie Platon schreibt, fordern sie, „man müsse jeden, der sie lösen und hinaufbringen wollte, (...) umbringen."

Die Erfahrung, die sich hier anzeigt, besagt: Das Fernsehen ist besser als die Wirklichkeit. Der Mensch auf dem Bildschirm ist schöner, klüger, reicher als der Mensch vor dem Bildschirm. Selbst die Waschmittel in den Werbespots waschen besser als daheim. Weil das so ist, sehnen wir uns danach, so zu leben wie im Fernsehen. Aber das ist unmöglich. Und deshalb kommt es immer wieder zu Kollisionen zwischen der grauen Wirklichkeit und der bunten Fernsehwelt. 2000 Jahre nach Platon hat der Philosoph Günter Anders diese Kollisionen in seinem 1956 veröffentlichten Buch *Die Antiquiertheit des Menschen* beschrieben. Er nennt sie Gespensterkämpfe.

Ein besonders eklatantes Beispiel für einen solchen Gespensterkampf hat Anders in London entdeckt. Es handelt sich um den Kampf eines Fernseh-Phantoms mit einem Londoner Bürger. Eine Hausfrau hatte sich in einen Fernsehstar verliebt, allerdings nicht in den Schauspieler, sondern in die Figur, die der Schauspieler darstellte. Bald kam es immer dann zum handfesten Streit mit ihrem realen Mann, wenn der phantomhafte Geliebte im Fernsehen auftrat, wie Anders erzählt:

„Der Wirkliche und das Phantom standen also einander gegenüber, die Kollision war da; wenn auch selbst wieder eine phantom- oder halbphantomhafte: denn der Wirkliche knirschte zwar mit den Zähnen, das Phantom dagegen flötete unbekümmert weiter und behandelte ihn als Luft; der Richtige mußte zwar mit ansehen, wie seine Frau an den Lippen des anderen hing, das Phantom dagegen mußte garnichts; der Wirkliche war zwar wehrlos, weil der andere nur ein Phantom war; das Phantom dagegen blieb aus dem gleichen Grund souverän. Damit war die Szene für die Clowneske zwischen Mann und Frau vorbereitet. Daß er den Verhaßten ausknipste, sie ihn wieder einschaltete – und dies nicht einmal, sondern wiederholt, war nur die regelmäßige spielerische Ouvertüre für das, was sich bald zum Furioso entwickeln sollte." Kurzum, da der Mann nicht den Mut hatte, auf seinen noch nicht abgestotterten Fernseher einzuschlagen, bekam seine Frau die Prügel, was schließlich vor Gericht sein Ende fand.

Wir dürfen annehmen, daß dem wütenden Ehemann ein richtiger Nebenbuhler lieber gewesen wäre. Denn im Gegensatz zu einem Fernsehhelden hätte der sich schlagen müssen. Aber wie steht es um die Ehefrau? Natürlich, ihr televisionärer Geliebter hat sie nicht verprügelt. In jeder Situation war er Herr der Lage, höflich, gelassen, freundlich. Was erstaunt, ist vielmehr, daß die Ehefrau überhaupt nicht auf die Idee kommt, ihr Phantomgeliebter könne ihre Gefühle erwidern.

Ganz ähnlich geht es einer Reihe von häkelnden Damen, die Günter Anders beschreibt. Sie haben sich einer der zahlreichen Fernsehfamilien angeschlossen, die irgendwo im Niemandsland zwischen Lindenstraße und Marienhof wohnen. Im Winter strikken diese Damen ihren Fernsehlieblingen Handschuhe. Und ist angeblich ein Baby unterwegs, dann türmen sich in den Fernsehanstalten Pakete mit Säuglingswäsche, gehäkelten Jäckchen und

Häubchen. Natürlich nimmt niemand von diesen Damen Notiz. Aber das stört sie nicht. Unbeirrt häkeln sie weiter, die „parzenhaften Häklerinnen unserer Phantomwelt", wie Anders sie nennt.

Die Parzen sind die Schicksalsgöttinnen. Vor dem Fernsehapparat häkeln sie sich unsere schöne neue Welt zurecht. Eine Welt wie im Fernsehen: schön, bunt, reich. Sein und Schein gehen gründlich durcheinander. Am Ende sind Fernsehen und Wirklichkeit nicht mehr voneinander zu unterscheiden. Dann allerdings stellt sich die Frage: Wozu brauchen wir das Fernsehen noch, wenn es im Marienhof auch nicht anders zugeht als daheim?

Eine Antwort darauf hat Aristoteles versucht, ein Schüler Platons. Er war überzeugt, das Fernsehen ist eine Maschine zur Herstellung von Philosophen, und begründet seine Behauptung mit dem angeborenen Erkenntnisdrang des Menschen.

In seinem Buch *Metaphysik* schreibt Aristoteles: „Alle Menschen streben von Natur nach Wissen." Als Beweis führt er die Liebe zu den Sinneswahrnehmungen an, also zum Riechen, Schmecken, Tasten, Hören, Sehen. Sie werden ohne Nutzen um ihrer selbst willen geliebt. Wir essen zum Beispiel auch dann gern, wenn wir eigentlich schon satt sind. Es schmeckt eben.

Unter den fünf Sinnen nimmt das Sehen für Aristoteles eine hervorragende Stellung ein: „Nicht nämlich nur zum Zwecke des Handelns, sondern auch, wenn wir nicht zu handeln beabsichtigen, ziehen wir das Sehen so gut wie allen anderen Sinnen vor. Ursache davon ist, daß dieser Sinn uns am meisten Erkenntnis gibt."

Tatsächlich ist Sehen Überzeugtsein. Denn wir sind geneigt, etwas, das wir gesehen haben, eher für wahr zu halten, als etwas, von dem wir nur gehört haben. Für Aristoteles ist das Sehen eine Form des Erkennens, die um ihrer selbst willen geliebt wird. Es macht Freude zu schauen, auch wenn dieses Schauen nicht mit einem bestimmten Zweck verbunden ist, also zum Beispiel der Suche nach einem verlorenen Gegenstand. Ein solches Erkennen, dem es nicht um praktische Nutzanwendung, sondern allein um sich selbst geht, nennt Aristoteles Philosophie. In seiner Augenlust zeigt sich das „Philosophische" des Menschen.

Am Ende des zwanzigsten Jahrhunderts sehen wir vor allem fern. In fast jedem Haushalt steht mindestens ein Fernsehgerät. 1990 verbrachte der Bundesbürger-West durchschnittlich zweieinviertel Stunden am Tag vor dem Fernseher. Sechs Jahre später hat sich die Lust am Fernsehen deutlich erhöht. Inzwischen liegt die Dauer der Fernsehnutzung bei fast drei Stunden am Tag. Der Bundesbürger-Ost kommt sogar auf dreieinhalb Stunden.

Wenn Aristoteles recht hat, daß sich in der Lust zu sehen das „Philosophische" des Menschen zeigt, dann macht eine intensive Fernsehnutzung jeden Zuschauer zum Philosophen. Denn wie kaum ein anderes Sehen ist Fernsehen ein Sehen um seiner selbst willen. Geht es diesem Sehen aber nur um sich selbst, so kann es auch der daraus folgenden Erkenntnis nur um sich selbst gehen. Sie ist eine Erkenntnis um der Erkenntnis willen, und das ist Philosophie. Daraus folgt, daß der Zuschauer ein vom Fernsehen hergestellter Philosoph ist.

Ein Schluß, der keineswegs unumstritten ist. Der Kirchenvater und Philosoph Augustinus war – ganz anders als Aristoteles – der Ansicht, Fernsehen sei Sünde. Schon vor eintausendfünfhundert Jahren wußte er: Das Fernsehen ist eine versteckte Versuchung, nicht besser als die Begierden des Fleisches. Fressen und Fernsehen sind Kehrseiten ein und derselben Medaille. Aber das Fernsehen tarnt seine Sündhaftigkeit, warnt Augustinus. Es will nicht die Lust im Fleische, es will uns durch die Mittel des Fleisches lustvolle Erfahrungen verschaffen. Und es bemäntelt diesen „hohlen Fürwitz mit dem Namen Erkenntnis und Wissenschaft".

In seinen autobiographischen *Bekenntnissen* geißelt Augustinus die „Begierlichkeit der Augen". Der Kirchenvater weiß, wovon er redet. War er doch vor seiner wundersamen Bekehrung in Mailand ein begeisterter Freund des Theaters gewesen. Aber dann sagte eine Stimme zu ihm: „Lies!", und Augustinus schlug ein Buch auf. Sein Blick fiel auf die Worte „Nicht in Fressen und Saufen, nicht in Kammern und Unzucht, nicht in Hader und Neid ..." – Augustinus war bekehrt. Mehr noch: Im Theater und beim Fernsehen wäre ihm das nicht passiert. Fernsehen und Theater taugen nicht zur Bekehrung.

Vom Sehen, sagt Augustinus, sprechen wir immer dann, wenn wir unsere Sinne auf das Erkennen richten. „Wir sagen ja nicht ‚horch, was da schimmert', oder ‚riech nur, wie es glänzt', oder ‚schmeck doch, wie es leuchtet', oder ‚fühl an, wie hell es ist'." Nein, bei allen diesen Eindrücken reden wir vom Sehen. Wir sagen zum Beispiel ‚schau, was da leuchtet' ebenso wie ‚schau nur, wie hart das ist'.

Aus diesem Sprachgebrauch schließt Augustinus, daß man mit allen Sinnen sieht, wenn sie auf Erkenntnis aus sind. Dabei zeigt sich ein deutlicher Unterschied zwischen dem Gebrauch der Sinne zur Lust und dem zum Fürwitz. Die Lust geht auf das Schöne aus, der Fürwitz aber auf das Gegenteil. Dabei will der Fürwitzige sich keinesfalls dem Widerwärtigen, Beängstigenden, Monströsen direkt aussetzen. Nein, er will ganz einfach wissen, wie das ist. Es geht ihm um den Nervenkitzel, um die Sensation, die man gern anschaut, solange man nicht selbst betroffen ist. Wer möchte in all den Kriegsgebieten leben, die uns täglich in den Nachrichten vorgeführt werden? Wer hätte die Monster und Mutanten aus *Akte X* gern im Wohnzimmer? Solange all das im Fernsehen bleibt, dürfen wir uns sicher fühlen. Und, würde Augustinus behaupten, wir haben unsern Spaß dabei:

„Was Lust auch wäre dabei, einen zerfleischten Leichnam mit all seinem Grauen zu betrachten? Und doch, wenn irgendwo einer liegt, laufen sie hin, um sich zu entsetzen, zu erbleichen. Sie fürchten sogar, davon zu träumen, – grad als hätte im Wachen einer sie gezwungen hinzusehen oder eine noch so leise Kunde von etwas Schönem sie dazu bewogen."

Dieses Zitat stammt nicht von einem besorgten Medienpädagogen des ausgehenden zwanzigsten Jahrhunderts, es ist anderthalb Jahrtausende alt. Und nur eine Winzigkeit hat sich seitdem geändert. Man muß nicht mehr zu den Leichen laufen, um sich zu entsetzen. Die Leichen kommen zu uns ins Wohnzimmer.

Tatsächlich ist Fernsehen eine gespenstische Angelegenheit. Diese Einsicht stammt von Arthur Schopenhauer. Im Jahre 1851, gerade rechtzeitig zur Weltausstellung in London, erschienen seine *Parerga und Paralipomena*, darin ein *Versuch über das Geistersehen und was damit zusammenhängt*.

Worum geht es? Schopenhauer versucht, ausgehend von Kants *Träumen eines Geistersehers* eine idealistische Erklärung der Geistererscheinungen. Die bislang unternommenen Versuche, das Spuken spiritualistisch zu begreifen, erklärt Schopenhauer für gescheitert. Zunächst einmal stellt er sich die Frage, was ein Geisterseher eigentlich sieht. Ein solcher Geisterseher würde – so Schopenhauer – keinesfalls behaupten, er sähe irgendwelche Körper im Raum, die vielleicht andere Anwesende aus irgendeinem Grunde nicht sehen können. Nein: „Was ein Geisterseher, der sich selbst recht verstünde und auszudrücken wüßte, behaupten würde, ist bloß die Anwesenheit eines Bildes in seinem anschauenden Intellekt, vollkommen ununterscheidbar von dem, welches unter Vermittlung des Lichtes und seiner Augen daselbst von Körpern veranlaßt wird, und dennoch ohne wirkliche Gegenwart solcher Körper." Der Geisterseher sieht Dinge, die gar nicht da sind.

Genau das ist Fernsehen. Es zeigt uns Dinge und Personen, die nicht anwesend sind, aber trotzdem irgendwie da. Fernsehen ist gespenstisch. „Diese Unterscheidung", betont Schopenhauer, „ist schwer und verlangt Sachkenntnis, ja philosophisches und physiologisches Wissen. Denn es kommt darauf an, zu begreifen, daß eine Einwirkung gleich der eines Körpers nicht nothwendig die Anwesenheit eines Körpers voraussetze." Mit anderen Worten: Das Fernsehen tut nur so. Es gaukelt uns vor, am Ort des Geschehens zu sein. Wir können alles sehen, alles hören – aber dabei sind wir eben doch nicht. Die Dinge passieren fern von uns. Deshalb heißt es fern-sehen.

Ausgehend von Schopenhauers Beschreibung des Geistersehens gehört das Fernsehen eindeutig in den Bereich der Geistererscheinungen. Es steht auf einer Stufe mit dem animalischen Magnetismus, sympathetischen Kurven, Magie, dem zweiten Gesicht, Wahrträumen, Geistersehen und Visionen aller Art. Fernsehen ist eine Vision. Tele-Vision.

Woher kommt der Hang des Menschen zu diesen Visionen? Dazu entwickelt Schopenhauer zunächst die Theorie eines sogenannten Traumorgans, das in der Lage ist, unsere Wach- und Schlafträume zu steuern. Im Falle von Visionen haben – laut Schopenhauer – die unteren Schichten des Bewußtseins Kenntnis von Dingen, die für das Individuum ausgesprochen wichtig sein können. Diese unteren Bewußtseinsebenen drängen an die Oberfläche. Der Wille, nach Schopenhauer der Kern des Menschen, will dem Erkennen Kunde von seinen Einsichten geben, „was dann aber nur durch die ihm selten gelingende Operation möglich ist, daß er einmal das Traumorgan im wachen Zustande aufgehen läßt, und so dem (...) Bewußtsein, in anschaulichen Gestalten, entweder von direkter, oder von allegorischer Bedeutung, jene seine Entdeckung mittheilt." So entsteht Fernsehen, die Television. Und so erklärt sich auch die mangelhafte Qualität so mancher

Programme. Es ist dem Willen nicht gelungen, das Traumorgan im wachen Zustand aufgehen zu lassen.

Eine Folge davon hat Ludwig Wittgenstein angesprochen. Über das Fernsehen läßt sich nicht klar reden. Diese Behauptung ist keine Generalabrechnung eines entnervten Fernsehkritikers, dem in Ansehung der täglichen Talkshows die Worte fehlen. Implizit behauptet Wittgenstein in seinem *Tractatus logico-philosophicus* sogar, es gebe kein Fernsehen in der Welt, was nun wirklich ein starkes Stück ist. Denn immerhin steht rein statistisch in fast jedem Haushalt ein Fernsehgerät, das mindestens drei Stunden am Tag läuft. Aber es wäre ungerecht, Wittgenstein Ignoranz vorzuwerfen. Vielmehr handelt es sich hier um eine Art philosophischer Logik des Fernsehens. Und Wittgenstein hat gute Gründe für seine Behauptung. Es gibt kein Fernsehen in der Welt, weil das Fernsehen nicht der Fall ist. Damit stehen wir vor einem schlichten Syllogismus, einem logischen Dreisatz:

„Die Welt ist alles, was der Fall ist."
Das Fernsehen ist nicht der Fall.
Also ist das Fernsehen nicht die Welt.

Und, so müssen wir hinzufügen, vernünftig reden läßt sich nur über die Dinge, die auch in der Welt sind. Ein Gespräch über den Gartenzaun ist allemal vernünftiger als ein Gespräch über kleine grüne Männchen. Das gilt auch für das Fernsehen. Wenn es, wie Wittgenstein behauptet, nicht in der Welt ist, läßt sich nicht vernünftig darüber reden.

Das ist einleuchtend. Dennoch bleiben Fragen offen. Vor allen Dingen: Was meint Wittgenstein damit, daß das Fernsehen nicht der Fall ist? Dazu müssen wir wissen, was er in seiner *Logisch-philosophischen Abhandlung* untersuchen wollte. Das schmale, im Jahre 1921 erschienene Bändchen beginnt mit einer Warnung: „Dieses Buch wird vielleicht nur der verstehen, der die Gedanken, die darin ausgedrückt sind – oder doch ähnliche Gedanken – schon einmal selbst gedacht hat." Es geht Wittgenstein darum, die Grenzen des Denkens zu bestimmen. Denn, und davon ist er überzeugt, „Was sich überhaupt sagen läßt, läßt sich klar sagen." Die Fragen, die sich eine logisch-philosophische Abhandlung über das Fernsehen also stellen muß, lauten: Liegt das Fernsehen noch innerhalb der Grenzen des Denkens? Können wir klar darüber reden?

Wittgenstein ist überzeugt, daß sich klar über das reden läßt, was der Fall ist. Diesen Bereich bezeichnet er als Welt. „Die Welt ist alles, was der Fall ist", beginnt er seine Abhandlung. Was der Fall ist, ist eine Tatsache. Über Tatsachen läßt sich bekanntlich vernünftig reden, ganz im Gegensatz zu Gerüchten etwa. Und Tatsachen sind die Beziehungen zwischen den Dingen.

Grundsätzlich unterscheidet Wittgenstein im *Tractatus* zwischen Tatsachen und Dingen. Dabei gehört das Fernsehen zweifellos zu den Dingen, ebenso wie Stühle, Tische und Lampen. Über die Dinge allein kann ich nicht sprechen. Es sei denn, man wolle einfach nur „Stuhl" sagen, „Tisch", „Bett". Stellen wir uns eine solche Unterhaltung vor. Jemand fragt: „Tisch?" Und als Antwort bekommt er: „Fernseher". Das ist kein vernünftiges Gespräch. Nein, sprechen in einem vernünftigen Sinn kann ich erst, wenn ich die Dinge zueinander in Beziehung setze. Also z.B.: „Der Fernseher steht auf dem Tisch." Die ganze Welt besteht einzig und allein aus solchen Sätzen, behauptet Wittgenstein. Sie sind der Fall, so wie man auf die Frage, ob der Fernseher auf dem Tisch steht, antwortet: „Das ist der Fall." Deshalb heißt es, die Welt ist alles, was der Fall ist. So ganz allein für sich betrachtet aber, ist das Fernsehen nicht der Fall, eben weil es ein Ding und kein Satz ist. Deshalb ist es nicht in der Welt, und man kann nicht klar darüber reden.

Was machen wir mit dem Fernsehen, wenn man nicht vernünftig darüber reden kann? Auch darauf gibt Wittgenstein eine Antwort: „Wovon man nicht sprechen kann, darüber muß man schweigen."

Eigentlich sollte das nicht nur für das Fernsehen gelten, sondern auch im Fernsehen. In Wirklichkeit jedoch wird dort über alles geredet, auch wenn man eigentlich nicht darüber reden kann. Die Rede ist von der Talkshow. Ihre Erfindung geht zurück auf Einsichten von George Berkeley. Er wurde 1685 in Irland geboren. Seinen Lebensunterhalt verdiente er als Theologe in Dublin. 1734 wurde er Bischof von Cloyne. Er starb am 14. Januar 1753 in Oxford. Die Grundlagen für die Talkshow entwickelte George Berkeley noch während des Studiums am Trinity College von Dublin. 1710, im Alter von 25 Jahren verfaßte er die philosophische Schrift *Eine Abhandlung über die Prinzipien der menschlichen Erkenntnis.*

In dieser Schrift vertritt Berkeley die These, daß nur ist, was wahrgenommen wird. Was nicht wahrgenommen wird, existiert nicht. Berkeley goß seine Erkenntnis in die Formel *esse est percipi*, Sein ist wahrgenommen werden. Damit ist er in die Geschichte der Philosophie eingegangen. Zugleich hat er damit den Grundstein für die Talkshow gelegt. Denn das ist der Sinn einer Talkshow: Gesehen werden und also sein. Es kommt in keinem Falle darauf an, ob man etwas zu sagen hat. Wichtig ist das Dabeisein. Denn es garantiert, gesehen zu werden. Und das ist Leben. *Esse est percipi.*

Worum geht es Berkeley? Die Grundfrage seiner *Abhandlung über die Prinzipien der menschlichen Erkenntnis* lautet: Wie kommen die Bilder der Außenwelt in unseren Kopf? Wie ist es möglich, daß in uns ein Bild von der Welt entsteht? Zum Beispiel von einem Fernsehgerät. Ist vielleicht ein winziger Fernseher in unserem Kopf? fragt Berkeley. Ist das gesamte Gehirn eine gigantische Abstellkammer mit Fernsehern, Stühlen, Tischen? Oder aber bilden wir uns das alles nur ein? Wir sehen das Gerät zwar – aber wie können wir sicher sein, daß es auch wirklich außerhalb unseres Kopfes ist? Genau hier setzt Berkeley ein. Er behauptet: Es gibt keinen Beweis für die Existenz der Außenwelt. Deshalb kann sie nur in unserem Kopf sein. Denn irgendwie ist sie ja da.

Berkeley schreibt: „Es besteht in der Tat eine auffallend verbreitete Meinung, daß Häuser, Berge, Flüsse, mit einem Wort, alle sinnlichen Objekte eine natürliche oder reale Existenz haben, die von ihrem Wahrgenommenwerden durch den Verstand verschieden ist. Mit wie großer Zuversicht und mit wie allgemeiner Zustimmung aber auch immer dieses Prinzip behauptet werden mag, so wird doch, wenn ich nicht irre, ein jeder, der den Mut hat, es in Zweifel zu ziehen, finden, daß es einen offenbaren Widerspruch in sich schließt. Denn was sind die vorhin erwähnten Objekte anderes als die sinnlich von uns wahrgenommenen Dinge, und was nehmen wir anderes wahr als unsere eigenen Sinne und Sinnesempfindungen?"

Man muß Berkeleys Gedanken zu Ende denken – schon ist man bei der Talkshow. Wenn Häuser, Berge, Flüsse nur existieren, wenn sie wahrgenommen werden, dann gilt das auch für uns selbst. Es gibt uns nur, wenn wir gesehen werden. Genau deshalb wurden, sozusagen auf posthume Anregung Berkeleys, die Talkshows eingerichtet. Hier bekommen Menschen unter einem beliebigen Vorwand Gelegenheit, sich zu zeigen. Männer gestehen, daß sie von ihren Frauen geschlagen werden. Frauen bekennen, daß sie ihre Männer verprügeln. Eine provokante These genügt, und man sitzt bei Fliege, Vera oder Ilona Christen. Damit ist der Schritt ins Sein getan. Denn man wird gesehen. Und – damit sind wir wieder bei Berkeley – gesehen werden bedeutet existieren.

Noch eine andere Eigenschaft des Fernsehens zeigt sich bei den Talkshows. Immer wieder geht es um Sex. Denn Fernsehen ist in seinem Wesen zutiefst unanständig. Geahnt haben wir es alle. Wer ist nicht schon beim spätabendlichen Zappen bei Erotikmagazinen wie *Peep* und *Wa(h)re Liebe* oder in einem *Schulmädchen-Report* gelandet? Aber die Rede ist nicht (allein) vom nackten Fleisch. Es geht auch um die nackte Wahrheit. Fernsehen ist unanständig, weil der Mensch im Fernsehen alles sieht, die ganze Wahrheit – unverhüllt. Eine Wahrheit ohne Schleier aber ist keine Wahrheit mehr. Davon ist Friedrich Nietzsche überzeugt: „Wir glauben nicht mehr daran, daß Wahrheit noch Wahrheit bleibt, wenn man ihr die Schleier abzieht", schreibt er.

Tatsächlich zeigen uns die Nachrichtenmagazine des Fernsehens Bilder, die vor einem halben Jahrhundert dem überwiegenden Teil der Menschheit noch nicht zugänglich waren. Mit dem Fernsehen kann man von der Wohnzimmercouch aus jedes beliebige Land der Erde besichtigen. Das Fußballspiel in Übersee wird live übertragen. Am 17. Januar 1991 konnte man erstmals in der Geschichte der Menschheit sogar den Beginn eines Krieges direkt im Fernsehen verfolgen. Die „Operation Wüstensturm" im Irak startete mediengerecht zur Hauptnachrichtenzeit im US-Fernsehen.

All dies fördert ein Wissen um die Welt, das dem Menschen keineswegs zuträglich ist. Bis ins hohe Mittelalter hinein galt es als heiliges Glaubensgut, daß nur Gott allein alles sieht. Das Fernsehen aber hat den Menschen in die erste Reihe gesetzt. Da hockt er nun, den Kopf im Nacken, und schaut in die Röhre. Seine Haltung ist unnatürlich, denn sie ist nicht menschlich. Der Mensch ist nicht dafür geschaffen, alles zu sehen. Die ganze Wahrheit ist nichts für ihn. Es hilft nur eins: abschalten und vergessen. In seiner Schrift *Nietzsche contra Wagner* schreibt Nietzsche, es sei eine Sache der Schicklichkeit, „daß man nicht alles nackt sehn, nicht bei allem dabei sein, nicht alles verstehn und wissen" will. Pathetisch entwirft er ein Programm der neuen Verschleierung: „Man wird uns schwerlich wieder auf den Pfaden jener ägyptischen Jünglinge finden, welche nachts Tempel unsicher machen, Bildsäulen umarmen und durchaus alles, was mit guten Gründen versteckt gehalten wird, entschleiern, aufdecken, in helles Licht stellen wollen." Wir dürfen anfügen, daß es sich bei diesem hellen Licht auch um die Scheinwerferkegel der Fernsehindustrie handelt. Licht aus, fordert Nietzsche. Was geht uns Bill Clintons Liebesleben an?

Wer alles sieht, ist unanständig. Und das gilt bei Nietzsche, der mit dem Hammer philosophieren wollte, auch für Gott. Einen Wink will er den Philosophen geben, und erzählt eine kleine, ironische Geschichte. „‚Ist es wahr, daß der liebe Gott überall zugegen ist?' fragte ein kleines Mädchen seine Mutter." Und Nietzsche läßt das kleine Mädchen sagen, was er davon hält, daß der liebe Gott alles sieht: „Ich finde das unanständig."

Es gibt noch einen anderen Beleg für die Unanständigkeit des Fernsehens. Es ist das *und*, das wichtigste Wort im Fernsehen, behauptet der Medienkritiker Neil Postman. In seinem Essay *Wir amüsieren uns zu Tode* untersucht er die *Urteilsbildung im Zeitalter der Unterhaltungsindustrie*, so der Untertitel des 1985 erschienenen Buches. Postman vertritt darin die These, daß Fernsehen immer Unterhaltung ist, ganz gleich um welche Form der Sendung es sich handelt. Von der *Hitparade* bis *Heute*: Alles ist Show. Und weil das so ist, muß nichts ernst genommen werden. Das gilt auch für die Nachrichten. Deshalb lächelt Ulrich Wickert. Das Fernsehen als Schule der Beliebigkeit, als Totalsynthese der Welt auf dem Nullpunkt der Intelligenz und ohne jeden Anspruch auf Verstehen. Im Fernsehen stehen drei Mann in einem Boot neben den halbverhungerten Kindern aus Ruanda. Zusammengehalten wird all das durch ein einziges Wort: *und* oder auch *und jetzt*, wie Postman schreibt:

„Mit ‚Und jetzt …' wird in den Nachrichtensendungen (…) im allgemeinen angezeigt, daß das, was man soeben gehört oder gesehen hat, keinerlei Relevanz für das besitzt, was man als nächstes hören oder sehen wird, und möglicherweise für alles, was man in

Zukunft einmal hören oder sehen wird, auch nicht. Der Ausdruck ‚Und jetzt ...' umfaßt das Eingeständnis, daß die von den blitzschnellen elektronischen Medien entworfene Welt keine Ordnung und keine Bedeutung hat und nicht ernst genommen zu werden braucht. Kein Mord ist so brutal, kein Erdbeben so verheerend, kein politischer Fehler so kostspielig, kein Torverhältnis so niederschmetternd, kein Wetterbericht so bedrohlich, daß sie vom Nachrichtensprecher mit seinem ‚Und jetzt ...' nicht aus unserem Bewußtsein gelöscht werden könnten."

Das *und* ist das Zauberwort in der Welt der Television. Eine Sache ist eine Sache ist eine Sache – und mehr nicht. Wer Zusammenhänge stiften will, betreibt Ideologie. Lassen wir die Dinge nebeneinander stehen, das Fußballspiel neben dem Mord, den Mord neben dem Erdbeben, das Erdbeben neben dem politischen Skandal – und alles neben der Werbung. Die vielen verschiedenen Nachrichten entwerten sich gegenseitig, und die Werbung macht sie vollkommen lächerlich. Wie soll man die Reportage über eine Hungerkatastrophe noch ernst nehmen, wenn ein Spot von *Burger King* folgt? Man kann sich mit Postman nur wundern, daß wir nicht jeden Abend „maßlos verblüfft sind, wenn uns der Nachrichtensprecher, der eben noch erklärt hat, ein Atomkrieg sei unvermeidlich, nun zu verstehen gibt, er werde gleich wieder da sein, doch zunächst ein Wort von *Burger King* ..."

Die Welt im Fernsehen ist Dada in Reinkultur, eine „Kotkugel, auf der Damenseidenstrümpfe verkauft und Gauguins geschätzt werden", wie es in Walter Serners *Dadaistischem Manifest* heißt. Es geht nicht mehr um Logik, Vernunft, Zusammenhänge, Folgerichtigkeit. Es geht um Sparpakete, Völkermord und Michael Jackson. Es geht um alles. Mit Dagmar Berghoff schaffen wir die Welt in 15 Minuten. Eine solche Haltung bezeichnet man in der Psychiatrie als Schizophrenie, im Theater als Varieté. Im Fernsehen ist sie das Normale.

Doch den Warnungen Postmans zum Trotz: Es gibt Trost. Für den deutschen Philosophen Peter Sloterdijk ist tägliches Fernsehen die beste Vorschule zur Lektüre von Karl Marx: „Denn man kann im Grunde das *Kapital* so oft lesen, wie man will, und wird das Entscheidende nie verstehen, wenn man es nicht aus eigener Erfahrung weiß (...): wir leben in einer Welt, die die Dinge in falsche Gleichungen bringt." Das *und* macht im Fernsehen aus jeder

Aneinanderreihung eine Gleichung, es ist der „Sproß einer zynischen Entwicklung“, heißt es in Sloterdijks *Kritik der zynischen Vernunft*. Und: „Dem Bewußtsein, das sich nach allen Seiten hin informieren läßt, wird alles problematisch und alles egal.“

Aber eigentlich macht das nichts. Denn beim Fernsehen kommt es gar nicht darauf an, einen bestimmten Zweck zu verfolgen. Wer sich informieren will, sich zu einem Thema ein Urteil bilden möchte, ist vor dem Fernsehen fehl am Platz. Gutes Fernsehen ist absolut zwecklos. Und deshalb ist es schön. Denn Zuschauen, ohne einen bestimmten Zweck zu verfolgen, ist für den Philosophen Immanuel Kant ein wesentliches Moment des Geschmacksurteils. Das Geschmacksurteil fragt danach, ob etwas schön oder häßlich ist. Es handelt sich um ein „Vermögen der Beurteilung des Schönen“. Dieses Vermögen untersucht Kant in seiner berühmten, 1799 erschienenen *Kritik der Urteilskraft*.

Die Frage, ob Fernsehen schön ist oder nicht, bezieht sich aus der Sicht Kants darauf, ob wir beim Zuschauen Lust oder Unlust empfinden. Fernsehen ist alles andere als objektiv oder gar logisch, es ist eine höchst subjektive Angelegenheit. „Das Geschmacksurteil ist also kein Erkenntnisurteil“ – schreibt Kant – „mithin nicht logisch, sondern ästhetisch, worunter man dasjenige versteht, dessen Bestimmungsgrund nicht anders als subjektiv sein kann.“

Jeder von uns erlebt Fernsehen anders. Der eine langweilt sich beim neuen *Tatort*, der andere bekommt Gänsehaut. Dem einen liegt daran, keine Folge vom *Forsthaus Falkenau* zu verpassen, der andere schaltet lieber gleich ab. Aber, sagt Kant, wenn wir wissen wollen, ob etwas schön ist oder nicht, so kommt es nicht darauf an, ob uns irgend etwas an der Sache liegt, um die es geht. Die Frage ist: finden wir sie schön? Wenn also jemand fragt, ob man eine Fernsehsendung schön findet, so kann man zwar mit Kant sagen: „Ich liebe dergleichen Dinge nicht, die bloß für das Angaffen gemacht sind.“ Aber darum geht es nicht. Kant betont: „Man will nur wissen: ob diese bloße Vorstellung des Gegenstandes“ – also der fraglichen Sendung – „in mir mit Wohlgefallen begleitet sei, so gleichgültig ich auch immer in Ansehung der Existenz des Gegenstandes dieser Vorstellung sein mag.“

Das wahre Geschmacksurteil hat kein Interesse an dem in Frage stehenden Gegenstand. Es verfolgt keinen Zweck. Und deshalb ist gutes Fernsehen zwecklos, wenn man es unter ästhetischen Gesichtspunkten betrachtet. Es kommt nicht darauf an, daß ich *MTV* sehe, weil jeder *MTV* sieht. Es ist uninteressant, daß ich eine Sendung anschaue, um mitreden zu können. All diese Aspekte bleiben außer Betracht, wenn es um die Frage geht, ob eine Sendung schön ist oder nicht. Der wahre Richter in Geschmacksfragen macht sich von seinen Interessen und Vorlieben frei. „Ein jeder muß eingestehen, daß dasjenige Urteil über Schönheit, worin sich das mindeste Interesse mengt, sehr parteilich und kein reines Geschmacksurteil sei."

Der gute Zuschauer, der wahre Richter in Geschmacksfragen, sieht ohne jedes persönliche Interesse fern. Das zeigt sich besonders beim Zappen, dem Hin- und Herspringen zwischen den Kanälen. Wer so fernsieht, kommt gar nicht erst in Gefahr, ein Interesse zu entwickeln. Wie sollte es auch entstehen, wenn man von jeder Sendung nur wenige Minuten oder gar Sekunden mitbekommt? Deshalb hat man in den USA einen „Zap-Channel" eingeführt, einen Fernsehkanal, der einem die Mühe des Umschaltens abnimmt und selbst von Sendung zu Sendung springt. Das ist Fernsehen in seiner höchsten Form, Television als Ästhetik an sich. Befreit von jedem Zweck besteht gar nicht erst die Gefahr, daß beim Zuschauer Interesse aufkommt und das wahre Geschmacksurteil trübt. Fernsehen wird durch Umschalten zum Schönen an sich.

Deshalb besteht die höchste TV-Ästhetik auch darin, vor dem Apparat zu sitzen, Bier zu trinken, Chips zu essen und sich durch die Kanäle zu zappen. Dieses Verhalten ist nicht nur ein Gebot der Schönheit, sondern auch eine direkte Folge des Fernsehens. Wer nämlich fern sieht, kann sitzen bleiben. Das Fernsehen beeinflußt unser Verhalten in jeder Beziehung. Zunächst einmal ist das Fernsehen eine Sache, ein Gegenstand im Raum. Und dieser Gegenstand hat einen Namen. Er heißt Fernseher oder Fernsehgerät. Wie bei allen anderen Gegenständen ist es auch beim Fernseher so, daß der Name der Sache unser Verhalten beeinflußt. Wir bleiben sitzen, weil wir uns nicht mehr auf den Weg machen müssen.

Diese Einsicht verdanken wir dem amerikanischen Sprachphilosophen Benjamin Lee Whorf. 1956 untersuchte er in seinem Buch *Sprache – Denken – Wirklichkeit*, wie sich der Name einer

Sache auf unser Verhalten auswirkt. Whorf machte an einem Beispiel deutlich, worum es ihm ging. In einem Lager von *Benzintonnen* wird sich jeder vorsichtig verhalten. Ohne besondere Instruktionen verhält man sich dagegen in der Umgebung von *leeren Benzintonnen* leicht anders. Man wird nachlässig, man raucht vielleicht sogar und wirft die Zigarettenstummel weg. Und doch sind die *leeren Benzintonnen* viel gefährlicher, weil sie explosive Dämpfe enthalten. Physikalisch ist die Situation voller Gefahren. Sprachlich jedoch wird Entwarnung gegeben. Denn das Wort *leer* suggeriert die Abwesenheit von Gefahr. Der Name einer Sache bestimmt also unser Verhalten. Das ist auch beim Fernsehen so.

Fernsehen bedeutet für den Zuschauer: Augenzeuge sein, ohne dabei zu sein. Die Dinge sehen, die in der Ferne geschehen. Man ist da, ohne anwesend zu sein, ist am Ort, ohne sich dort aufzuhalten. Was auch immer zu sehen ist: Beim Fernsehen sitzt man in der ersten Reihe. Es gibt keinen Grund mehr, zu den Ereignissen selbst zu gehen, wenn das Fernsehen da ist. Deshalb bleiben wir sitzen. Die Ursache ist das Fernsehen, denn es behauptet, uns das Ferne nah zu bringen.

Die Amerikaner haben für den typischen Fernsehzuschauer den Spitznamen *couch-potatoe* geprägt, also *Couch-Kartoffel.* Gewöhnliche Kartoffeln können bekanntlich nicht laufen. Aber Kartoffeln haben Augen. Ihre Welt reicht so weit wie sie sehen können. Sie endet mit dem Horizont. Dieser Horizont erweitert sich ungeheuer, wenn die Kartoffel einen Fernseher hat. Nur, die gewöhnliche Kartoffel kann sich nicht auf den Weg machen, um die Welt mit eigenen Augen kennenzulernen. Die Couch-Kartoffel dagegen kann es, denn eigentlich hat sie Beine. Nur: Sie benutzt sie nicht mehr. Das war früher anders.

Bevor es das Fernsehen gab, hatte das Leben in einer Art Entdeckungsreise bestanden. Wer etwas von der Welt wissen wollte, der mußte sich auf den Weg machen. Man ging auf große Fahrt. Und diese Fahrt war immer auch Erfahrung. Nun, da die Welt im Fernsehen zu uns kommt, sind selbstgemachte Erfahrungen überflüssig. Wir verlieren unser Wissen über die Wege der Welt. Und wenn niemand mehr weiß, wie man von Saarbrücken nach Köln kommt, dann wird irgendwann dieser Weg verschwunden sein. Die Welt wird weglos.

Mehr noch: Das Fernsehen entfernt die Ferne selbst. Sie wird nicht mehr durchlaufen und erfahren, sondern beseitigt wie ein Fleck. Aus der Erfahrung wird das Abfahren von Bildern. Wie aber muß man sich eine Welt ohne Wege vorstellen, eine Welt in der es keine Ferne mehr gibt? Sie ist keine Kugel, nicht einmal eine Scheibe. Die Welt im Fernsehen ist ein Punkt.

Alle Punkte aber sind gleich. Das ist auch der tiefere Grund für die vielen Wiederholungen. Wenn die Welt im Fernsehen tatsächlich ein Punkt ist, kann man eben nur Punkte zeigen. Also läuft eine Wiederholung nach der anderen. Die Folge davon: Fernsehen ist langweilig. Fast jeder wird dem zustimmen können. Seit über dreißig Jahren blinzelt sich die *Bezaubernde Jeannie* durch unsere Vorabende. Zwanzig Jahre lang beamen *Spock* und *Captain Kirk* durch die unendlichen Weiten des Alls. Und in jedem Frühjahr kehren auch die *Dornenvögel* zurück. Das Fernsehprogramm beweist Nietzsches Theorie der ewigen Wiederkehr des Gleichen. Aber es genügt nicht, die Wiederholungen zu beklagen. Wir müssen sie als Chance begreifen. Sagen wir also mit Bertrand Russell: Fernsehen ist langweilig – und gerade deshalb eine Schule des glücklichen Lebens.

1930 veröffentlichte der Philosoph und Nobelpreisträger ein kleines Buch mit dem Titel *Die Eroberung des Glücks*. Als eine der Ursachen für das Unglück vieler Menschen beschreibt er darin die Langeweile. Für Russell ist Langeweile „in der Hauptsache ungestilltes Verlangen nach erregenden Momenten, die nicht unbedingt erfreulich zu sein brauchen, sondern einfach derart, daß das Opfer der Langeweile imstande ist, einen Tag vom anderen zu unterscheiden." Aber zuviele dieser erregenden Momente sind für den Menschen nicht gut. Ein Mensch, der geradezu süchtig nach solchen Anregungen ist, gleicht jemandem, der ein krankhaftes Gelüst nach Pfeffer hat. Allmählich stumpft sein Gaumen so ab, daß er eine Menge Pfeffer, an der ein anderer ersticken würde, kaum noch schmeckt. Es kommt auf das Maß an. Und gerade deshalb ist es wichtig, sich an die Langeweile zu gewöhnen. Denn sie gehört zum Leben. Nur wer sich langweilen kann, wer das Immergleiche aushält, ist in der Lage, gleichsam den Pfeffer des Lebens zu schmecken. Russell fordert sogar eine regelrechte Schule der Langeweile: „Eine gewisse Fähigkeit, Langeweile zu ertragen, ist daher unerläßlich zu einem glücklichen

Leben und müßte der Jugend anerzogen werden." Wo aber könnte die Jugend besser lernen, sich zu langweilen, als vor dem Fernseher?

Nichts ist so eintönig wie das Vorabendprogramm. Und ein glücklicher Mensch kann diese Eintönigkeit ertragen. Dabei ist Langeweile keineswegs ein Zeichen für mangelnde Qualität. Alle großen Bücher enthalten langweilige Stellen, betont Russell, sogar die Bibel. Und auch das Leben großer Männer war nicht frei von Eintönigkeit. Die Langeweile ist ein notwendiger Bestandteil des Daseins. Mehr noch: Es ist geradezu von lebenswichtiger Bedeutung, Kindern das Ertragen von Langeweile beizubringen. „Ein Kind entwickelt sich am besten, wenn man es gleich einer jungen Pflanze ungestört im selben Erdreich läßt. Zuviel Reisen, zu vielfältige Eindrücke sind nicht gut für die Jugend und machen sie unfähig, wenn sie älter werden, eine fruchtbare Einförmigkeit zu ertragen."

Ersparen wir also uns und vor allem unseren Kindern die vielen Wiederholungen der *Schwarzwaldklinik* nicht. Bleiben wir dran, wenn *Columbo* zum zehnten Mal läuft, wenn am Montag der *Tatort* und am Dienstag *Ein Fall für zwei* wiederholt werden. Das Leben ist die Wiederkehr des Immergleichen. Deshalb ist es so langweilig wie das Fernsehen. Wenn wir die Langeweile im Fernsehen aushalten, lernen wir fürs Leben. Eine Generation, die keine Langeweile ertragen kann, sagt Russell, wird „eine Generation von kleinen Leuten sein".

Bleibt die Einsicht, daß das Fernsehen absurd ist. Damit ist es einer der vielen Gründe, sich umzubringen. Davon ist Albert Camus überzeugt. In seinem Buch *Der Mythos von Sisyphos* schreibt er: „Es gibt nur ein wirklich ernstes philosophisches Problem: den Selbstmord." Denn das Leben ist absurd. Das Fernsehen auch.

Aber: Weshalb ist das Fernsehen absurd? Und was ist das Absurde überhaupt? Darauf antwortet Camus: „Wenn ich sehe, wie ein Mensch sich mit blanker Waffe auf eine Maschinengewehrgruppe stürzt, dann werde ich sein Unternehmen absurd finden." Denn es besteht ein krasses Mißverhältnis zwischen seinen Kräften und seinem Ziel. Je mehr die Vergleichsobjekte voneinander abweichen, um so absurder ist das Verhältnis zwischen ihnen. Fast alles kann absurd sein: eine Ehe, eine Herausforderung und eben auch das Fernsehen. Das Absurde liegt weder im Menschen noch in der Welt. Es liegt im Verhältnis von Mensch und Welt, in „ihrem gemeinsamen und gleichzeitigen Vorhandensein". Für das Fernsehen bedeutet das, nicht der Zuschauer oder das Fernsehen allein sind absurd, sie sind es gemeinsam, in ihrem Verhältnis zueinander. „Das Absurde ist im wesentlichen ein Zwiespalt. Es ist weder in dem einen noch in dem anderen verglichenen Element enthalten. Es entsteht durch deren Gegenüberstellung." Diese Gegenüberstellung, ihr Mißverhältnis ist das kaum Auszuhaltende. Hier liegt auch der Grund für Camus' zentrale Fragen: Warum mache ich das eigentlich mit? Warum bringe ich mich nicht um?

Das krasse Mißverhältnis zwischen Zuschauer und Fernsehen liegt im Widerspruch zwischen unseren Kräften und unseren Zielen. Wie jemand, der mit einer Kanone auf Spatzen schießt, stürzen wir uns als vernunftbegabte Wesen auf Spielshows wie *Zonk* und bestaunen wir Menschen, die sich zwischen Bargeld und Tor Eins entscheiden müssen, hinter dem entweder ein Auto oder der wertlose Zonk lauert.

Warum tun wir uns das an? Camus würde darauf antworten: Weil der Mensch ein ewiger Rebell ist, wie die mythische Gestalt des Sisyphos. Die Götter hatten ihn dazu verurteilt, unablässig einen Felsblock einen Berg hinaufzuwälzen, von dessen Gipfel der Stein von selbst wieder hinunterrollte. Eine schlimmere Strafe als diese unnütze und aussichtslose Plackerei könne es nicht geben, hatten sich die Götter gedacht. Aber sie waren im Irrtum. Jeden Abend rollen wir freiwillig den Zonk auf den Berg. Denn wie Sisyphos finden auch wir, daß alles gut ist. „Darin besteht die ganze verschwiegene Freude des Sisyphos", schreibt Camus: „Sein Schicksal gehört ihm. Sein Fels ist seine Sache." Wie der mythische Sisyphos seinen Stein, so haben wir unseren Zonk und das Wissen, daß letztlich alles gut ist. „Der Kampf gegen den Gipfel vermag ein Menschenherz auszufüllen", triumphiert Camus. Fügen wir hinzu: Auch der Kampf gegen den Zonk!

Verschwenden wir zum Schluß noch zwei Gedanken auf die rein äußerliche Erscheinung unseres Fernsehgerätes. Fragen wir uns zunächst: Warum sind alle Fernsehgeräte eigentlich rechteckig? Die Antwort finden wir bei Max Wertheim. Der sogenannte Vater der Gestalttheorie lebte von 1880 bis 1943. Den entscheidenden Impuls für seine Theorie der Wahrnehmung bekam er

1910 im Frankfurter Bahnhof. Es war schon dunkel, und auf den Gleisanlagen leuchteten die verschiedenen Lampen der Weichen und Signale. Wertheim sah eine dieser Lampen umspringen. Der Lichtpunkt des Signals bewegte sich von unten nach oben. Die Fahrt für einen Zug war frei. Und plötzlich ging Wertheim auf, daß die Signale sich überhaupt nicht bewegten. Sie funktionierten ganz anders. Die untere Öffnung, durch die das Licht austrat, wurde mit einer Klappe verschlossen. Gleichzeitig wurde die obere Klappe geöffnet, durch die nun das Licht austrat. Ein Lichtpunkt erlosch also, ein anderer ging an. Wertheim erkannte, daß er eine Bewegung gesehen hatte, wo gar keine war. Er stürzte aus dem Zug, und quartierte sich im nächsten Hotel ein. Dort ließ er sich Lampen, Bretter und Schnüre kommen, und begann mit Versuchen. 1912 stellte er seine Erkenntnisse in dem Aufsatz *Experimentelle Studien über das Sehen von Bewegungen* vor. Die Gestalttheorie war geboren.

Der Kern dieser Theorie ist die sogenannte Prägnanztendenz, die Tendenz zur guten Gestalt. Prägnanz kommt den Gestalten zu, die wir bei unserer Wahrnehmung bevorzugt anstreben. Der rechte Winkel zum Beispiel ist eine gute Gestalt. Versuchspersonen, denen man Winkel zeigt, die etwas größer oder kleiner als 90 Grad sind, nehmen diese Winkel als rechte Winkel wahr. Ähnlich verhält es sich mit einem Rechteck oder einem Kreis. Selbst wenn nur vier Punkte auf einem Blatt Papier aufgezeichnet sind, ergänzt unsere Wahrnehmung diese vier Punkte zu einem Rechteck.

Das Rechteck ist eine gute Gestalt. Und weil das so ist, ist auch der Fernsehapparat rechteckig. Er folgt damit der Prägnanztendenz unserer Wahrnehmung. Weil er rechteckig ist, empfinden wir den Apparat als gut. Deshalb sehen wir ihn gern. Natürlich hätte man einen Fernseher auch rund machen können. Das Design wäre damit der guten Gestalt des Kreises gefolgt. Aber runde Fernsehgeräte sind unpraktisch. Sie rollen vom Tisch.

Doch die Gestalttheorie leistet mehr. Sie erklärt nicht nur, warum der Fernseher rechteckig ist, sie läßt uns auch verstehen, warum wir das Programm als sinnvoll empfinden. Das zeigt sich besonders plastisch am Phänomen der Gerüchtebildung. Über mehrere Stationen des Weitererzählens hinweg wird aus einer unklaren Vermutung, die im Sinne der Gestalttheorie als unvollständige Gestalt verstanden werden muß, eine prägnante Gestalt, also ein gute und plausible Geschichte mit allem, was dazugehört. So ähnlich funktioniert auch unsere Wahrnehmung der diversen *Soaps*, von der *Lindenstraße* bis zu *Gute Zeiten, schlechte Zeiten*. Unserer Wahrnehmung wohnt eine Tendenz inne, aus Unsinn Sinn zu machen. Nur so erklärt sich, warum Millionen intelligenter Menschen sich täglich vollkommen abstruse Serien ansehen, in denen angeblich ganz normale Familien alle drei Minuten von einer Katastrophe heimgesucht werden. All das ist nur auszuhalten, weil wir uns den Sinn hinzudenken. So wird aus Mutter Beimer eine gute Gestalt.

Doch zurück zum reinen Gerät. Martin Heidegger zufolge handelt es sich beim Fernsehgerät um ein Zeug. Das meint keinesfalls, es sei ein Unsinn, ein Gegenstand, der zu nichts zu gebrauchen wäre, etwa im Sinne von: „Wirf das alte Zeug doch weg." Nein, wenn wir das Fernsehen als ein Zeug bestimmen, so handelt es sich um einen philosophischen Fachterminus. Heidegger hat ihn 1927 in seinem berühmten Hauptwerk *Sein und Zeit* entwikkelt.

Darin stellt er die metaphysische Grundfrage überhaupt: Was ist das Sein? Das Sein, davon ist Heidegger überzeugt, hat wesentlich etwas mit dem Menschen zu tun, denn nur er kann sich diese Frage überhaupt stellen. Wie nun, will Heidegger wissen, begegnet uns das Sein? Zunächst einmal findet jeder von uns in seinem alltäglichen Leben Dinge vor, die eben einfach da sind, und die uns eigentlich nur auffallen, wenn sie nicht mehr funktionieren, also z.B. Schreibgeräte, Kochgeschirr – und eben das Fernsehen. Diese Dinge, mit denen wir in Arbeit und Freizeit ständig umgehen, nennt Heidegger *Zeug*: „Im Umgang sind vorfindlich Nähzeug, Werk-, Fahr-, Meßzeug." All diese Dinge haben einen Zweck, es gibt sie, weil sie uns bestimmte Dienste erfüllen. „Zum Sein von Zeug gehört je immer ein Zeugganzes, darin es dieses Zeug sein kann, das es ist. Zeug ist wesenhaft *etwas, um zu ...*" Das Auto ist da, um uns von einem Stau zum nächsten zu bringen. Das Nähzeug ist da, um Kleidung zu nähen. Das gilt auch für das Fernsehen. Es ist da, *um zu*. Fragt sich nur, wozu?

Auch da hilft Heidegger weiter: „In der Struktur *Um-zu* liegt eine Verweisung von etwas auf etwas", schreibt er. Die Dinge stehen nie für sich allein, sie brauchen andere Dinge um zu funktionieren. So wie ein Schreibzeug, also z.B. ein Füller, Papier und

Tinte braucht, um wirklich zum Schreiben da zu sein, so braucht das Fernsehen Geräte wie Scheinwerfer und Kamera, aber auch Bier, Chips und Erdnüsse, um voll und ganz seiner Funktion gerecht zu werden. Mehr noch: Das Fernsehen ist nicht allein da, *um zu*. Es besteht selbst wiederum aus Zeug, also aus Dingen, die den Zweck erfüllen, da zu sein, um einen Fernsehapparat zu bauen. Zum Beispiel aus einem Rahmen, der vielleicht aus Holz ist, und damit auf einen Baum verweist; aus Bildschirm, Röhren und Dioden, die wiederum aus anderen Materialien hergestellt sind. Dieses Zusammenspiel von Dingen, die alle da sind, um einen bestimmten Zweck zu erfüllen, nennt Heidegger den *Zeugzusammenhang*. Und an diesem Zusammenhang wird das *Um-zu*, der Zweck des Fernsehens deutlich. „Der Zeugzusammenhang leuchtet auf nicht als ein noch nie gesehenes, sondern in der Umsicht ständig im vorhinein schon gesichtetes Ganzes. Mit diesem Ganzen aber meldet sich die Welt." Übersetzt bedeutet das soviel wie: Mit dem Fernsehen entdecken wir die Welt.

Das bestätigt auch ZDF-Intendant Dieter Stolte. In seinen Worten sieht die Funktion des Fernsehens so aus: „Es vermittelt den Zugang zu Informationen. Es orientiert über Fakten, Ansichten, Meinungen und Verhältnisse. Es stellt den Bezug zwischen der Information und den Interessenten her, ist damit Mittler und Vermittler im Sinne des Wortes Medium."

In einem Punkt allerdings unterscheiden sich Stolte und Heidegger. Stolte geht davon aus, daß das Fernsehen eingeschaltet sein muß, um die Welt zu entdecken. Mit Heidegger gedacht verweist das Fernsehen als Zeug grundsätzlich über sich hinaus auf die Welt. Es verweist auf den Tisch auf dem es steht und auf die Materialien, aus denen es hergestellt ist. Der Tisch und die entsprechenden Materialien wiederum verweisen auf anderes, auf Holz, Metall, Glas. Man kann die Welt am Fernseher sogar entdecken, wenn der Fernseher ausgeschaltet ist.

Denker auf der Bühne

Platon haßte das Theater. Der Komödienschreiber Aristophanes hatte seinen Lehrer Sokrates lächerlich gemacht. Als Platon sich daran machte, in seinem Dialog *Politeia* den idealen Staat zu entwerfen, sollten die Tragödien- und Komödiendichter keinen Teil an seiner politischen Gestaltung haben. Seiner Meinung nach richteten sie nur Unheil bei den Zuschauern an. „Mir scheint dergleichen alles ein Verderb zu sein für die Seelen der Zuhörer, soweit sie nicht das Heilmittel besitzen, zu wissen, wie sich die Dinge in der Wirklichkeit verhalten." Das herauszufinden ist, Platon zufolge, im Theater keine Kleinigkeit. Denn wenn ein Schauspieler eine Rede vorträgt, so tut er, „als wäre er ein anderer". Und er ist dann besonders gut, wenn der Zuschauer den Unterschied zwischen dem Darsteller und dem Dargestellten nicht mehr wahrnimmt. Aha, wendet Platon ein, dann verbirgt sich der Dichter also hinter seiner Figur. Das ist vielleicht nicht unbedingt fein, ginge aber noch an, wenn er etwas von dem verstünde, was er darstellen läßt. Es ist aber mit der Dichtkunst ähnlich wie mit der Malerei. Da kann jemand zwar einen täuschend echt aussehenden Schuh malen – aber einen besohlen kann er deswegen noch lange nicht. „Ebenso, denke ich, wollen wir auch von dem Dichter sagen, daß er Farben gleichsam von jeglicher Kunst in Wörtern und Namen auftrage, ohne daß er etwas verstände als eben nachzubilden; so daß andere solche, wenn sie die Dinge nach seinen Reden betrachten, mag er nun von der Schusterei handeln in gemessener, wohlgebauter und wohlklingender Rede, glauben müssen, daß es vollkommen richtig gesetzt sei, oder mag er vom Kriegswesen oder was du sonst irgend willst, handeln, so einen gewaltigen Reiz habe eben dieses von Natur." Wer also über das Schusterhandwerk dichtet, mag zwar etwas von der Sprache verstehen, vom Leder aber noch lange nicht. Nur, so fürchtet Platon, bemerkt das im Publikum niemand. Und zieht den Schluß: Das Theater macht den Menschen nicht besser, sondern schlechter, denn es wirkt auf das Unvernünftige in der Seele und verstärkt deren schlechte Regungen. Einfach gesagt, wer sich Tragödien ansieht, wird zur Weinerlichkeit erzogen. Denn dort werden ihm leidende und klagende Charaktere vorgeführt, die den erzieherischen Anspruch untergraben, das eigene Los mit Ruhe und Anstand zu tragen. Die Komödie dagegen erzieht zur Lächerlichkeit. „Wenn du einen Schwank, den du dich schämen würdest selbst zu machen, doch, hörst du ihn in dem öffentlichen Lustspiel oder in einem kleinen Kreise, gewaltig belachst und nicht als etwas Schlechtes abweist, so tust du dasselbe wie dort bei den Klagen. Was du durch Vernunft zurückhieltest, wenn es in dir selbst Schwänke machen wollte, weil du doch den Ruf eines Possenreißers scheutest, das läßt du nun wieder los; und hast du es dort aufgefrischt, so wirst du unvermerkt bald auch in deinem eigenen Kreise so weit ausschlagen, daß du einen Spaßmacher vorstellst." Der Schluß daraus liegt für Platon auf der Hand. Da in seinem Staat weder gejammert noch gelacht werden darf, sind die Theaterschreiber nicht zugelassen. *Quod erat demonstrandum.*

Daß hinter Platons Dichterschelte, die übrigens auch vor Homer nicht halt macht, weit mehr steckt, als ein (vorsichtig gesagt) zweifelhaftes Erziehungskonzept, läßt eine Stelle vermuten, bei der es um die Unkenntnis der Dichter über ihren Gegenstand geht. Da sagt Sokrates: „Denn wie die Werke der Dichter, entkleidet von den Farben dieser Tonkunst an und für sich vorgetragen, sich zeigen, das denke ich weißt du; du hast es ja wohl einmal wahrgenommen." Glaukon stimmt Sokrates uneingeschränkt zu: „Das habe ich freilich." Diese Stelle bezieht sich einmal darauf, daß die Schauspieler danach streben, für das gehalten zu werden, was sie darstellen. Die eigentliche Kunst besteht gerade darin, den Unterschied aufzuheben. Tatsächlich aber haben Darsteller und Dargestellter kaum etwas gemein. Der Verweis des Sokrates aber kann durchaus auch allgemeiner genommen werden, wenn man sich fragt, *wann* Glaukon den besagten Unterschied wahrgenommen haben soll. Und die für den Zusammenhang wohl nächstliegende Antwort lautet: Im Theater bei der Aufführung der *Wolken* des Aristophanes.

Denn für Platon war es der Komödiendichter Aristophanes, der am Tod des Sokrates mitschuldig war. Er hatte 423 vor Christus in Athen sein Stück *Die Wolken* zur Aufführung gebracht. Eine der Hauptrollen darin spielt Sokrates. Worum geht es?

Der Bauer Strepsiades ist durch seinen Sohn Pheidippides in schwere Schulden geraten. Der Alte meint nun, sich seiner Gläubiger nur noch entledigen zu können, wenn es seinem Sohn gelingt, „die schwächere Sache zur stärkeren zu machen", also die Tatsachen ordentlich zu verdrehen. Lernen soll Pheidippides diese sophistische Redekunst bei dem großen Gelehrten Sokrates. Doch der Sohn weigert sich. Und so geht der Alte schließlich selbst auf den Weg zur „Denkerei" des angeblich weisesten Mannes Griechenlands. Dort angekommen kann er sich sogleich davon überzeugen, daß Sokrates wirklich kein Geheimnis fremd ist.

Strepsiades: Doch immer noch hast du mir eins nicht erklärt, dies Donnern und Krachen und Wettern.
Sokrates: Ei, hörst du denn nicht, was ich eben gesagt von den Wolken, den wassergefüllten,
Wie sie übereinander sich stürzen, gebläht und zusammengeworfen zerplatzen?
Strepsiades: Wie versteh ich denn das?
Sokrates: Nun, so merk einmal auf: an dir selber mach ich dir's deutlich.
Ist dir denn nie an den Panathenäen passiert, daß dein Magen, mit allerlei Brühen
Überfüllt, dir mit Knurren Molesten gemacht, mit Reißen und Blähn und Rumpumpeln?
Strepsiades: Beim Apollon, gar oft; da rumort es in mir und fährt mir durch die Gedärme.
So 'ne lumpige Brüh, die vollführt einen Lärm und tut akkurat wie der Donner:
Erst halblaut nur: bumbum, bumbum, dann vernehmlicher schon: bububumbum!
Bis donnernd gerad wie die Wolken zuletzt es herausfährt: bumbububumbum!
Sokrates: Drum sieh: wenn dein Bäuchlein, winzig und klein, schon so gewaltig herausfarzt,
Wie entsetzlich muß erst im erhabenen Raum rumoren das Rollen des Donners?
Strepsiades: Ich verstehe: drum sind auch Donner und Furz so ähnlich im brummenden Tone!

Viel weiter als bis zu dieser Einsicht bringt es Strepsiades nicht. So kommt es, daß schließlich doch noch der Sohn in die Schule des großen Sokrates gehen muß, und dort auch gleich erlebt, wie in einem Rededuell die ungerechte über die gerechte Rede siegt. Inzwischen hat Strepsiades, im Vertrauen auf die Künste, die sein Sohn gerade erlernt, seine Gläubiger gründlich abgefertigt. Tatsächlich zeigt sich Pheidippides ausgesprochen gelehrig. Als er zurückkommt, weist er seinem Vater nach, daß es völlig in Ordnung ist, den eigenen Vater zu verprügeln. Daraufhin schreitet Strepsiades zur Rache an Sokrates. Mit einer Fackel und einer Axt löst er dessen Denkerei „dialektisch auf", wie er einem Schüler des Sokrates erklärt. Als Sokrates schließlich aus dem brennenden Haus stürmt, höhnt Strepsiades:

> Recht so! Wer hieß euch auch der Götter spotten,
> Und nach Selenes Heimlichkeiten spähn?

Seinem Sklaven befiehlt der aufgebrachte Bauer:

> Schlag zu und hau und schmettre drein! Du weißt,
> Zehnfach verdienen sie's, die Atheisten!

Im Theater von Athen kam es zu einem Skandal. Sokrates erhob sich schließlich sogar von seinem Sitz, um sich dem Publikum zum Vergleich mit dem Zerrbild auf der Bühne zu zeigen. Original oder Fälschung? Doch der direkte Vergleich nützte Sokrates nichts. Vierundzwanzig Jahre später wurden ihm genau die Dinge vorgeworfen, die Aristophanes ihm in den *Wolken* anzuhängen versucht hatte. Sokrates, so hieß es in der Anklageschrift, leugnet die Götter und verdirbt die Jugend. In seiner berühmten Verteidigungsrede vor Gericht zählt Sokrates denn auch Aristophanes zu seinen vielen Anklägern: „Diese, ihr Athener, welche solche Gerüchte verbreitet haben, sind meine furchtbaren Ankläger. (...) Das Übelste aber ist, daß man nicht einmal ihre Namen wissen und angeben kann, außer etwa, wenn ein Komödienschreiber darunter ist." Ausdrücklich geht er auf das von ihm gezeichnete Bild in den *Wolken* ein: „Rufen wir uns also zurück von Anfang her, was für eine Anschuldigung es doch ist, aus welcher mein übler Ruf entstanden ist, worauf auch Meletos bauend diese Klage gegen mich eingegeben hat. Wohl! Mit was für Reden also verleumdeten mich meine Verleumder? Als wären sie ordentliche

Kläger, so muß ich ihre beschworene Klage ablesen: 'Sokrates frevelt und treibt Torheit, indem er unterirdische und himmlische Dinge untersucht und Unrecht zu Recht macht und dies auch andere lehrt.' Solcherlei ist sie etwa: Denn solcherlei habt ihr selbst gesehen in des Aristophanes Komödie, wo ein Sokrates vorgestellt wird, der sich rühmt, in der Luft zu gehen und viel andere Albernheiten vorbringt, wovon ich weder viel noch wenig verstehe." Noch einmal forderte Sokrates seine Mitbürger, die nun seine Richter geworden waren, auf, Original und Fälschung zu vergleichen. Aber ohne Erfolg. Sokrates wurde für schuldig befunden und verurteilt, den Schierlingsbecher zu trinken.

Platon sah sich bestätigt. Theater verdirbt den Menschen. Denn er kann die Wirklichkeit nicht von der Bühne unterscheiden. Deshalb hat Theater fatale Folgen.

Die Geschichte der Denker auf der Bühne beginnt also mit einer Hinrichtung. Angesichts solcher Folgen sind über zweitausend Jahre lang die Philosophen fürs Theater gestorben. Erst Friedrich Hölderlin wagte es am Ende des 18. Jahrhunderts wieder, einen Philosophen zum Helden eines Theaterstücks zu machen. Zunächst hatte er bezeichnenderweise geplant, den Tod des Sokrates „nach den Idealen der griechischen Dramen zu bearbeiten". Hölderlin gab diesen Plan allerdings bald wieder auf und begann 1797 die Arbeit an seinem Trauerspiel *Der Tod des Empedokles*.

Empedokles war eine Art Multitalent: Naturphilosoph, Arzt, Wanderprediger und Staatsmann. Er lebte im fünften Jahrhundert vor Christus in der griechischen Kolonie Agrigent auf Sizilien. Seiner Lehre nach entsteht alles Leben aus Anziehung und Abstoßung der vier Elemente Feuer, Wasser, Erde, Luft. „Denn die vier Wurzelkräfte aller Dinge höre zuerst: Zeus der schimmernde und Here die lebenspendende sowie Aidoneus und Nestis, die durch ihre Tränen irdisches Quellwasser fließen läßt." Diese vier „ungewordenen Elemente" werden durch die beiden aktiven Kräfte Liebe und Haß in unterschiedlichen Verhältnissen miteinander vermischt, wobei die Mischung um so reiner ist, je höher der Anteil der Liebe daran ist. Im Anfang der Welt herrschte nach Auffassung des Empedokles wohl ein durchweg positives, von der Liebe gestaltetes Mischungsverhältnis. Diese Urwelt nannte er „Sphäre". Der Haß aber schaffte es dann doch, sich langsam in die

Sphäre einzuschleichen, was sogar schon eine Art Evolutionstheorie zur Folge hat. Bedeutsam an den naturphilosophischen Einsichten des Empedokles ist die Entdeckung der Luft als Element, die eben durchaus keine Leere ist. In seinem Buch *Über die Natur* beschreibt er ein Mädchen, das mit einer Klepsydra, einem Wasserheber, spielt. „Solange es des Halses Mündung gegen die wohlgeformte Hand gedrückt hält und so die Klepsydra in den weichen Bau des silbernen Wassers eintaucht, tritt kein Naß in das Gefäß ein, sondern dies hindert der Luft Gewicht." In diesem Zusammenhang steht auch seine Entdeckung der Zentrifugalkraft. Wenn wir einen Eimer mit Wasser an einem Seil um uns herum schleudern, wird das Wasser in den Eimer gedrückt und kann nicht herausfließen.

Doch es ist nicht die Philosophie, die Empedokles bei seinen Zeitgenossen berühmt macht. Er hatte auch etwas von einem Cagliostro an. Er trat auf in einem Purpurgewand, trug einen goldenen Gürtel und Sandalen aus Kupfer. Zu Ehren Apollons trug er die delphische Krone. Das alles sollte zeigen, daß die Menschen einen Gott vor sich hatten. Denn dafür hielt Empedokles sich. In seinem Buch *Lehre von der Reinigung* schreibt er: „Ich aber wandle euch daher als ein unsterblicher Gott, nicht mehr als Sterblicher, unter allen geehrt, so wie ich ihnen dünke (so wie es geziemt), mit Tränen umflochten und mit grünenden Kränzen." Und Empedokles gibt auch gleich eine Erklärung ab für seine Göttlichkeit. Denn die Menschen kommen zu ihm „bei mannigfachen Krankheiten ein heilbringendes Wort zu erfahren, lange schon von schweren Schmerzen durchbohrt". Tatsächlich gibt es Berichte über seine Krankenheilungen. Als die Stadt Selinunt einmal von einer Epidemie heimgesucht wurde, erkannte er, daß die Krankheit von dem stehenden Gewässer eines kleinen Flusses ausgelöst wurde. Er ließ Kanäle bauen und leitete andere Wasserläufe um, um dem stehenden Gewässer einen regelmäßigen Zu- und Abfluß zu sichern. Da die Maßnahmen rasch Wirkung zeigten und Empedokles sie auch noch selbst finanziert hatte, stand er bald im Geruch der Göttlichkeit. Bei einem Festessen nach Abklingen der Seuche sollen die Selinunter ihn angebetet haben, berichtet Diogenes Laertios. Eine Epidemie in Agrigent bekämpfte er, durch Umleitung der Winde. Dazu ließ er eine enge Schlucht mit Eselsfellen absperren, so daß der Schirokko nicht mehr in die Stadt wehen konnte. Einen Mord verhinderte er einmal durch seinen bloßen Gesang. Sein Meisterstück aber war die Wiedererweckung einer jungen Frau aus dem Koma durch einfaches Handauflegen.

Leben und Lehre des Empedokles bieten reichlich Stoff für den Dramatiker. Doch Friedrich Hölderlin faszinierte vor allem der Tod des Denkers. Über ihn gibt es so viele Berichte, daß er wählen konnte, wonach ihm der Sinn stand. Da heißt es, Empedokles habe sich selbst erdrosselt; eine andere Quelle berichtet von einem natürlichen Tod; wieder jemand anderes will wissen, er habe sich erhängt; dann ist er bei einer Reise einfach aus dem Wagen gefallen; schließlich aus Altersschwäche ins Meer gefallen. Die berühmteste Version von Empedokles' Tod aber ist die vom Sprung in den Krater des Ätna. Überliefert wird sie von Herakleides Pontikos. Leider spricht einiges gegen sie. Das beginnt mit der Frage, wann Empedokles gesprungen sein soll. Einmal heißt es, nach der Erweckung der jungen Frau, dann nach der Anbetung in Selinunt. Einigkeit herrscht immerhin darüber, daß Empedokles mit diesem Sprung seine Göttlichkeit endgültig bezeugen wollte. Am meisten spricht eigentlich Herakleides Pontikos selbst gegen seine Version. Der Mann kann kaum als glaubwürdig betrachtet werden. Immerhin hat er auch behauptet, er habe mit einem Mann gesprochen, der gerade vom Mond gefallen war.

Wie dem auch sei, der Sprung in den Ätna ist natürlich ein bühnenreifer Abgang. Der Überlieferung nach soll wenig später auch noch eine der ehernen Sandalen aus dem Krater geflogen sein. Diesen Tod wollte Hölderlin auf die Bühne bringen. Darauf wies schon eine Stelle in seinem Roman *Hyperion* hin: „Gestern war ich auf dem Ätna droben. Da fiel der große Sizilianer mir ein, der einst des Stundenzählens satt, vertraut mit der Seele der Welt, in seiner kühnen Lebenslust sich da hinabwarf in die herrlichen Flammen."

Hölderlin stilisiert den Tod des Empedokles mit großer dramatischer Geste zur letzten Konsequenz der Lehre des unverstandenen Philosophen. Der Sprung in den Vulkan wurde bei ihm zur endgültigen Vereinigung des Naturphilosophen mit der unendlichen Natur, die zugleich eine Abkehr von aller Dürftigkeit des Menschen ist.

So ist denn gleich zu Beginn des Dramas Empedokles verschwunden. Wir sehen Panthea und ihre Freundin Delia im vertrauten Gespräch über Empedokles. Panthea berichtet, wie Empedokles sie von einer schweren Krankheit geheilt hat. Hölderlin hat bei Panthea wohl an die von Empedokles gerettete Komatöse gedacht.

Panthea: O daß du daran mich erinnerst! Es ist nicht lange,
Daß ich todeskrank daniederlag. Schon dämmerte
Der klare Tag vor mir, und um die Sonne
Wankte, wie ein seellos Schattenbild, die Welt.
Da rief mein Vater, wenn er schon
Ein arger Feind des hohen Mannes ist, am hoff-
nungslosen Tage den Vertrauten der Natur,
Und als der Herrliche den Heiltrank mir
Gereicht, da schmolz in zaubrischer Versöhnung
Mir mein kämpfend Leben ineinander, und wie
Zurückgekehrt in süße sinnenfreie
Kindheit, schlief ich wachend viele Tage fort,
Und kaum bedurft ich eines Othemzugs – wie
Nun in frischer Lust mein Wesen sich zum ersten Male
Wieder der langentbehrten Welt entfaltete, mein
Auge sich in jugendlicher Neugier dem Tag er-
schloß, da stand er, Empedokles! O wie göttlich
Und wie gegenwärtig mir! am Lächeln seiner Augen
Blühte mir das Leben wieder auf! ach
Wie ein Morgenwölkchen floß mein Herz dem
Hohen süßen Licht entgegen, und ich war der zarte
Widerschein von ihm.

Tatsächlich jedoch ist Empedokles gar nicht verschwunden. Er ist in der Stadt, gefangen vom Priester Hermokrates, der in Empedokles nur den Mann sieht, der sich Göttlichkeit anmaßt. Kritias, Herrscher Agrigents und Vater Pantheas, möchte Empedokles zwar helfen, da er in seiner Schuld steht, kann sich aber gegen Hermokrates nicht durchsetzen. So wird Empedokles schließlich aus der Stadt gewiesen und vom Volk verflucht. Empedokles macht sich auf den Weg zum Ätna. Doch Hermokrates folgt ihm und versucht, ihn aufzuhalten.

Hermokrates: Was du verbrochen, büßtest du; genug
Vom Elend ist dein Angesicht gezeichnet,

Genes und kehre nun zurück; dich nimmt
Das gute Volk in seine Heimat wieder.

Empedokles: Wahrhaftig! großes Glück verkündet mir
Der fromme Friedensbote; Tag für Tag
Den schauerlichen Tanz mit anzusehn,
Wo ihr euch jagt und äfft, wo ruhelos
Und irr und bang, wie unbegrabne Schatten,
Ihr umeinander rennt, ein ärmliches
Gemeng in eurer Not, ihr Gottverlaßnen,
Und eure lächerlichen Bettlerkünste,
Die nah zu haben, ist der Ehre wert.
Ha! wüßt ich Bessers nicht, ich lebte lieber
Sprachlos und fremde mit des Berges Wild
In Regen und in Sonnenbrand und teilte
Die Nahrung mit dem Tier, als daß ich noch
In euer blindes Elend wiederkehrte.

Das Volk tut, was es immer tut. Es schwankt. Zuerst will es Empedokles zum Teufel jagen. Dann möchte es ihn nicht nur zurück haben, sondern ihn gleich noch zum König wählen. Aber Empedokles wählt den „selbsterkornen Pfad". Er steigt weiter den Ätna hinauf. Empedokles ist endlich allein!

Empedokles: Ich komme. Sterben? nur ins Dunkel ist's
Ein Schritt, und sehen möchtst du doch, mein Auge!
Du hast mir ausgedient, dienstfertiges!
Es muß die Nacht itzt eine Weile mir
Das Haupt umschatten. Aber freudig quillt
Aus mut'ger Brust die Flamme. Schauderndes
Verlangen! Was? am Tod entzündet mir
Das Leben sich zuletzt? und reichest du
Den Schreckensbecher mir, den gärenden,
Natur! damit dein Sänger noch aus ihm
Die letzte der Begeisterungen trinke!
Zufrieden bin ich's, suche nun nichts mehr
Denn meine Opferstätte. Wohl ist mir.
O Iris Bogen über stürzenden
Gewässern, wenn die Wog in Silberwolken
Auffliegt, wie du bist, so ist meine Freude.

Dann springt Empedokles. Zwei Auftritte später bricht die erste Fassung des Dramas mitten im Satz ab. Hölderlin ändert, redigiert und schreibt um, ohne je fertig zu werden. Drei sehr unterschiedliche Fassungen des Dramas gibt es, verschiedene Pläne, einen Essay über den *Grund des Empedokles.* Dieser Grund ist keinesfalls dessen Philosophie, sondern Hölderlin selbst. Empedokles dient ihm als literarisches Alter Ego, was auch der Grund für die verschiedenen Fassungen ist.

Aus der rettenden Vereinigung des von der menschlichen Dürftigkeit geplagten Empedokles mit der Natur wird im Laufe der Fassungen ein Opfertod, wobei Empedokles zum Opfer seiner Zeit stilisiert wird. In all diesen Umarbeitungen spiegeln sich Veränderungen in Hölderlins persönlichen Verhältnissen, seine wachsende materielle Unsicherheit, aber auch die politischen Konflikte an der Wende vom 18. zum 19. Jahrhundert. So setzt Hölderlin auf eine demokratische Umgestaltung seiner Heimat Württemberg. Aber alle Bestrebungen in diese Richtung werden zerschlagen.

Der Empedokles Friedrich Hölderlins hat mit der historischen Figur des Philosophen nichts oder nur noch wenig gemein. Hier wird ein Denker auf die Bühne gestellt, um an ihm das Denken eines Dichters vorzuführen. Es geht nicht darum, das Denken des Denkers zu dramatisieren. Hölderlin hätte seine Gedanken ebensogut einem anderen Philosophen in den Mund legen können. Pythagoras stand Empedokles in vielem nahe. Nur ist er nicht so dramatisch gestorben. Auch Heraklit wäre möglich gewesen, sein Tod unter einem Haufen Kuhmist war allerdings zu Hölderlins Zeiten völlig bühnenuntauglich.

Doch was für den Empedokles des Hölderlin gilt, das gilt auch für jeden anderen Denker auf der Bühne. Der Philosoph ist austauschbar. Er dient dem Dichter als Verkörperung einer Idee, die mit dem Philosophen wenig zu tun hat. Das gilt schon für den Sokrates in den *Wolken* des Aristophanes. Auch Aristophanes ging es nicht um den tatsächlichen Sokrates. Sein eigentliches Ziel waren die damals in Athen heiß umstrittenen Sophisten. Nur war Sokrates selbst ein Gegner der Sophisten. Indem Aristophanes Sokrates als Sophisten auf die Bühne brachte, verdrehte er die Tatsachen. Man sieht daran aber auch, daß Platon mit seiner Einschätzung durchaus recht hat. Ein Dichter mag auf der Bühne zwar eine Figur philosophisch reden lassen – von Philosophie muß er deshalb noch keine Ahnung haben.

Daß das für lebende Philosophen gefährlich werden kann, hatte der Fall Sokrates gezeigt. Mit seinem Trauerspiel stellte Hölderlin deshalb eine Grundregel für die Behandlung von Philosophen im Theater auf, an die sich seitdem alle Bühnenschriftsteller gehalten haben. Es dürfen nur tote Denker auf die Bühne. Für lebende Philosophen läßt sich aus Bühnenbrettern allzu leicht ein Sarg zimmern.

Was Hölderlin mit Empedokles gemacht hatte, unternahm 1971 Peter Weiss mit Hölderlin. Weiss machte aus dem Dichter einen politischen Visionär und Revolutionär, obwohl er das nie war. Zwar spielten die Französische Revolution und ihre Folgen durchaus eine Rolle in Hölderlins Leben, aber gewiß keine Hauptrolle. Weiss besetzt entsprechend um und zimmert daraus seinen Zweiakter *Hölderlin*, dessen zentrales Thema lautet: der Dichter und die Revolution.

In acht Szenen führt Weiss Hölderlins Beziehung zur Revolution vor. In der ersten Szene feiert Hölderlin mit seinen Freunden Schelling und Hegel im Tübinger Stift den Jahrestag des Sturms auf die Bastille. Weiter erleben wir sein Scheitern als Erzieher des Fritz von Kalb, den Versuch, Schiller für die Revolution zu begeistern, bei einer Rede Fichtes wird Hölderlin gefangen genommen, schließlich aus dem Haus der Familie Gontard gewiesen (Susette Gontard war Hölderlins Diotima). Zentral ist die sechste Szene. Hölderlin liest seinen Freunden, unter ihnen die Philosophen Hegel und Schelling, sein Drama *Der Tod des Empedokles* vor, das er als Revolutionsstück sehen will. Aber, wollen die Freunde (im Chor) wissen, warum spielt ein solches angebliches Revolutionsstück vor so langer Zeit und auf Sizilien.

Hölderlin: Weil eine mythische Figur
erscheinen muss
jezt
da das Feuer der Grossen
Revoluzion erloschen
und in Vereinzelten nur
noch weiterglimmt
Weil einer

des StundenZählens satt
darann erinnern muss
dass etwas das einst
glühend war und
in unermessliche Vergangenheit
gerathen ist
unter starkem Athem
wieder zur Flamme
werden kann
Chor: Und wie will dieser
das beweisen
Hölderlin: Durch einen freywillgen
Entschlus
Indem er es nicht nur
bei der Idee belässt
sondern
aus der Idee sich
raus sprengt
und alles aufgiebt
was Gewohnheit Sitte
und Verordnung ist
zeigt er
worauf es ankommt
Er
Filosof Erforscher der Natur
Baumeister Artzt
von vielen ausersehn zum König
verzichtet endgültig
auf alle Bindungen und Ehren
verkörpernd
das erschrekend Unerwartete
das für ihn selbst
den Untergang
bedeuten kann
Hegel: Was bleibt er denn nicht lieber
in seinem Staate Agrigent
und greift kraft seiner Stellung
dort verändernd ein
Hölderlin: Weil das ein Staat ist

der erstarrt ist
den nichts erschüttern kann
als eine ausserordentliche
That
Hegel: Er könnte sich
zum König krönen lassen
Hölderlin: Dies ist die Zeit
der Könige nicht mehr

Aus der Diskussion über Empedokles wird ein Streit über Napoleon. Für Hölderlin ist er ein Ungeheuer und Verräter der Revolution. Hegel, schon ganz Staatsdiener und auf Du-und-Du mit dem Weltgeist, sieht das anders.

Hegel: Er ist mit Caesar und
mit Alexander zu vergleichen
Im Willen solcher Persönlichkeiten
drükt sich der WeltGeist aus
Die Anfordrungen ihre Zeit
hellsichtig erkennend
ergreifen sie was reif ist
zur Entwiklung

Schelling dagegen ist schon lange in anderen, in höheren Sphären.

Schelling: Nach Offenbaarung suchend
zerbrachst du die Einheit
von Natur und Verstand
So musstest du stürtzen
ins Kaos
Friz
kehre zurück
zu Gott
Nur im Princip
des einzig wahrhaften Gottes
lässt sich das Daseyn
begreifen
Friz
bete
bete

Die Idealisten Schelling, Hegel und Fichte dienen Weiss als polemischer Kontrast zu seiner Hauptfigur. Während die Denker zu etablierten Opportunisten verkommen, bleibt der Dichter bis in die Umnachtung hinein Revolutionär. So konstruiert Peter Weiss in der achten und letzten Szene schließlich eine denkwürdige Begegnung. Karl Marx besucht Hölderlin, der seit Jahren in seinem Tübinger Turm vor sich hin dämmert. Der zukünftige Verfasser des *Kapitals* feiert Hölderlin als seinen Vorgänger.

Marx: Zwei Wege sind gangbar
zur Vorbereitung
grundlegender Veränderungen
Der eine Weg ist
die Analyse der konkreten
historischen Situation
Der andere Weg ist
die visionäre Formung
tiefster persönlicher Erfahrung

Tatsächlich. Es ging Marx um die Analyse konkreter historischer Situationen. Und Hölderlin kann man durchaus als einen Visionär bezeichnen. Sonst stimmt an der Begegnung zwischen Marx und Hölderlin nichts. Sie hat nie stattgefunden. Vor allen Dingen ist Hölderlin nicht der Johannes des Erlösers Marx, zu dem Weiss ihn machen will. Und ähnliches gilt auch für die drei Philosophen Hegel, Schelling und Fichte. Bei Weiss sind sie nicht mehr als etablierte Opportunisten und Revisionisten.

Denker auf der Bühne: das hat mit der von Marx geforderten Analyse der historischen Situation wenig zu tun. Dem Philosophen, dem es in seinem Denken um das Allgemeine geht – auf der Bühne verkörpert er das Allgemeine. Nicht seine Person ist interessant, nicht sein Leben, wie es wirklich war; das ist Sache der Biographen. Auf der Bühne wird der Philosoph zum Fall. Besonders dann, wenn der Philosoph tatsächlich „ein Fall“ war.

Martin Heidegger, der sogenannte alemannische Sokrates, machte 1933 einen tiefen Kniefall vor den neuen nationalsozialistischen Herren. Als Rektor der Freiburger Universität bekannte er sich zu Hitler und trat in die NSDAP ein. Vor seinen Studenten dozierte er über die „völlige Umwälzung des deutschen Daseins" durch die nationalsozialistische Revolution.

Die Frage, warum Heidegger sich zu den Nazis bekannt hat; mehr noch: warum er auch nach Kriegsende nie von einem Irrtum gesprochen hat, sich nie entschuldigt hat, beschäftigt die Theatermacher seit dem Erscheinen von Victor Farías' Buch *Heidegger und der Nationalsozialismus* im Jahre 1987. Darin suchte Farías nachzuweisen, daß Heidegger sich niemals vom Nationalsozialismus distanziert habe. Die Tatsachen, auf die er sich dabei stützte, waren zwar alle schon seit den frühen 60er Jahren bekannt. Aufhorchen ließ allerdings seine These, Heidegger sei nicht erst 1933 Nationalsozialist geworden, er sei es vielmehr immer schon irgendwie gewesen – und nach dem Krieg geblieben. Als Beleg dafür macht er aus Heideggers sporadischen Auseinandersetzungen mit Abraham a Santa Clara eine Identifikation mit dem Prediger. Und dieser Abraham a Santa Clara nun stammte nicht nur aus Meßkirch, wie Heidegger selbst, er war auch Antisemit und Fremdenhasser. Womit für Farías feststeht: Heidegger war ein Leben lang Nazi. Denn sein erster überhaupt veröffentlichter Aufsatz handelte von Abraham – und im Alter hat er wieder über ihn gesprochen.

Wie gesagt, Heideggers Beziehung zu den Nazis war nicht neu. Der Sturm, den das Buch auslöste, ging vor allem von Frankreich aus. Denn dort war Heidegger seit den 60er Jahren zum Vordenker fast aller Intellektuellen geworden. Deshalb löste Farías implizite Behauptung, man sei einem Nazi aufgesessen, dort eine heftige Kontroverse aus, die auch ihre Folgen im Theater hinterlassen hat.

Denn über keinen Philosophen gibt es so viele Theaterstücke wie über Martin Heidegger. Seit seinem Tod 1976 spielt der angeblich größte deutsche Denker des 20. Jahrhunderts in drei Theaterstücken die Hauptrolle. Den Anfang machte 1989 bezeichnenderweise der Franzose Michel Deutsch mit seinem Stück *Sit venia verbo. Seinsvergessenheit*. Das Stück stellt Heidegger – unter dem Namen Meister – vor eine Art Entnazifizierungsausschuß. Gefangen in den Ruinen des Freiburger Theaters, soll er dem deutsch-amerikanischen Leutnant Wolfgang Lerner, einem ehemaligen Studenten, die Gründe für seine Kooperation mit den Nazis erklären, eine Frage die den französischen Intellektuellen nach Farías' Buch auf den Nägeln brannte.

Meister: Ich war aufrichtig. Ich habe daran geglaubt.
Lerner: Genau! Und das gerade ist der erste Punkt. Ich bezweifle überhaupt nicht Ihre Aufrichtigkeit ... Wer aber immer nur um die Tatsachen herumschleicht, vergißt schließlich das Wesentliche, wie Sie es nennen. Und das Wesentliche, es tut mir leid, Sie daran erinnern zu müssen, Herr Meister, das Wesentliche ist, daß der Antisemitismus zum Wesen der Bewegung gehörte!
Meister: Mit diesen Dingen habe ich nie etwas zu tun gehabt!
Lerner: Aber Sie haben davon gewußt! Wie konnten Sie das dulden! ... Wie konnten Sie ...
Meister: Dulden? ... In meiner Lehrtätigkeit habe ich den Biologismus und den Rassismus immer für falsch erklärt, und zwar öffentlich, merken Sie sich das! Öffentlich! Sie müßten sich eigentlich daran erinnern. Der Nazi-Professor, der sich in seiner Lehre gegen das wandte, was zum doktrinären Wesen der Bewegung gehörte! Das ist etwas anderes als ein Abzeichen im Knopfloch! Ich habe gesagt, was nötig war, und als es gesagt werden mußte! Niemand konnte sich damals über meine Position täuschen, Sie waren doch dabei, Lerner!
Lerner: Wenn Sie Ihre ersten Vorlesungen über Nietzsche meinen...
Meister: Sie waren dabei!
(...)
Lerner: Ein Wort. Ein einziges Wort ... Daß Sie im Angesicht des Abscheulichen etwas sagen ... Das ist ein Gebot ... der Verantwortung. – Ein Gebot der Verantwortung.
Meister: Verantworten ... Wissen Sie denn, was das Wort ‚verantworten' bedeutet?
Lerner: Ich stelle lediglich fest, Herr Meister, daß Sie nichts zu gestehen haben. Daß es für Sie keine Schuld gibt. Daß es kein Schuldgefühl gibt ...
Meister: Schuldgefühl? Was soll das, Sie waren doch mein Schüler, Herr Lerner! Schuldgefühl... Überlassen wir das doch den Pastoren, hm! Schuldgefühl... das wäre auf jeden Fall zu wenig...
Lerner: Nur nichts von der Schuld her begründen, nicht wahr! Keine Verantwortungsübernahme! ... Was verlangen Sie eigentlich? Vergessen? ... Wollen Sie, daß man vergißt?

Meister: Ich könnte mir natürlich widersprechen, wie Nietzsche. Das würde beweisen, daß ich lebendig geblieben bin! ... Wollen Sie, daß ich mir widerspreche, Herr Lerner? ... Ich würde das noch nichteinmal Nietzsche zuliebe tun ...

Während es bei Michel Deutsch um die Erforschung von Gründen geht, warum Heidegger zum Nazi wurde, kennt die Österreicherin Elfriede Jelinek diese Gründe schon. In ihrem Heideggerstück *Totenauberg* läßt sie Bodenständigkeit und Emigrantentum aufeinanderprallen. Schon der Titel spielt an auf die Pilgerstätte der deutschen Eigentlichkeit, auf Todtnauberg im Schwarzwald, wo Heideggers legendäre Hütte „anwest", jahrelang eine Art Weihestätte der europäischen Intelligenz. Der Heidegger der Jelinek ist ein älterer Herr im Skianzug, eingespannt in ein seltsames Gestell. Dieses Gestell ist ein ironisches Zitat von Heideggers Technik-Philosophie. Denn dort ist das „Ge-Stell" ein zentraler Begriff: das Wesen der Technik, an dem die Welt krankt. Heideggers Gegenspielerin ist eine junge Frau in städtischer Kleidung. Nach Elfriede Jelinek handelt es sich dabei um Hannah Arendt, die jüdische Philosophin und Jugendgeliebte Heideggers, die aus Nazideutschland emigrieren mußte.

Es wird in *Totenauberg* keine Geschichte erzählt. Es gibt keine Handlung. Heidegger und die Arendt sprechen nicht miteinander. Vor dem Hintergrund eines dilettantischen Bergfilmes prallen Monologe aufeinander, in denen es immer wieder um die Heimat geht, um das Eigene und das Fremde.

Die Frau: Die Natur ist mächtig, weil sie schön ist, ohne schöngemacht zu sein. Und diesen Menschen gehört sie! Beschwörend, es möge sie, die Besitzer des Bodens, immer und immer weiter geben, halten sie einander den Himmel und den tiefsten Abgrund entgegen wie Kruzifixe einem Dämon. Sie beschwören sich selbst, immer da zu sein und die Natur den Zudringlichen zu verwehren. (...)
Der alte Mann: Die Natur ist unsere ganze Begeisterung! Es ist viel zu schaffen. Vielleicht finden wir Gelegenheit, in ihr zu lesen. Mitten hinein arbeitet der Bauer sich vor. Tannen ragen gegen den Sturm. In der weiten Herbstnacht rauscht der Bach. Es genügt, sich selbst zu sagen, und schon kommt man sich entge-

gen. So einfach ist das. Der Sturm rast um die Hütte. Der Schnee. Gibt es etwas Einfacheres? (...) Die Technik wirft uns ins Gelände, wir fliegen wie Fetzen, und wir sind dort, sehen aber genauso aus wie vorher. Großes entsteht nur aus Heimat, und zwar gerade dadurch, daß sie uns und keinem anderen gehört.

Im Frühjahr 1945 gehörte Heideggers Heimat den Invasionstruppen der Alliierten. In dieser Zeit spielt Jörg Kleins Heidegger-Stück *Wenn die Prüfung ist durch die Knie gegangen*. Der Titel ist eine Zeile aus Hölderlins Hymne *Der Ister*. Heidegger hielt den Dichter für eine Art poetischen Vordenker der eigenen Philosophie. Doch Jörg Kleins Heidegger ist weit hinter seinem Vordenker zurückgeblieben. Der Nachdenker Heidegger trägt zur Existentialistenjoppe die rote Clownsnase. Begleitet, bedient und bewundert von einem Oberförster hat sich der Herr Professor vor Alliierten im Wald versteckt.

Oberförster: Genau! Sulzburg! Viereinhalb Kilometer vor uns. (...) Hier sind wir sicher. Gerade deshalb hab ich ja diese Höhle –
Der Herr Professor: Viereinhalb Kilometer, sagten Sie?
Oberförster: Luftlinie.
Der Herr Professor: Und wir können herabsehen, auf die?
Oberförster: Oh ja, der Dauster ist viel höher als – aber können Herr Professor das nicht ohnehin? Ich meine, herabsehen? ‚Der größte Philosoph des 20. Jahrhunderts'! – ‚Der König im Reich des Geistes"!
Der Herr Professor: Der König! Wenn der König schachmatt ist, ist bekanntlich der Krieg verloren. Auf welches Feld ziehe ich nun? E8? Schachmatt! Das weiß man ja allerseits: wer den König hat ... – die Philosophie: das bin ich. Ich: das ist die Philosophie. Ich bin das Denken. – Aber jenseits des Rheines, wie man mir hat zukommen lassen, schätze man besonders mein Buch! – Mich!

Jörg Kleins Heidegger ist eine Karikatur. Der Großdenker als Kleingeist, selbstverliebt und haßerfüllt, ein Hypochonder mit Größenwahn. Wie hatte Heidegger doch in seiner Freiburger Rektoratsrede von 1933 Platon falsch übersetzt: Alles Große steht im Sturm? Mit dem Wind hatte Heidegger offenbar nicht gerechnet.

Wer bis hierhin gefolgt ist, der wird die Philosophen vielleicht für ein besonders exzentrisches Völkchen halten. Umstritten wie Sokrates in Athen, verstiegen wie Empedokles auf dem Ätna, machtversessen wie Heidegger. Tatsächlich gibt es einige wenige Philosophen, die in diese Schubladen passen. Umstritten wie Sokrates war Diogenes von Sinope, der berühmte Philosoph aus der Tonne; Pythagoras war ebenso extravagant wie Empedokles; Otto Weininger genauso überspannt. Über Weininger gibt es übrigens ein mehr oder weniger unbekanntes Stück von Joshua Sobol: *Weiningers Nacht*, wobei Weininger weniger durch sein einziges Buch *Geschlecht und Charakter* aufgefallen ist, als durch seinen extremen Judenhaß, der gerade deshalb so außergewöhnlich ist, weil Weininger selbst Jude war, und die Tatsache, daß er sich in Beethovens Sterbezimmer in Wien erschossen hat. Platon schließlich hat sich wie Heidegger mit einem Tyrannen eingelassen. Doch Achtung! All dies sind gewaltige Ausnahmen. Denn für gewöhnlich springen Philosophen nicht in Vulkane, sie trinken keine Giftbecher und werden nur höchst selten politisch. Der Normalfall ist der eher langweilige Denker und Stubenhocker.

Niemand außer Thomas Bernhard hat sich bislang die Mühe gemacht, diesen Philosophentypus auf die Bühne zu bringen. In seiner Komödie *Immanuel Kant* setzt er dem philosophischen Langweiler an sich ein Denkmal: Kant, der ein Leben lang nicht aus Königsberg herauskam, der bei Gesellschaften gern einschlief, der als Hobby Senf anrührte. Der nach einem fein ausgetüftelten System aß und trank, nach dessen Spaziergängen man die Uhr stellen konnte und der seinen Tagesablauf bis auf die Minute genau geregelt hatte. Kant, der sich sogar aufschrieb, was er vergessen wollte, um das Vergessen nicht zu vergessen. Und der dabei doch Werke wie die *Kritik der reinen Vernunft* hinterlassen hat, die sich anders wohl kaum schreiben lassen.

Während Kant pedantisch und präzise war, nimmt Bernhard es nicht so genau für sein Stück. Das zeigt sich schon an der Besetzungsliste des Stücks. Da taucht nämlich eine Frau Kant auf. Aber Kant war nie verheiratet. Dann finden wir einen Papagei, der regelmäßig „Imperativ Imperativ“ kräht. Kant hatte nie ein solches Tier, undenkbar für einen Mann, der schon wegen eines Hahnes in der Nachbarschaft unruhig wurde. Schließlich spielt das gesamte Stück auf einem Schiff. Bernhards Kant reist nach Amerika. Tatsächlich aber ist Kant nie aus seiner Heimatstadt Königsberg herausgekommen. Thomas Bernhard läßt seinen Kant darauf Bezug nehmen.

Kant: Kant ist aus Königsberg
nicht hinausgekommen
wird gesagt
aber wo Kant ist
ist Königsberg
Königsberg ist
wo Kant ist

An der Columbia-Universität soll Kant der Ehrendoktor verliehen werden. Außerdem will er sich einer Augenoperation unterziehen.

Kant: Ich sehe nichts
Wissen Sie ich habe den Grünen Star
ich sehe nichts
beinahe nichts mehr
ein paar grundlegende Sätze vielleicht
dann herrscht Finsternis.

Und so schlagen die Passagiere während der Fahrt die Zeit tot. Sie reden, granteln und nörgeln vor sich hin und aneinander vorbei. Es wird doziert und lamentiert, aber nicht miteinander gesprochen. Die Sätze sind nicht rational, sie folgen oft kruden Assoziationsketten. Entsprechend gibt es keine eigentliche Handlung, es findet nichts statt. Frau Kant sorgt sich um ihren Gatten. Eine Millionärin redet schlichten Unsinn. Kant selbst macht sich vor allem Gedanken über den Papagei Friedrich.

Kant: Meine bedeutendsten meine wichtigsten Vorlesungen
habe ich vor Friedrich gehalten
Ich weiß warum Friedrich
halte ich eine Vorlesung
immer den ersten Platz hat
noch vor dem Professorenkollegium
Dampfpfeifen pfeifen
zum Steward
Deshalb ist Friedrich auch

der Meistgehaßte
am meisten hassen ihn die Universitätsprofessoren
denn er sitzt immer
an erster Stelle
Die Professoren beneiden ihn
um seine Aufmerksamkeit
Es entgeht ihm nichts
während den Gelehrten
beinahe alles entgeht
Ich bin von Anfang an
nur mit Friedrich gereist
heimlich
naturgemäß
durch ganz Deutschland
Kant ist aus Königsberg
nicht hinausgekommen
wird gesagt
aber wo Kant ist
ist Königsberg
Königsberg ist
wo Kant ist
zu Friedrich
Wo ist Königsberg
Friedrich: Wo Kant ist
Kant: Und wo ist Kant
Friedrich: Kant ist wo Königsberg ist

Immanuel Kant von Thomas Bernhard hat mit dem Philosophen Kant kaum mehr als den Namen gemeinsam. Ganz am Ende des Stückes stellt sich sogar die Frage, ob Kant wirklich Kant sein soll oder ein Irrer, der sich für den Philosophen hält. Denn in Amerika wartet keineswegs eine Abordnung der Columbia-Universität, um den Professor ehrenvoll von Bord zu begleiten, sondern die Ärzte und Pfleger eines New Yorker Irrenhauses.

Das alles ist durchaus komisch. Aber man lacht nicht mehr wie bei Aristophanes über die Karikatur eines Philosophen. Wer über Thomas Bernhards Kant lacht, der lacht nur noch über Thomas Bernhard. Der Denker auf der Bühne. Viel mehr als eine Art Kunstkopf des Autors ist nicht von ihm übriggeblieben. Darauf deutet schon das Motto von Antonin Artaud hin, das Bernhard seinem Stück vorangestellt hat: „... das soll nicht heißen, daß man im Theater Leben darstellen soll ...“ Unser Lachen darüber mag der echte Kant erklären, der aus Königsberg. Es ist „ein Affekt aus der plötzlichen Verwandlung einer gespannten Erwartung in nichts“.

Kant: Ich danke für Ihre Aufmerksamkeit
Wer es auch ist
mit wem wir es zu tun haben
es ist ein tödlicher Prozeß
Ein Exzeß
eine totale Lieblosigkeit
Meine Vorlesungen enden immer mit dem Satz
Ich danke für ihre Aufmerksamkeit.

Das „Symposium“

Ach Lieber, ich fürchte, du wirst mir kein Wort glauben. Je länger ich darüber nachdenke, um so unwahrscheinlicher wird mir das Erlebte selbst. Manchmal fahre ich mir mit der Hand über die Augen und zweifle an meinen eigenen Sinnen. Wenn ich auf der Suche nach dem „Symposium“ Abend für Abend durch die Straßen und Gassen Roms streife, kreuz und quer durch Pigna laufe, ohne es je zu finden, frage ich mich, ob meine Erlebnisse jener Nacht nicht die Produkte meiner überreizten Phantasie waren, hervorgerufen durch zu viel Pasta, Philosophie und (vor allem) Pinot Grigio. Doch so sehr die Vernunft für diese Version spricht, ich schwöre dir, jedes Wort meiner Geschichte ist wahr.

Du weißt, ich schreibe an einem Essay über den Hedonismus als Philosophie des Körpers. In der letzten Woche beschloß ich nach einem langen Tag in der Bibliothek, den Abend mit einem guten Essen ausklingen zu lassen. Ich wollte mein Thema auch in der Praxis studieren. Ich suchte ein kleines Lokal in der Via dei Coronari auf und aß mit Appetit. Als Vorspeise hatte ich Melanzane farcite, dazu einen Salat, dann Spaghetti al Pesto, die so gut waren, daß ich einer zweiten Portion nicht widerstehen konnte, es ging weiter mit Saltimbocca, dann, um den Magen zu schließen, noch ein wenig Käse, Kaffee und Grappa. Und dazu eine herrliche Flasche Pinot Grigio. Das ausgezeichnete Essen hatte mich in eine ebensolche Stimmung versetzt, die mich zu einem kleinen Spaziergang verführte, obwohl es fast Mitternacht war. Aber die Luft war angenehm kühl, nach dem heißen Tag eine wahre Wohltat. Ich nahm also den Weg über die Piazza Navona auf das Pantheon zu. Und dort, in den Gassen von Pigna stieß ich in einem Hinterhof auf ein Lokal, das ich noch nie gesehen hatte. Über der Tür leuchtete in Neonschrift der Name „Symposium“, daneben eine stilisierte Nike, die zu meinem Erstaunen von einem Rennwagen, ich glaube, es war ein Silberpfeil, überrollt wurde. Das Lokal zog mich an. Und da ich noch Lust auf ein weiteres Glas Wein hatte, trat ich ein.

Der Innenraum war ausgesprochen modern eingerichtet. Du weißt, solche Hinterhofkneipen sind meist eher spartanisch, ein paar Stühle und Tische, man ist froh, wenn die Tischtücher sauber sind. Aber hier waren alle Einrichtungsgegenstände aus Kunststoff oder Metall. Die Atmosphäre dadurch sachlich und kühl, es war nicht nur ausgesprochen sauber, sondern fast schon steril. Immerhin hatte man mit Blumen nicht gespart, die sich bei näherer Betrachtung allerdings als künstlich erwiesen. Auch gab es keine Musik, allerdings stand in einer Ecke ein kleiner Motor, der rhythmische Geräusche von sich gab. Das alles erschien mir seltsam, aber inzwischen gibt es so viele Moden und Trends, daß ich mir zunächst kaum Gedanken über die Einrichtung machte. Was mich eigentlich erstaunte, waren die Gäste. Denn sie standen im starken Kontrast zu der modernen Einrichtung. Die Männer – und es waren fast nur Männer, die da saßen – wirkten, als kämen sie aus einer anderen Zeit. Ja, einige von ihnen wirkten regelrecht angestaubt. An einem Tisch saß ein unglaublich fetter Dominikaner, sogar noch mit Tonsur, zusammen mit einem Araber und einem Griechen mit akkurat geschorenem Vollbart und hoher Denkerstirn; ein paar Tische weiter ein kleiner, braungebrannter Mann im Trachtenanzug mit einer schönen Jüdin im grünen Kleid, zwischen ihnen ein hochgewachsener Blonder, der fast unausgesetzt hustete; an anderen Tischen Männer mit Perücken, eine größere Gruppe Männer in griechischer Tracht schwadronierte über die Liebe, in der Ecke versuchte ein Penner, eine Kerze auszupissen.

Das muß ein privater Maskenball sein, dachte ich und wollte schon wieder gehen, als ein Kellner meine Unsicherheit bemerkte. Er versicherte mir, das „Symposium" sei für jeden offen, und führte mich an einen Ecktisch. Ich bestellte einen Rotwein und sah mich weiter um. Die meisten Gäste sprachen und tranken zwar nur, aber am Tisch neben mir wurde auch ein Essen serviert. Ein Mann in grobem Mantel bekam ein Huhn. Er stellte den groben Holzstock, den er bis dahin festgehalten hatte, neben sich, schob Messer und Gabel beiseite, nahm sein Hühnchen in beide Hände und biß kräftig zu. Er kaute einen Augenblick, dann spuckte er höchst angewidert eine Metallkugel auf seinen Teller.

Das habe ich nicht bestellt! rief er und schlug mit der Faust auf den Tisch.

Sein Begleiter, ein kleiner Mann mit gepuderter Perücke, Kniebundhosen und einer dicken samtenen Jacke, versuchte ihn zu beruhigen: Es ist genau das, was sie bestellt hatten. Fiathuhn. So steht's auf der Karte. Huhn, erst gekocht, dann gebraten. Gefüllt mit Kugellagerkugeln und Schlagsahne als Beilage.

Trotzdem, Kant. Der Koch ist ein Idiot, brummte der Mann mit dem Stock.

Für einen Augenblick glaubte ich, mich verhört zu haben. Wie hatte er seinen Tischgenossen genannt? Kant? Ich hatte keine Zeit, darüber nachzudenken. Denn jetzt mischte sich der dritte Mann am Tisch in das Gespräch, ein blasser Deutscher mit dicken Brillengläsern und einem mächtigen Schnauzbart: Entschuldigen sie, daß ich korrigiere, Herr Diogenes. Der Koch ist Futurist. Sogar der führende Vertreter dieser philosophischen Richtung. Ein Italiener.

Filippo Tommaso Marinetti heißt er, ergänzte das Männlein.

Und was soll das? blaffte der Mann mit dem Huhn. Na los, Nietzsche. Sie wissen doch sonst auch alles.

Ich gestehe, hier befielen mich Zweifel. Da saßen drei Männer am Tisch, die einander mit Diogenes, Kant und Nietzsche anredeten. Das konnte natürlich ein Spiel sein, irgendein Witz. Überall saßen ja seltsam verkleidete Männer. Vielleicht war das „Symposium" eines dieser philosophischen Cafés, von denen man in der letzten Zeit so viel hörte. Aber was mich doch stutzig machte, war der Nietzsche genannte Mann. Ich habe mich im Rahmen meiner Hedonismus-Studie ausgiebig mit Nietzsche beschäftigt. Und ich muß sagen, der Nietzsche am Nebentisch war dem echten Nietzsche wie aus dem Gesicht geschnitten. Und auch von Immanuel Kant hatte ich einige Zeichnungen gesehen. Das Männlein nebenan sah ihnen verblüffend ähnlich. Selbst einen leichten Buckel hatte es. Nur bei dem Diogenes war ich mir nicht sicher. Ich nahm und nehme an, es sollte der Kyniker aus Sinope sein. Das äußere Erscheinungsbild jedenfalls wies in die Richtung. Grobe Gesichtszüge, Kleidung und Körperpflege ein wenig vernachlässigt, der Bart struppig, dazu der grobe Philosophenmantel und der Wanderstock. Auf einem Universitätsball hätte der Mann einen erstklassigen Diogenes aus der Tonne abgegeben. Dann war da noch der Name des Kochs. Marinetti. Wenn es der Futurist sein sollte, der war schon lange tot. Aber das waren Nietzsche und Kant auch.

Der angebliche Nietzsche jedenfalls hatte sich inzwischen daran gemacht, den angeblichen Diogenes über Marinetti aufzuklären: Marinetti vertritt eine radikal moderne Philosophie. Er hat sich zum Beispiel dafür eingesetzt, aus dem Markus-Platz von Venedig einen Autopark zu machen. Er liebt die Geschwindigkeit. Einen Rennwagen findet er schöner als die Nike von Samothrake. Um jeden Preis das Neue!

Er haßt Pasta, warf Kant ein.

Als Italiener ist das doch absurd. Unwillig schob Diogenes seinen Teller mit dem Huhn von sich.

Das Gespräch faszinierte mich. Unwillkürlich zog ich mein Notizbuch aus der Tasche und machte mir ein paar Aufzeichnungen, aus denen ich später versucht habe, den Gang des Gespräches zu rekonstruieren:

Nietzsche: Wer den Italienern die Pasta nimmt und ihnen statt dessen Fiathuhn vorsetzt, untergräbt in Italien die Zivilisation.
Diogenes: So gesehen: alle Achtung!
Kant: In Mailand hat Marinetti sogar eine Erklärung über die futuristische Küche abgegeben. Wenn ich mich recht erinnere, heißt es da: Diese unsere futuristische Küche, wie der Motor eines Wasserflugzeugs auf hohe Geschwindigkeiten eingestellt, wird manchen zitternden Passatisten verrückt und gefährlich vorkommen: Sie will jedoch endlich eine Übereinstimmung zwischen dem Gaumen der Menschen und ihrem Leben heute und morgen schaffen.
Nietzsche: Im Zeitalter der Autos und Maschinen, meint Marinetti, soll man auch entsprechend essen, nicht wahr Herr Kant.
Kant: Genau. Sehen Sie sich doch die Karte an, Herr Diogenes. Exaltiertes Schwein. Das ist eine rohe, gepellte Salami in einem Teller mit heißem Espresso-Kaffee und Eau de Cologne.
Nietzsche: Oder die Luftspeise. Zu einem Teller mit schwarzen Oliven, Fenchelherzen und Chinakohl wird ein Rechteck serviert, das aus Glaspapier, Seide und Samt besteht. Während man mit der rechten Hand ißt, streichelt man mit der linken das Rechteck, und ein Kellner besprüht einem den Nacken mit Nelkenduft. Dazu laufen ein Flugzeugmotor und Musik von Bach.
Diogenes: Ich verstehe. Anregung aller Sinne und so. Schmecken, fühlen, riechen, hören. Immerhin darf man wieder mit den Fingern essen. Das war zu meiner Zeit noch verpönt.

Kant: Dann sind Sie also mit Marinetti als Koch zufrieden?
Diogenes: Unsinn! Alles viel zu künstlich. Meiner Meinung nach sollte man der Zivilisation nicht hinterher rennen, wie Marinetti es tut. Man muß sich ihr verweigern. Deshalb war ich immer dafür, mit den Fingern zu essen. Was brauche ich zum Beispiel einen Becher? Einmal habe ich einen Jungen gesehen, der aus der hohlen Hand trank. Da habe ich meinen Becher weggeworfen.
Nietzsche: Na gut, Sie essen also mit den Händen, Herr Diogenes. Aber was denn so?
Diogenes: Was ich finde. Beeren, Früchte, Oliven, Wasser.
Kant: Es heißt, sie hätten Menschenfleisch gegessen.
Nietzsche: Stimmt das, was Kant da sagt?
Diogenes: Ach, Nietzsche. Sie predigen den Übermenschen. Aber vor einem, der Menschenfleisch gegessen haben soll, graust ihnen. Ich bin überzeugt, es ist kein Vergehen, Menschenfleisch zu essen. Alles ist doch in allem enthalten. Im Brot sind auch Teile, die im Fleisch sind. Im Kohl sind Teile, die im Brot sind. Und so weiter und so weiter. Es ist also egal, was wir essen.
Nietzsche: Menschenfleisch ist trotzdem widerlich. Platon schreibt, wer Menschenfleisch ißt, wird zum Tier.
Diogenes: Genau darum geht es mir, Nietzsche. Man muß zum Menschenfresser werden, wenn man sich unterscheiden will. Das meine ich. Und dieser Platon, sehen Sie sich seinen Menschen doch an. Ein zweifüßiges, federloses Tier ist der Mensch, sagt er. Ich habe damals ein Huhn gerupft und bin damit zu Platon in die Akademie gegangen. Das ist Platons Mensch, habe ich gesagt und allen das Huhn gezeigt. Zwei Füße und keine Federn. Und Ihnen, meine Herren, sage ich, wenn das der Mensch sein soll, dann kann man erstens Menschenfleisch essen und zweitens macht es nichts, wenn man zum Tier wird.
Kant: So weit ich weiß, hat Platon seine Definition des Menschen dann ja geändert.
Diogenes: Er hat behauptet, der Mensch habe auch noch platte Nägel. Das ist doch lächerlich.
Kant: Also wenn ich Sie recht verstehe, dann ziehen Sie Rohkost vor.
Diogenes: Genau. Einmal habe ich sogar einen rohen Tintenfisch versucht.
Nietzsche: Das ist ja widerlich.

Diogenes: Ach was. Sushi, Frutti di Mare, das ganze Zeug ist doch roh. Heutzutage ißt das jeder. Ich wollte damals zeigen, daß die Zivilisation den Menschen nur unglücklich macht. Die natürliche Ordnung ist jeder anderen überlegen. Glücklich wird nur, wer auf die Luxusgüter der Zivilisation verzichtet. Wer nur Wein trinkt, wird mit Wasser nicht mehr zufrieden sein. Trinkt man dagegen nur Wasser, ist immer alles in bester Ordnung. Was für Mühe gibt man sich, guten Wein zu kaufen. Wasser dagegen gibt es überall.
Kant: Zurück zur Natur also.
Diogenes: Genau. Sehen Sie, Nietzsche. Kant hat es begriffen.
Kant: Prost, meine Herren.
Die drei stießen an. Inzwischen hatte mir der Kellner ein Glas Roten gebracht. Am Nebentisch hatte sich das Gespräch auf eine Person an einem anderen Tisch konzentriert, ein Mann mit krausen Haaren und einem klaren, offenen Gesicht, der sich einen Teller mit Eiern und Käse hatte bringen lassen und dazu ein Glas Milch trank. Daß sie ihn Rousseau nannten, nun ja.
Kant: Jean-Jacques Rousseau steht auf dem gleichen Standpunkt wie Diogenes. Das Rohe ist für ihn eine Tatsache der Natur, das Gekochte eine Tatsache der Kultur. Er ist sogar noch einen Schritt weiter gegangen. Gerade weil wir solchen Luxus in der Küche betreiben, behauptet er, sind so viele Menschen arm. Weil wir Soßen in der Küche brauchen, meint er, haben viele Kranke keine Fleischbrühe. Weil die Reichen Likör trinken, muß der Bauer Wasser trinken. Weil sich die Adeligen die Perücken pudern, haben die Armen kein Brot. Hat er gesagt.
Nietzsche: Ungesund ist für ihn alles, was zusammengesetzt ist. Je mehr Aufwand für ein Gericht betrieben wird, um so unnatürlicher ist es. Und um so schlechter. Rousseau geht sogar so weit zu behaupten, gerade die Franzosen verstehen nichts vom Essen. Denn für sie müsse man besonders raffiniert kochen, um es ihnen schmackhaft zu machen.
Diogenes: Also das gefällt mir.
Kant: Seien Sie vorsichtig, Diogenes. Ihre Behauptungen über das Essen von Menschenfleisch teilt er sicher nicht. Fleisch ist Rousseau ein Graus. Ein Essen für Schwerverbrecher. Seiner Ansicht nach neigen sie zu Grausamkeit, weil sie Fleisch essen. Fleisch essen ist an sich unnatürlich, meint er. Und beweisen will

er das mit der Behauptung, der Geschmack von Fleisch sei Kindern gleichgültig.
Nietzsche: Aber Kinder lieben Milch. Und deshalb liebt auch Rousseau alle Milchprodukte. Käse, Quark, Dickmilch. Dazu etwas Brot, Gemüse. Das ist für ihn die Wegzehrung zur neuen Natürlichkeit.
Kant: Ihren rohen Polypen hätte er jedenfalls nicht gegessen. Prost.
Sie stießen wieder an. Dann fragte der angebliche Diogenes: Und was ist mit Ihnen, Kant?
Kant: Sehen Sie mich doch an. Ich habe wegen meiner flachen und engen Brust, die für die Bewegung des Herzens und der Lunge wenig Spielraum läßt, eine natürliche Anlage zur Hypochondrie, welche in den früheren Jahren bis an den Überdruß des Lebens grenzte.
Nietzsche: Was soll ich da erst sagen mit meinen Kopfschmerzen.
Diogenes: Hören Sie auf zu jammern, Nietzsche, und lassen sie Kant reden.
Kant: Essen heißt für mich, Krankheiten abzuhalten. Ich muß meine Natur beherrschen, sonst wird sie mich beherrschen. Entsprechend verhalte ich mich bei Tisch.
Nietzsche: Das ist gut. Er ißt doch kaum was. Morgens nicht. Abends nicht. Nur mittags.
Kant: Nun ja, ich halte es für wichtig, nach einem, sagen wir: hygienischen System zu leben. Ich denke, es ist wichtig, beim Essen seinen Appetit zu befragen und einen genauen Stundenplan einzuhalten. Das erleichtert die Operation der Gedärme.
Diogenes: Na gut, aber womit beschweren Sie ihre Gedärme?
Kant: Kalbssuppen mit Reis, Graupen oder Nudeln, gebratenes Fleisch, dazu Butter und Käse. Und zu allem Senf. Den rühre ich übrigens selbst an. Müssen Sie mal probieren.
Nietzsche: Das würgt er alles trocken runter, unser Kant.
Kant: Naja, das eine oder andere Gläschen Medoc …
Nietzsche: Hören Sie auf. Es heißt, Sie haben sich in Königsberg schon so sehr betrunken, daß sie ihre Wohnung nicht wiedergefunden haben.
Die Bemerkung Nietzsches rief bei Diogenes einen Heiterkeitsausbruch hervor. Er lachte schallend und schlug sich mit den Händen auf die Schenkel.

Kant war das wohl alles ein wenig peinlich: Da war ich gerade mal dreißig. Das ist lange her. Ich denke, der eigentliche Hauptnutzen beim Trinken besteht eher in dem Sauerstoff, den wir dabei verschlucken. Weswegen ich ja auch den Mund bei jedem Schluck ganz weit aufmache.

Diogenes: Ich dachte, Sie reißen den Mund so weit auf, weil es schmeckt.

Kant: Ach was Geschmack. Darauf kommt es doch nicht an. Lesen Sie meine *Kritik der Urteilskraft*. Da steht ganz deutlich, Geschmack und Geruch gehören nicht zu den höheren Sinnen, weil sie subjektiv sind. Und das verzerrt Ihre Wahrnehmung. Über Geschmack läßt sich nicht streiten, wie es so schön heißt. Kritisieren kann man nur Sinne, welche die höheren Empfindungen betreffen. Tastsinn, Gehör, Gesicht. Beim Essen jedenfalls kommen Sie mit der reinen Vernunft nicht weit. Da greift die Aufklärung nicht. Nehmen Sie Sartre da drüben.

Er wies zu einem Tisch neben der Tür. Der Mann dort sah tatsächlich aus wie eine Kopie Jean-Paul Sartres. Klein, ein Auge hinter den dicken Brillengläsern merkwürdig schielend, das dünne Haar sorgfältig gescheitelt. Neben ihm saß eine große schlanke Frau. Sie hatte ihr langes dunkles Haar unter einer Art Turban verborgen. Wenn das Sartre sein soll, dachte ich, kann die Frau neben ihm nur Simone de Beauvoir sein. Die beiden unterhielten sich angeregt, tranken Wein und rauchten.

Der Mann, der aussah wie Kant, sagte: Sartre verhält sich beim Essen wie ein Idiot. Im Gegensatz zu seiner Philosophie ist er da völlig unvernünftig.

Nietzsche stimmte zu: Im Grunde lebt er von Kaffee, Tee, Zigaretten, Alkohol in allen Formen und Tabletten.

Kant: In *Das Sein und das Nichts* behauptet er, das Essen beruhe auf der Tendenz auszufüllen. Nahrung als eine Art Kitt, um den Mund zu verstopfen. Wer ißt, verstopft sich. Und da Sartre gerne redet, ißt er nicht gern.

Nietzsche: Haben Sie mal neben ihm gesessen, Kant? Sartre stinkt. Er schließt im Grunde nahtlos bei Platon an. Die starke Betonung der Ideen führt zur Verachtung des Körpers im Allgemeinen und des eigenen im Besonderen.

Diogenes: Abgesehen davon, daß Platon immer blitzsauber war – irgendwas muß dieser Sartre doch essen.

Nietzsche: Fragen Sie lieber, was er nicht ißt. Da ist die Antwort leichter. Tomaten sind ihm ein Graus. Gegen Schalentiere, Austern, Muscheln hat er geradezu einen Ekel entwickelt. In seinen Büchern tauchen sie immer wieder als regelrechte Horrorvisionen auf. Kurz und gut, alles was irgendwie natürlich ist, mag Sartre nicht. Seiner Meinung nach stiehlt man solche Nahrung – Fische, Obst, Gemüse – aus einem anderen Universum.
Diogenes: Und was ißt er nun?
Kant: Alles, was möglichst stark durch den Menschen bearbeitet ist, was also weit von seinem natürlichen Zustand entfernt ist. Kuchen, bestimmte Sorten Wurst, Brot.
Nietzsche: Wenn Sie so wollen, ist Sartre ein kulinarischer Antipode von Ihnen, Herr Diogenes und von Rousseau. Entschieden für das Gekochte und gegen alles Rohe.
Diogenes: Darauf muß ich jetzt einen trinken. Prost meine Herren.
Er goß sich Wein nach und trank sein Glas in großen Zügen aus. Der Mann, der aussah wie Friedrich Nietzsche, nippte nur an seinem Glas. Nachdenklich sah er zu dem Tisch an der Tür hinüber und sagte: Ich muß sagen, ich verstehe Philosophen wie Sartre nicht. Die Fragen Wein oder Wasser? Brot oder Kaviar? sind doch eminent philosophisch. Der Mensch ist, was er ißt, hat Feuerbach gesagt. Es geht nicht nur darum, wie der Mensch sein soll. Wir müssen auch fragen, was er essen muß, um so zu werden.
Diogenes: Und wie sieht Ihre Antwort darauf aus?
Nietzsche: Ich denke, wir müssen uns fragen: Wie hast gerade du dich zu ernähren, um zu deinem Maximum von Kraft, von *virtù* im Renaissance-Stil, von moralinfreier Tugend zu kommen? – Meine Erfahrungen sind hier so schlimm als möglich; ich bin erstaunt, diese Frage so spät gehört, aus diesen Fragen so spät Vernunft gelernt zu haben.
Kant: Jetzt haben Sie mit einer Frage geantwortet. Was soll man Ihrer Meinung nach essen?
Nietzsche: Ich sage, das muß jeder für sich beantworten. Niemand wählt das ideale Essen für sich aus. Man findet allerdings dasjenige, welches für die Notwendigkeiten des eigenen Organismus am passendsten ist. Nehmen sie diesen Venezianer Cornaro und sein „Discorsi della vita sobria". Das Buch hat doch nur Unheil angestiftet. Denn es verwechselt Ursache und Wirkung. Cornaro

meint, er sei so alt geworden wegen der Diät, die er in dem Buch empfiehlt. Tatsächlich ist es umgekehrt. Die Vorbedingung zum langen Leben, die außerordentliche Langsamkeit des Stoffwechsels, der geringe Verbrauch war die Ursache seiner Diät. Es stand ihm nicht frei, wenig oder viel zu essen, seine Frugalität war nicht ein freier Wille: er wurde einfach krank, wenn er mehr aß.

Kant: Also gut, es läßt sich nicht allgemein sagen. Jeder muß es für sich herausfinden. Aber was essen Sie selbst, Nietzsche?

Ach Kant, Nietzsche hielt einen Moment inne, dann fuhr er fort, ich habe bis zu meinen reifsten Jahren immer nur schlecht gegessen – moralisch ausgedrückt: unpersönlich, selbstlos, altruistisch, zum Heil der Köche und anderer Mitchristen. Die deutsche Küche, was hat sie nicht alles auf dem Gewissen! Die Suppe vor der Mahlzeit; die ausgekochten Fleische, die fett und mehlig gemachten Gemüse; die Entartung der Mehlspeise zum Briefbeschwerer! Rechnet man gar noch die geradezu viehischen Nachguß-Bedürfnisse der alten, durchaus nicht bloß alten Deutschen dazu, so versteht man auch die Herkunft des deutschen Geistes – aus betrübten Eingeweiden ...

Kant: Das ist stark.

Nietzsche: Die beste Küche ist die Piemonts. Ansonsten kaum Alkohol, kann ich für meine Person nur sagen. Wasser tut's. Ich ziehe Orte vor, wo man überall Gelegenheit hat, aus fließenden Brunnen zu schöpfen, also Nizza, Turin, Sils, ein kleines Glas läuft mir nach wie ein Hund.

Diogenes: Aber wenigstens Kaffee trinken Sie?

Nietzsche: Kaffee verdüstert. Morgens ist mir nur Tee zuträglich. Wenig, aber energisch: Tee, müssen Sie wissen, ist sehr nachteilig und den ganzen Tag ankränkelnd, wenn er nur um einen Grad zu schwach ist. Jeder hat hier sein Maß, oft zwischen den engsten und delikatesten Grenzen. Und ich kann Ihnen sagen, bei meinen Kopfschmerzen, den angegriffenen Augen und dem empfindlichen Magen, ist es geradezu lebensnotwendig für mich, Maß zu halten.

Diogenes: Na prima. Und was machen wir jetzt? Kant trinkt nur, weil es noch zu früh oder schon zu spät zum Essen ist. Nietzsche liebt zwar italienisches Essen. Aber Marinettis Fiathühner will er nicht. Und ich auch nicht.

Die drei schwiegen eine Weile. Dann nahm Nietzsche den Gesprächsfaden wieder auf: Man müßte ein Essen finden, das all unsere Bedürfnisse befriedigt. Ein geradezu philosophisches Mahl.

Diogenes: Fleisch, Brot und Kartoffeln für Kant.

Kant: Auf keinen Fall alla tedesca für Nietzsche. Ohne Suppe vor und Soßen beim Hauptgang.

Nietzsche: Herr Diogenes darf mit den Fingern essen.

Diogenes: Schnell müßte es außerdem gehen. Das ist modern und Marinetti wäre zufrieden.

Kant: Möglichst künstlich sollte es für Sartre sein.

Diogenes: So ein Essen gibt es nicht.

Kant: Doch. Wenn Sie aus all dem die logische Folgerung ziehen, dann sind wir bei? Na, Nietzsche?

Nietzsche: Keine Ahnung.

Kant: Hamburger mit Pommes.

Diogenes: Und was ist mit Rousseau?

Kant: Er wird es lieben! Kinder sind ganz verrückt darauf.

Kant begann daraufhin mit seiner dünnen Stimme unbändig zu lachen. Als er sich wieder beruhigt hatte, forderte er seine beiden Tischgenossen auf: Also gehen wir.

Wohin? wollte Diogenes wissen.

Ins nächste McDonalds, sagte Kant und stand auf. Seine beiden Freunde tranken ihre Gläser aus und folgten ihm.

Ich warf ein paar Lirescheine auf den Tisch und ging hinter ihnen her. Natürlich wollte ich nicht, daß sie es merkten. Deshalb ließ ich ihnen einigen Vorsprung. Bis zur Via del Corso war das auch kein Problem, aber dort stiegen sie in einen Bus. Als ich endlich an der Haltestelle war, war der Bus schon abgefahren. Ich versuchte noch, ein Taxi anzuhalten, aber du weißt ja wie es ist, nach Mitternacht noch ein Taxi in Rom zu bekommen. Die drei Männer waren verschwunden.

Eine Weile lief ich durch die Stadt und grübelte über das Erlebte nach. Ich beschloß schließlich, am nächsten Abend wieder ins „Symposium" zu gehen. Vielleicht, dachte ich, würden die drei wieder dort sein, und ich könnte sie ansprechen und ihre wahre Identität erforschen. Aber als ich am nächsten Abend das „Symposium" besuchen wollte, war ich einfach nicht in der Lage, es zu finden. Es war wie vom Erdboden verschwunden. Seitdem habe ich Pigna systematisch durchsucht, bin das Viertel Straße für Straße abgegangen – ohne Erfolg.

In der Bibliothek habe ich mir die Werke von Nietzsche, Kant und Marinetti ausgeliehen. Darin finden sich manche Sätze, die ich an dem Abend selbst gehört habe. Natürlich besteht die Möglichkeit, solche Sätze zu lernen wie ein Schauspieler. Ich selbst kann Nietzsches Diktum über den Tee schon auswendig: „Tee ist sehr nachteilig und den ganzen Tag ankränkelnd, wenn er nur um einen Grad zu schwach ist." Der Satz steht in *Ecce Homo*. Du wirst allerdings zugeben müssen, daß es mehr als ungewöhnlich ist, eine Unterhaltung aus Zitaten zu bestreiten. Das bestärkt mich wiederum darin, daß ich in keinem Theaterstück war, keine Vorführung welcher Art auch immer gesehen habe. Andererseits, es ist ja wohl auch unmöglich, daß ich Diogenes, Kant und Nietzsche gesehen habe; mal abgesehen von Sartre, Beauvoir und Rousseau. Sie alle sind tot.

So weiß ich denn nicht, was ich von dem Erlebten halten soll. Ich kann nur aufschreiben, was ich erlebt habe, und dir versichern, das jedes Wort wahr ist und so gesprochen wurde. Der Rest muß deinem Urteil überlassen bleiben.

Philosophie des Frühstücks

1. Gang: Antipasti

Eine Philosophie des Frühstücks – das schmeckt nach Himbeersoße in Aspik. Süßsauer, dekadent, ein Widerspruch in sich: der Schuß mit der Kanone Philosophie auf den Spatzen mit Tee, Kaffee und frischen Brötchen. Angeblich geht es in der Philosophie um Höheres, um das Sein an sich und letzte Dinge. Das Frühstück dagegen findet statt in den Niederungen von Toast und Marmelade. Wie soll eine Schrippe je philosophische Würde erhalten? Was hat Tee mit Transzendenz zu tun? Und wen interessiert schon das Sein eines Frühstückseis?

Wer so denkt, macht nicht einfach einen Fehler. Wer die Philosophie des Frühstücks für einen Witz hält, geht grundsätzlich in die Irre, die Martin Heidegger für das Un-Wesen der Wahrheit hielt, aus dessen Dunkel sich erst die Unverborgenheit ans Licht beißen muß. Nichts ist philosophisch von größerer Bedeutung als das Essen. Und von allen Mahlzeiten des Tages verdient das Frühstück die größte Aufmerksamkeit.

Ich denke, also bin ich, heißt es bei René Descartes. Aber Descartes irrte sich. Ich bin nicht, weil ich denke, sondern weil ich esse. Ich kann beliebig lange nicht denken, ohne daß ich aufhöre zu sein. Vom Essen kann man das nicht behaupten. Nein! Ich esse, also bin ich!

Ludwig Feuerbach hat das erkannt. Von ihm stammt der Satz: „Der Mensch ist, was er ißt." Dahinter steht die Einsicht, daß unser Sein ganz wesentlich von unserer Nahrung abhängt. Die Frage lautet nicht nur, wie der Mensch sein soll. Wir müssen auch fragen, was er essen muß, um so zu werden.

Friedrich Nietzsche ist einer der wenigen Philosophen, die das erkannt haben. In seiner Schrift *Ecce Homo* schreibt er unter der bezeichnenden Überschrift *Warum ich so klug bin*: „Ganz anders interessiert mich die Frage, an der mehr das ‚Heil der Menschheit' hängt, als an irgend einer Theologen-Kuriosität: die Frage der *Ernährung*. Man kann sie sich zum Handgebrauch so formulieren:

‚wie hast gerade du dich zu ernähren, um zu deinem Maximum von Kraft, von virtù im Renaissance-Stile, von moralinfreier Tugend zu kommen?'"

Über sein Frühstück vermerkt Nietzsche: „Keinen Café: Café verdüstert. Tee nur morgens zuträglich. Wenig aber energisch: Tee sehr nachteilig, den ganzen Tag ankränkelnd, wenn er nur um einen Grad zu schwach ist."

In dieser Notiz über den Frühstückstee liegt ein Hinweis darauf, warum bei der Frage einer Philosophie der Ernährung gerade das Frühstück eine besondere Rolle spielt. Ist der Tee zu schwach, ist der ganze Tag verdorben. Jeder wird solche oder ähnliche Erfahrungen gemacht haben. Ein hartes Frühstücksei, ein verbrannter Toast verderben die Laune. Bezeichnenderweise heißt es im Volksmund „er hat schlecht gefrühstückt", wenn jemand schlecht gelaunt ist.

So mag man denn einwenden, man müsse zwar essen aber nicht unbedingt frühstücken, um zu sein. Doch festhalten läßt sich die Einsicht: Ich frühstücke gut, also bin ich glücklich. Aber was ist ein gutes Frühstück?

2. Gang: Der Kaffee

Kaffee oder Tee zum Frühstück? Das ist mehr als eine Geschmacksfrage. Es ist ein philosophisches Problem. Die Wahl des Getränkes beruht auf unserem Verhältnis zur Zeit. Wer Kaffee trinkt, für den ist die Zeit ein Pfeil. Sie läßt sich nicht umkehren. Es gilt, die Gelegenheit beim Schopf zu packen.

Der Legende nach wurde die anregende Wirkung der Kaffeepflanze von muslimischen Mönchen entdeckt, die am Roten Meer ihre Ziegen weideten. Eines Abends waren die Tiere unruhig. Anstatt zu schlafen kletterten und hüpften sie herum. Das war durchaus ungewöhnlich. Denn am Tag schien die Sonne so heiß, daß Mensch und Tier abends erschöpft in einen tiefen Schlaf fielen. „Was ist mit den Tieren?" fragten sich die Mönche. Schließlich fanden sie einen Kaffeestrauch, den die Herde fast vollständig abgefressen hatte. Die Hirten pflückten einige Zweige mit Früchten und brachten sie zu ihrem Imam.

Dieser Imam erfand den heutigen Kaffee fast auf einen Schlag. Zunächst probierte er einige Kaffeebohnen. Der Geschmack der frischen Frucht war widerwärtig. Also röstete der Imam die Kaffeebohnen, zerstieß sie und gab kochendes Wasser dazu. Der Kaffee war fertig. Der Imam kostete das schwarze Gebräu und machte eine erstaunliche Entdeckung. Während beim mitternächtlichen Gebet seine Brüder mit dem Schlaf kämpften, war er selbst taufrisch und hellwach.

Kein Wunder, daß eine der vielen Erklärungen für den Namen des neuen Getränkes sich auf das arabische Wort *kuebwa* beruft, was soviel bedeutet wie *der Anregende.* In Maßen getrunken regt der Kaffee an, zuviel von ihm elektrisiert regelrecht. Der französische Philosoph und Feinschmecker Brillat-Savarin berichtet in seinem Buch *Physiologie des Geschmacks*, zwei starke Tassen Kaffee hätten ihm vierzig Stunden Schlaflosigkeit eingetragen.

Die anregende Wirkung des Kaffees spiegelt sich schon in seinem Entstehungsmythos wider. Der Imam, der die erste Tasse Kaffee bereitet, probiert nicht dies und jenes aus; mit einer ganz selbstverständlichen Sicherheit weiß er, wie er mit der Kaffeepflanze umzugehen hat. Der Kaffee verändert unser Verhältnis zur Zeit. Mit ihm gelingt es geradezu, sie zu beschleunigen.

Es ist, als mache die Zeit einen Sprung nach vorn. Wie alle großen Entdeckungen ist auch die des Kaffees nicht das Ergebnis eines langwierigen Probierens, sondern einer plötzlichen Eingebung. Danach ist nichts mehr wie es war. Der Fortschritt ist unaufhaltsam. Der Gang der Evolution läßt sich ebensowenig rückgängig machen wie die Erfindung des Kaffees.

Kaffee ist das Getränk des Fortschritts. Denn die Zeit läßt sich nicht umkehren. Ist der richtige Augenblick verpaßt, wird es keine zweite Chance mehr geben. Es kommt darauf an, hellwach zu sein. Dabei hilft der Kaffee. Wer ihn am Morgen trinkt, will am Tag nichts verpassen. Die Zeit ist ein Pfeil. Der heutige Tag kehrt nie zurück.

3. Gang: Der Tee

Die Tasse Tee am Morgen dagegen ist ein Ritual. Sie feiert den Kreislauf der Zeit. Denken wir an die strenge Unterscheidung der Engländer zwischen *Early Morning* und *Breakfast Tea.* Der *Early Morning Tea* wird nach dem Aufwachen getrunken. Er ist leicht und anregend. Den starken *Breakfast Tea* mit Milch und Zucker gibt es zu einem deftigen Frühstück mit Schinken und Eiern. Undenkbar, die Tees zu vertauschen, den *Early Morning* mit *ham and eggs* zu servieren.

Einer Legende nach wurde der Tee von dem chinesischen Kaiser Chen Nung erfunden. Chen Nung war ein mythischer Kaiser. Auf seinem menschlichen Körper trug er einen mächtigen Stierkopf. Der Überlieferung nach gehen auf ihn die Landwirtschaft und die Medizin zurück.

Ein Gebot des Chen Nung war es, Wasser vor dem Trinken zu kochen, um schädliche Keime abzutöten. Auch wenn der Kaiser den Göttern nahe stand, so war sein menschlicher Körper doch anfällig für Krankheiten. Eines Tages nun kochte Chen Nung sein Wasser unter einem Baum. Und zufällig fiel ein Blatt dieses Baumes in das Kochgefäß des Kaisers. Chen Nung war ein kluger und neugieriger Mann. Er nahm das Blatt nicht aus dem kochenden Wasser, sondern ließ es gewähren. Das Ergebnis dieses, philosophisch gesprochen, Seinlassen des Seienden war der Tee.

Die Szene könnte von Denkern wie Averroes, Meister Eckart oder Giordano Bruno erfunden sein, wäre sie nicht über viertausend Jahre alt. Aus der von Gott gezeugten *natura naturans*, eben dem Blatt am Baum, wird die erzeugte Natur, die *natura naturata*, der Tee.

Chen Nung überlieferte sein Wissen von der Entstehung des Tees. Die Ernten wurden nach einem strengen Ritual durchgeführt, aus dem später die Teezeremonie werden sollte. Nur Mädchen, die jünger waren als 14 Jahre, durften die Teeblätter pflükken. Jeden Tag mußten sie neue Kleider anlegen, deren Stoffe wie ihr Atem parfümiert waren. Während der Arbeit wurde kein Wort gesprochen.

Der Dienst forderte eine Reinheit und Behutsamkeit, wie sie sonst nur gegenüber dem Heiligen an den Tag gelegt wird, beim delphischen Orakel ebenso wie bei der Gabenbereitung in der Messe. Gefeiert wird eine ideelle, ja eine heilige Ordnung, die sich in der strengen Abfolge der immergleichen Tätigkeiten widerspiegelt. Eine solche Abfolge ist ein Ritual.

In der Philosophie des Frühstücks steht der Tee für die Ordnung, die sich im Kreislauf der Zeit ausdrückt. Für Platon ahmt die zyklische Zeit die Ewigkeit Gottes nach. So wie der Schöpfer ohne Anfang und Ende ist, so läuft bei der Zeit das Ende immer wieder in den Anfang zurück. Die Zeit, schreibt er in seinem Dialog *Timaios*, ist ein Kreis, deren Umläufe an den Rotationen der Gestirne gezählt werden können. „So und deshalb ist also Tag und Nacht entstanden: der Umschwung der einen und am meisten mit Vernunft begabten Kreisbewegung; der Monat aber, wenn der Mond, der seine Kreisbahn durchlaufen hat, die Sonne einholt, und das Jahr, wenn die Sonne ihren Kreislauf vollendet hat.“ Ganz ähnlich symbolisieren die Zeremonien des Teetrinkens und Erntens eine höhere Ordnung.

Um den Tag mit Tee zu beginnen, braucht man Ruhe und Gelassenheit. Mit einem Wort: Zeit. Denn Tee will genossen werden, nicht wie der Kaffee im Stehen heruntergegossen. Die Zeit erscheint dem Teetrinker als Kreis, als beständige Wiederholung. Nietzsche begann den Tag mit Tee. Er war von der Wiederkehr des Immergleichen überzeugt. Was auch geschieht, alles wiederholt sich irgendwann. Darin mag eine Absage an den Fortschritt liegen, aber auch eine große Beruhigung. Denn es gibt keine verpaßten Gelegenheiten. Alles ist gut. Also besteht kein Grund zur Eile.

Um Gelassenheit geht es auch bei dem indischen Mythos vom Prinzen Dharma, der wie der chinesische Kaiser Chen Nung als Entdecker des Tees verehrt wird. Dharma liebte in seiner Jugend die Frauen und den Alkohol. Er führte ein ausschweifendes Leben. Doch eines Tages wurde Dharma von der Gnade berührt. Von nun an führte er das Leben eines buddhistischen Wandermönchs. Sein Leben sollte bestimmt sein von einem immerwährenden Gebet. Dharma gelobte, nie mehr zu schlafen. Lange Jahre konnte er sein Gelübde halten. Er aß nicht, lachte nicht, vor allem aber: Er blinzelte nicht mit den Augen, wie es im Buddhismus von den Vollkommenen heißt. Seine Tage waren Gebet und Meditation. Doch dann geschah das Unvermeidliche: Dharma schlief ein. Mit einem Schlag hatte er seine jahrelangen Anstrengungen zunichte gemacht. Dharma raste, als er wieder erwachte. Er nahm eine Klinge, schnitt sich Augenlider ab und vergrub sie. Nie mehr sollten ihm die Augen zufallen können.

Dharma ging wieder auf Wanderschaft. Jahre später kehrte er an den Ort zurück, an dem er seine Lider vergraben hatte. Dort wuchs nun ein Busch, dessen Blätter ihn an die Form seiner

Augenlider erinnerten. Dharma aß ein wenig von den frischen Blättern und entdeckte ihre magische Kraft, einem die Augen offenzuhalten. Zugleich wurde Dharma erfüllt von Kraft und Lebensmut. Mit dem Samen seiner Lider hatte er den Tee gepflanzt. Von nun an verwendete Dharma den Tee im Dienst des Seelenheils.

Zusammen mit dem Tee erlebte der Buddhismus in China seine Blüte. Zunächst wurde der Tee als Kuchen gegessen. Erst in der Ming-Epoche setzte sich der Tee als Getränk durch, mit ihm die streng kodifizierte Teezeremonie, die aus dem Teetrinken eine geistige Übung macht. Chinesische und später japanische Mönche entwickeln daraus eine regelrechte Philosophie des Tees.

Sie beruht auf einer Beschränkung auf das Wesentliche, unbedingt Notwendige. Alles Materielle wird auf das Unverzichtbare reduziert. Die Sprache wird durch ein Zeichensystem ersetzt, von einem Uneingeweihten kaum zu entschlüsseln. Das Zimmer, in dem die Zeremonie stattfindet, ist karg. Es symbolisiert eher die Leere als den Raum. Diese Tendenz zur Verknappung verweist immer wieder auf das Spirituelle, Geistige, um das es eigentlich geht. Der Tee selbst symbolisiert und vermittelt die vier Grundprinzipien Harmonie, Achtung, Reinheit, Gelassenheit.

Harmonie und Achtung vor dem anderen, diese beiden Prinzipien machen die Teezeremonie zu einer ethischen Übung. Zwischen den Teilnehmern der Zeremonie soll Mäßigung und Milde herrschen. Dazu bedarf es der Loslösung aus dem Alltag. Entsprechend beginnt die Zeremonie mit einer rituellen Reinigung. Sind alle Voraussetzungen erfüllt, ermöglicht die Teezeremonie selbst die Gelassenheit.

4. Gang: Der Kakao

Im Reigen von Kaffee, Tee und Kakao ist der Kakao das kulturpessimistische Getränk zum Frühstück. Ein Getränk von geradezu Spenglerschen Ausmaßen, denn es zeugt vom Untergang des Abendlandes. Während der Kaffee für den Fortschritt, der Tee für das Beharren steht, wendet sich der Kakaotrinker von Gegenwart und Zukunft ab. Er glaubt nicht, daß alles so bleibt wie es ist, schon gar nicht, daß es besser wird. Wer Kakao trinkt, ist überzeugt: Früher war alles besser. Die guten Zeiten haben wir hinter uns.

Ursprünglich war der *chacau haa* das rituelle Getränk der Mayas, der Trank der Krieger vor dem Kampf. Um die Kakaobohne überhaupt ernten zu können, wurden rituelle Orgien gefeiert. Es kam zur Opferung von roten Hunden, orgiastischen Tänzen und rituellen Kämpfen. Die Bauern mußten vor der Ernte zwei Wochen sexuelle Enthaltsamkeit üben, dann aber konnten sie sich wüsten Ausschweifungen hingeben. In goldenen Gefäßen wurde der Kakao von Jungfrauen serviert. Zuerst dem Kaiser, dann den Priestern und den anderen Feiernden.

Bei allen religiösen Zeremonien der Mayas wurde Kakao getrunken, um die Götter günstig zu stimmen. Die Teilnehmer an solchen Feiern präsentierten den Göttern Pflanzen und Federn als Geschenke; sich selbst schmückten sie mit Zweigen von Kakaobäumen. Später kam es zu rituellen Kopulationen, die von ausgewählten Paaren durchgeführt wurden.

Auch in den Familien spielte der Kakao eine große Rolle. Er war das Getränk aller bedeutenden Übergänge. Man reichte ihn bei der Geburt eines Kindes, bei Heirat und Tod. Bei einer Art Jugendweihe wurden die Feiernden sogar mit dem Kakaopulver bestrichen.

Dieser Ur-Kakao hatte mit Geburt und Tod zu tun, er war ein Trank der großen und starken Augenblicke des Lebens, leidenschaftlich und voller Kraft und Energie. Aber der Kakao von dem hier die Rede ist, hat keinerlei Ähnlichkeit mit dem Getränk, das heute auf unseren Frühstückstischen steht. Der atztekische Kakao brachte das Blut in Wallung. Er erregte die Sinne und stärkte die Libido. Er war kein süßes Kindergetränk wie heute. Ganz im Gegenteil! Der Kakao wurde zubereitet mit raffinierten Mischungen aus Jasmin, Zimt, Ambra und Muskat. Man gab Pfeffer und Paprikaschoten dazu, Anis, Ingwer und Kerbel. Ja sogar Maisbrei wurde unter den Sud aus Kakaobohnen gemischt. Der *chacau haa* war auf keinen Fall lieblich. Er sollte das Fleisch und die Seele zum Kochen bringen.

Diese Kakaokultur ging mit der Eroberung Lateinamerikas durch das katholische Spanien zuende. Die Indios wurden getauft und der Kakao gezuckert. Aus der bitteren, virilen Bohne wurde ein Getränk für Kinder, Kranke, Müßiggänger und Damen. Die Bohne wurde entfettet, entölt und gesüßt. So erhielt sie den leicht klebrigen Ruf, der ihr heute noch anhaftet.

Läßt sich ein größerer Abstieg denken? Aus dem Getränk, das Kraft und Energie, Geburt und Tod feiert, wird ein Instant-Drink für Kinder. Die gefiederte Schlange Quetzalcoatl, die den Kakao als Göttergeschenk den Menschen darbrachte, degeneriert zum Comic-Häschen der Kakao-Werbung. Wer Kakao zum Frühstück trinkt, hat wenig Grund zur Zuversicht, denn er weiß um diesen Niedergang.

5. Gang: Das Brot

Neben Kaffee, Tee und Kakao ist das Brot unverzichtbarer Teil eines jeden Frühstücks. Es spielt eine ähnliche Rolle wie das „Ding an sich" in der Erkenntnistheorie Immanuel Kants. Ohne „Ding an sich" keine Erkenntnis. Ohne Brot kein Frühstück. Die Sprachgeschichte bestätigt das. Das aus dem Spätmittelhochdeutschen stammende Wort „Frühstück" bezeichnet das erste Stück Brot am Tage. Brot und Frühstück werden miteinander identifiziert. Das eine ist nicht ohne das andere.

Ursprünglich wurde das Brot *Laib* genannt. Die Hochschätzung des Brotes, die sich im Wort Laib ausdrückt, zeigt sich unter anderem daran, daß sprachlich mit dem Laib auch Titel wie Lord und Lady verwandt sind. Der Hausherr war der Brotwart. Daß aus dem Laib das *Brot* wurde, hing mit einer veränderten Herstellungsweise des Brotes zusammen. Der Laib bezeichnete ungesäuertes Brot. Im Lauf der Jahre jedoch wurde das Brot zunehmend gesäuert, also mit Sauerteig hergestellt. Der Teig muß bei dieser Art der Herstellung aufgehen, gären. Darauf nimmt das Wort Brot sprachgeschichtlich noch Bezug. Es stammt aus dem Germanischen und hat dieselbe Wurzel wie *Brauen* und *Bier*. Die Rede vom Bier als dem flüssigen Brot ist also gar nicht so weit hergeholt. Beide Nahrungsmittel müssen bei der Herstellung gären. Auch das Brot wird gleichsam gebraut.

Die Wertschätzung des Brotes ist eine tief verwurzelte Volksanschauung. Brot steht immer noch stellvertretend für die Lebensmittel überhaupt und den Lebensunterhalt. Im „Vater unser" heißt es: „Unser tägliches Brot gib uns heute." Wer arbeiten geht, der verdient seine Brötchen. Brot symbolisiert alles, was mit der materiellen Existenz zu tun hat. Und da Arbeit mit Geld bezahlt wird, bedeutet Brot im übertragenen Sinne auch Geld. Wir sprechen vom Brotberuf, dem Broterwerb und dem Brotstudium. Eine brotlose Kunst bringt kein Geld ein. Wenn sich im Lied so oft Tod und Not auf Brot reimen, so ist das sicher kein Zufall, sondern es handelt sich um existentielle Grundbegriffe.

Wir können durchaus den Schluß ziehen: Ohne Brot kein Sein. Ohne Sein kein Frühstück. Also gibt es ohne Brot kein Frühstück. Aber die reine Logik ist leer ohne die Wirklichkeit. Werfen wir also einen Blick auf die internationalen Frühstückstische. Daß in Deutschland Brot zum Frühstück gehört, muß nicht extra betont werden. Allein die Tatsache, daß es bei uns über 200 Brotsorten gibt, spricht für sich. Doch schauen wir über den bundesdeutschen Tellerrand hinaus: In Skandinavien werden natürlich die berühmten Smörrebröde geschmiert. In England und Amerika gibt es Toast, das Baguette in Frankreich. Selbst im Orient und in Mexiko steht Brot auf dem Frühstückstisch. Eine Ausnahme bilden einzig die asiatischen Länder. Hier ist der Reis das Grundnahrungsmittel.

Eine Identifikation des Frühstücks mit dem Brot, und damit letztlich mit der Existenz überhaupt, hat nur in Deutschland stattgefunden. In England und Amerika heißt das Frühstück *breakfast*, bezieht sich also auf das Brechen des nächtlichen Fastens. In Skandinavien spricht man von der *frokost*, der frühen Speise, die mit Fisch und Salat die Ausmaße eines Mittagessens annimmt. In Frankreich schließlich nimmt man sein *petit déjeuner*, das kleine Essen.

Warum identifizieren ausgerechnet die Deutschen Brot und Frühstück? Über die Gründe lassen sich nur Vermutungen anstellen. Aber in den meisten Ländern wird weitaus luxuriöser als in Deutschland gefrühstückt. Daran ändern auch unsere 200 Brotsorten nichts. „Deutsch sein heißt, eine Sache um ihrer selbst willen tun“, konstatierte Richard Wagner. Das Frühstück wäre dann ein Ausdruck der reinen Existenzerhaltung. Aber schieben wir unser Brot nicht in den kalten Ofen, wie es im Sprichwort heißt.

6. Gang: Das Vierminutenei

Das Vierminutenei ist ein Mythos. Wider alle Vernunft erzählt es von der Möglichkeit des Gelingens. Beim idealen Vierminutenei ist das Eiweiß fest und das Dotter weich. Allerdings machen wir fast jeden Morgen die Erfahrung, daß man zwar ein Ei exakt vier Minuten kochen kann, es aber dennoch kein Vierminutenei ist. Mal ist das Eiweiß wässerig, mal das Dotter hart oder die Schale geplatzt. Selbst eine digitale Eieruhr ändert daran nichts.

Tatsächlich ist es nicht einfach, ein Vierminutenei zu kochen. Und das ist nicht nur eine Frage der Uhr. Um aus einem Ei ein Vierminutenei zu machen, muß eine Vielzahl von Umständen bedacht werden. Das beginnt mit der Frage, ob man das Ei erst ins kochende Wasser legt oder ob es schon vor dem Kochen ins Wasser kann. Wenn ja, wie soll dieses Wasser sein? Kalt oder warm? Eventuell hat die langsame Erwärmung des Eis Einfluß darauf, ob die Schale platzt oder nicht. Andererseits: Eiweiß stockt ohnehin erst ab 100 Grad Celsius. Also kann man das Ei gleich in kochendes Wasser legen. Aber dann platzt möglicherweise die Schale leichter.

Hat die Wassermenge Einfluß auf das Gelingen eines Vierminuteneis? Das ist vor allem dann von Bedeutung, wenn man das Ei ins kalte Wasser legt und zum Kochen bringt. Denn je mehr Wasser wir benutzen, um so länger liegt das Ei im Wasser. Wie steht es um die Größe des Eis selbst? Sollte nicht ein größeres Ei länger als vier Minuten kochen müssen, um ein Vierminutenei zu werden? Darf das Ei aus dem Kühlschrank kommen? Oder empfiehlt sich Zimmertemperatur? Bedacht werden muß auch die Höhe über dem Meeresspiegel, in der das Ei gekocht wird. Je höher wir uns befinden, um so eher siedet Wasser. Aber das Wasser ist dann nicht 100 Grad heiß. Das hat zur Folge, daß das Eiweiß nicht stockt. Ein Vierminutenei muß also vielleicht zehn Minuten gekocht werden. Wie steht es um das Anpieksen der Eierschale? Kommt Salz ins kochende Wasser? Gibt es einen Unterschied zwischen Eiern mit weißer und brauner Schale? Platzen Eier aus der Legebatterie eher als Eier von freilaufenden Hühnern?

Das Vierminutenei ist eine Gleichung mit zu vielen Unbekannten, um wirklich ein Gelingen zu garantieren. Letztlich kommt es beim Vierminutenei nicht darauf an, ob es wirklich vier Minuten in kochendem Wasser gelegen hat. Das Ei kann zwei oder zehn Minuten gekocht haben. Wenn das Eiweiß fest und das Dotter weich ist, ist jedes Ei ein Vierminutenei.

Deshalb ist das Vierminutenei ein Mythos. Sein Gelingen läßt sich rational nicht erklären. Es ist Glückssache, ein Göttergeschenk, ein Vorschein der Hoffnung auf bessere Zeiten, wie es bei Ernst Bloch heißt. Es erzählt die unglaubliche Geschichte vom Gelingen wider alle Hoffnung und Vernunft. Wer seinen Tag mit einem Vierminutenei zum Frühstück beginnt, ist ins Gelingen verliebt.

7. Gang: Das Müsli

Das Müsli ist Frühstück gewordene Philosophie. Es ist der reinste und gesündeste Ausdruck von Jean-Jacques Rousseaus Forderung: Zurück zur Natur.

Allerdings hat Rousseau das Müsli nicht erfunden, sondern der Arzt Maximilian Bircher-Benner. Dessen Leistung besteht vor allem darin, Rousseaus Gedanken über das Essen in die Praxis umgesetzt zu haben. Das ist gewiß kein Zufall. Die Parallelen zwischen Rousseau und Bircher-Benner sind erstaunlich. Beide waren Schweizer. Beide verfaßten autobiographische Schriften mit dem Titel *Bekenntnisse*. Man darf beiden eine starke Affinität zu Augustinus unterstellen, dem Urvater dieser literarischen Gattung. Vor allem aber: Beide waren fanatische Rohköstler.

Rousseau glaubte an einen freien Naturzustand des Menschen. Seiner Vorstellung nach lebte der Ur-Mensch als Einzelgänger in einer natürlichen Ordnung. Mit der Entwicklung der Kultur entfernt er sich immer mehr von diesem Ursprung. Sprache, Wissenschaften und Kunst zerstörten die ursprüngliche Ordnung und Gleichheit der Menschen.

Eine solche Entwicklung von der Natur zur Kultur sah Rousseau auch bei der Ernährung des Menschen. Sie führte von Früchten und Beeren zum rohen und schließlich zum gekochten Fleisch. Und da die Kultur für Rousseau ein Übel war, war ihm auch das Gekochte nicht geheuer.

Richtig essen bedeutete für ihn, einfach und ländlich essen. Ideale Speisen erfordern keine oder nur minimale Zubereitung. „Nur die Franzosen verstehen nichts vom Essen“, schrieb er, „da es einer so besonderen Kunst bedarf, es ihnen schmackhaft zu machen.“

In seinen *Bekenntnissen* singt er das Lob der einfachen Genüsse. „Ich kenne immer noch kein besseres als ein ländliches Mahl.

Mit Milch, Eiern, Gemüse, Käse, dunklem Brot und leidlichem Wein darf man stets sicher sein, mich köstlich zu bewirten." Und dann zählt er seine Lieblingsspeisen auf: Birnen, Milch, Käse.

Den Genuß von Fleisch lehnt Rousseau ab. Denn Grausamkeiten entstehen erst durch Fleischgenuß. „Schwerverbrecher härten sich durch das Trinken von Blut für das Morden ab", weiß er. Und daß Fleisch unnatürlich ist, zeigt sich für ihn schon an der „Gleichgültigkeit der Kinder Fleischgerichten gegenüber und ihrer Vorliebe für pflanzliche Nahrung wie zum Beispiel Milchspeisen, Gebäck, Obst". Rousseau macht eine einfache Gleichung auf: Vegetarier sind friedlich. Fleischesser sind kriegerisch.

Doch trotz aller Theorie, trotz aller Philosophie zu Milch und Rohkost und deren Wirkung auf den Menschen – Rousseau hatte sich bis zu seinem Tod 1778 nie Gedanken darüber gemacht, wie denn eine ideale Mahlzeit aussehen könnte. Diesen Schritt vollzieht erst Maximilian Bircher-Benner zu Beginn des zwanzigsten Jahrhunderts. Er verbindet die von Rousseau so geliebten Milchspeisen mit der Rohkost und erfindet das Müsli, ein Rohkost-Frühstück, dessen Grundbestandteil Getreide ist. Dazu kommen Nüsse, ölhaltige Samen und Trockenfrüchte, schließlich noch frisches Obst und Milch, Quark oder Joghurt.

Tatsächlich erfüllt Bircher-Benners Müsli Rousseaus Forderung: Zurück zur Natur. Es ist gesund, beugt Vitamin- und Mineralstoffmangel vor und sättigt. Eins muß aber unbedingt beachtet werden. Müsli macht man selbst. Auf keinen Fall kommt eine industriell gefertigte Mischung auf den Frühstückstisch. Denn Rousseau geißelte die zunehmende Industrialisierung der Landwirtschaft seiner Zeit. Den Treibhäusern stellt er den natürlichen Jahreslauf der Natur entgegen: „Wären mir schwerverdauliche Kastanien während der Glut der Hundstage angenehm? Soll ich sie, die aus der Hitze des Ofens kommen, der Stachelbeere, der Erdbeere und den erquickenden Früchten vorziehen, die die Erde mir mit soviel Fürsorge bietet?" Die Antwort ist natürlich: nein. Aber ein Müsli hätte ihm zu jeder Jahreszeit geschmeckt.

8. Gang: Das Sektfrühstück

Ein Frühstück muß nicht nur gesund und nahrhaft sein. Es darf durchaus auch gefeiert werden. Das Sektfrühstück ist eine barokke Feier der Endlichkeit des Menschen. *Homo bulla.* Wir sind nur eine Luftblase, die aufsteigt und zerplatzt.

Snobs behaupten: Sekt und Champagner schmecken nur vormittags. Deshalb braucht das feierliche Sektfrühstück keinen besonderen Anlaß. Man kann dazu unter jedem Vorwand einladen: Geburtstag, Sommeranfang oder einfach nur, weil Sonntag ist. Natürlich gibt es Tee, Kaffee und Brötchen. Es wird Chaud-Froi vom Puter gereicht, Salat und Fasanenconsommé. Im Mittelpunkt aber stehen Sekt und Champagner.

Der Champagner ist die eigentliche Krönung eines solchen Frühstücks. Er ist das Getränk der Getränke, der Wein in seiner höchsten Vollendung. Denn er besitzt alle Vorzüge von Wein und Sekt, ohne einen einzigen ihrer Fehler zu haben.

Der geradezu mythische Erfinder des Champagners ist Dom Pérignon, ein französischer Benediktinermönch. Er lebte von 1638 bis 1715, ein Zeitgenosse Ludwig XIV. Es ist die Zeit des Barock. Und der Champagner ist der Prunk der Epoche.

Barock, das Wort stammt ab von *barroco*, der Bezeichnung für eine Perle, die nicht ganz rund ist. Diese Perle korrespondiert auf geheimnisvolle Weise mit den aufsteigenden Bläschen im Champagner.

Der Barock ist das Zeitalter des Künstlichen, der Kultur als Anti-Natur. Nichts ist so sehr ein Kulturprodukt wie Wein und Champagner, wobei die Herstellung des Champagners unendlich aufwendiger ist als die eines guten Weines. Es kommt auf die richtige Mischung der Weine an. Gerbstoffe, Rohrzucker und Hefe werden hinzugefügt. Der Champagner muß täglich gepflegt werden. Schäumen. Lagern. Rütteln. Drehen. Erneutes Mischen. Das alles macht den Champagner zu einem vollendeten Kunstprodukt, einer Anti-Natur. Ironischerweise steigen seine Bläschen just in dem Jahrhundert auf, als Isaac Newton das Gesetz der Schwerkraft aufstellt.

Homo bulla. Das Bild vom Menschen als Luftblase beschreibt das Lebensgefühl des Barock. Es ist die Zeit der *Vanitas*-Bilder. Ihre Botschaft ist eindeutig: welke Blumen, aufsteigender Rauch, Uhren neben Totenschädeln. Der Mensch ist vergänglich. Nichts bleibt. Wer vermöchte zu fliehen? Doch statt an dieser Einsicht zu verzweifeln, stürzt sich das Zeitalter in einen Rausch der Sinne, um den Mangel an Leben wenigstens für eine Weile zu vergessen.

Denken wir an Baumeister wie Bernini, an Musiker wie Purcell und natürlich Mozart. Kierkegaard schrieb über Mozarts Don Giovanni: „So ist sein Leben, schäumend wie Champagner. Und wie die Perlen in diesem Wein, während er siedet in innerer Glut, an Tönen reich in seiner eigenen Melodie, aufsteigen und immer wieder aufsteigen, so tönt die Lust des Genusses wider in der elementarischen Wallung, die sein Leben ist." Wenn der Mensch so rasch vergeht wie die Bläschen des Dom Pérignon, dann soll diese kurze Spanne wenigstens mit Champagner versüßt werden.

Der Champagner ist eine Metapher für dieses Lebensgefühl. Er setzte dem unendlichen Mangel an Leben den Genuß entgegen. Denn wir sehnen uns nach Freude, weil wir unglücklich sind.

9. Gang: Austern

Gekrönt wird ein Champagnerfrühstück von einer Schale mit Austern. Austern zum Frühstück – die Idee ist so ungewöhnlich nicht. 1735 malte Jean Francois de Troy *Das Austernfrühstück*. Das Bild zeigt eine Gruppe adeliger Herren in einem reich geschmückten Saal bei Tisch. Sie verzehren Austern, die auf großen silbernen Schalen serviert und von Dienern geöffnet werden. Dazu gibt es eisgekühlten Champagner. Die Frühstückenden sind ganz auf ihre Gespräche und das Öffnen und Schlürfen der Austern konzentriert. Im Zentrum des Bildes jedoch stehen drei Männer, die, mit den Austern in der Hand, den Blick zu einem kunstvollen Deckengemälde schweifen lassen. Genau darum geht es beim Austernfrühstück. Das sinnliche Erlebnis führt zum ästhetischen Genuß, zum Schönen an sich.

Giacomo Casanova beschreibt in seinen Memoiren ein opulentes Frühstück mit Austern: „Die englischen Austern gingen erst bei der zwanzigsten Flasche Champagner zu Ende. Das eigentliche Frühstück begann, als die Gesellschaft bereits angeheitert war, und da es nur aus kleinen Gerichten bestand, war es ein erlesenes Mahl. Man trank keinen einzigen Tropfen Wasser, denn Rheinwein und Tokayer duldeten keines. Bevor das Dessert aufgetragen wurde, servierte man noch eine riesige Platte mit Trüffelragout." Dieses Frühstück, für das Casanova 1760 die ungeheure Summe von zweihundert Talern zahlen mußte, hatte nur einen einzigen Zweck: die Frau des Kölner Bürgermeisters zu verführen.

Der kulinarische und der erotische Genuß sind für Casanova ganz selbstverständlich Zwillinge. Die Sinne stehen miteinander in Einklang. So wie das Austernfrühstück ein Vorspiel zur Liebe ist, ist die Liebe ein Vorspiel zur Philosophie. Casanova hat diesen Zusammenhang gesehen. Die Lust ist für ihn untrennbar mit dem Denken verbunden. Das eine ist ohne das andere nicht zu haben. In seinen Memoiren schreibt er: „Einzig der Mensch ist wirklicher Lust fähig, denn er ist mit dem Vermögen des Denkens begabt."

Für Platon war der Eros, also die Liebe, der Mittler zwischen dem Sinnlichen und dem Geistigen. Der Philosoph beschrieb den Drang nach dem Schönen als erotische Begierde: zunächst nach dem schönen Leib, dann nach der Schönheit der Seele, schließlich nach dem Schönen an sich.

Es ist sicher kein Zufall, daß Platon diese Theorie des Eros in einem Dialog mit dem Titel *Das Gastmahl* entwickelt hat. Beim Essen über die Liebe reden: Auch Casanova wußte, daß dies das beste Mittel der Verführung ist. Aber Platon will nicht zur Liebe verführen, sondern zur Philosophie. Die Liebe bleibt für ihn beim Sinnenrausch nicht stehen. Sie will mehr als nur den schönen Körper. Sie zielt auf den Geist. Die Liebe ist der ursprüngliche Antrieb zur Erkenntnis.

Es zeugt von einer philosophischen Haltung, den Tag mit einem Austernfrühstück zu beginnen. Die Auster ist ein altes Aphrodisiakum. Sie regt an zur Liebe und führt so zur Philosophie, die für Platon die reinste Form der Liebe war. So zeigt auch Jean Francois de Troys Bild vom Austernfrühstück kein erotisches Gelage, sondern Männer, die beim Austernessen ins Gespräch vertieft sind. Wahrscheinlich reden sie über die Philosophie. Man kann den Tag nicht besser beginnen.

10. Gang: Der Brunch

Philosophische Gespräche brauchen natürlich Zeit. Vielleicht wurde deshalb der Brunch erfunden. Der geistige Vater dieser XXL-Version des Frühstücks ist der französische Philosoph Henri Bergson. Bergson lebte von 1859 bis 1941. Er vertrat eine Lebensphilosophie, die sich gegen den Rationalismus und Mechanismus seiner Zeit wandte. Das Leben ist für Bergson ein un-

unterbrochener schöpferischer Prozeß, getragen vom *élan vital*, also von einer Lebenskraft oder einem Lebensimpuls. Der *élan vital* entfaltet und entwickelt sich in immer neuen Formen und Spielarten. Er ist eine Art Gegenmodell zu dem Vernunftbegriff, der die Naturwissenschaften bestimmt. Denn mit dem bloßen Verstand läßt sich das Leben nicht begreifen, argumentiert Bergson. Der Verstand operiert mit Abstraktionen und isoliert die von ihm untersuchten Phänomene. Das jedoch widerspricht dem Dynamischen und Einmaligen des Lebens.

Im Mittelpunkt der Kritik Bergsons an den Naturwissenschaften steht seine Auseinandersetzung mit ihrem Zeitbegriff. Für Bergson ist Zeit mehr als eine meßbare Größe. Zeit läßt sich nicht mit der Uhr erfassen und begreifen. Sie ist die dem Leben zugrunde liegende Dauer, *durée*. Und damit sind wir beim Brunch. Denn Bergsons Begriff der Dauer beschreibt eine Art Zeitfluß, der das Frühere bewahrt und in das Kommende trägt. Die Zeit ist nicht gespalten in Vergangenheit, Gegenwart und Zukunft. Sie gleitet von einem Zustand in den anderen. Genau wie beim Brunch.

Der Brunch ist eine Mahlzeit, die Frühstück und Mittagessen, Breakfast und Lunch, verbindet. Er beginnt am Morgen mit einem klassischen Frühstück: Kaffee, Tee und Brötchen. Später werden Suppen, Pasteten, und Rührei serviert, schließlich eine süße Nachspeise. Dazu gibt es Bier und Sekt.

Das Wesentliche beim Brunch ist, daß er dauert. So wie der Morgen in den Mittag übergeht, geht das Frühstück in das Mittagessen über. Während die einen Gäste schon beim Bier sind, trinken die anderen noch ihren Kaffee. Damit entspricht der Brunch Bergsons Begriff der Dauer: ein unteilbarer Fluß, der das Frühere bewahrt und das Kommende in sich trägt. Frühstück und Mittagessen sind keine getrennten Mahlzeiten. Für die Dauer des Brunch sind sie eine untrennbare Einheit.

Man hat Bergsons Lebensphilosophie Anti-Intellektualismus vorgeworfen. Tatsächlich kritisiert Bergson die starre wissenschaftliche Handhabung von Begriffen. Die Wirklichkeit läßt sich seiner Meinung nach nicht restlos in Begriffe einfangen. Das zeigt sich auch bei Frühstück und Mittagessen. Die Begriffe legen diese Mahlzeiten eindeutig fest. Das Frühstück muß früh am Tage eingenommen werden, das Mittagessen, wenn die Sonne am höchsten steht. Jeder von uns hat schon die Erfahrung gemacht, daß damit die Wirklichkeit nur unzureichend erfaßt wird. Denken wir nur an das Frühstück am Neujahrstag, das meist erst gegen Mittag eingenommen wird, eigentlich also Mittagessen heißen müßte, aber mit Kaffee und Brötchen eben doch ein Frühstück ist.

Bergson hat aus der Not eine Tugend gemacht. Natürlich ist er nicht gegen alle Begriffe überhaupt, sondern nur gegen ihre zu starre Handhabung. Die Philosophie will die Welt begreifen, und dazu ist sie auf Begriffe angewiesen. Es kommt darauf an, neue Begriffe zu prägen, wenn es die Wirklichkeit erfordert. So ist aus dem dauerhaften Frühstück, das ein Mittagessen wird, der Brunch geworden: Breakfast und Lunch. Die ideale Gelegenheit, um an einem Sonntagmorgen seinen *élan vital* zu stärken.

11. Gang: Das Frühstücksbuffet

Organisiert wird ein Brunch oft als eine Art Frühstücksbuffet. Das hat durchaus praktische Gründe, die Gäste können sich nach Lust und Laune bedienen. Aber ein solches Frühstücksbuffet hält unserer Gesellschaft auch den Spiegel vor.

Die Tafel ist seit jeher ein Mikrokosmos der Politik. Ein Beispiel ist das öffentliche Herrschermahl. Es handelt sich um ein Ritual, das vermutlich antiken Ursprungs ist. Der König saß allein an einer Tafel und speiste inmitten des gesamten Hofstaates. Die Mahlzeit des Königs wurde zelebriert wie auf einer Bühne, auch wenn das Stück oft ekelhaft war. Sonnenkönig Ludwig XIV. aß und trank nicht nur unmäßig viel, souverän ignorierte er jegliche Tischmanieren und speiste mit den Fingern. Die Botschaft der Inszenierung ist klar. Hier führt einer seine Herrschaft vor. Anders ist kaum zu erklären, daß sich das öffentliche Herrschermahl bis zum Ende des Ancien régime gehalten hat, bis zur Entzauberung des Königtums von Gottes Gnaden also. Erst nachdem der König vom Eßtisch zur Guillotine gebracht worden war, mußte das Volk mit dem Essen nicht mehr auf ihn warten.

Groß war die Ehre, vom König zu Tisch gebeten zu werden. Ein Beispiel ist das Krönungsbankett von Matthias I. 1612 im Frankfurter Römer. Der Kaiser saß an der Stirnseite des Saales allein an einem Tisch, sieben Kurfürsten an sieben Tischen an der Längsseite des Saales. Um die hierarchische Ordnung zu unterstreichen, thronte der Tisch des Kaisers auf einem besonders hohen Podest über den ebenfalls erhöhten Tischen der Kurfürsten. Der Rest des Hofstaates stand ganz gewöhnlich auf dem Boden und sah den hohen Herren zu.

Kein Zweifel, die Tafel ist ein Spiegelbild der Gesellschaft. Das gilt auch für das Frühstücksbuffet, das sich vor allem in Hotels großer Beliebtheit erfreut. Dort, wo jeder Gast König ist, und alle sich beim Essen zuschauen, sind alle gleich. Es herrscht Demokratie. Das Volk bedient sich selbst. Genau das drückt das Frühstücksbuffet aus. Keine freundliche Bedienung füllt Kaffee nach. Für jede Tasse muß man einzeln laufen. Wer sollte auch bedienen, wenn es nur Könige gibt?

Die Speisen sind international. Es gibt Cornflakes, Müsli, gekochte Eier, gebratene Eier, Toast, Marmelade, Brötchen, Knäcke, Obst, Tee, Kaffee, alle möglichen Säfte – kurz: im Prinzip alles. Wenn es denn noch da ist. Denn weil Selbstbedienung herrscht, sind die guten Sachen sofort weg. Wer zu spät kommt, den bestraft das Leben mit ein paar Flakes, harten Eiern und verschwitztem Schinken. Kaffee gibt es sowieso nicht. Da beim Frühstücksbuffet alle König sind, braucht man Glück, um jemanden zu finden, der frischen Kaffee kocht. Um einen Begriff aus der Ökologie zu benutzen: Am Frühstücksbuffet werden alle Gebote der Nachhaltigkeit verletzt. Man frühstückt auf Kosten späterer Generationen. Ressourcen wie Aufschnitt und Käse werden mitgenommen, ohne einen Gedanken daran zu verschwenden, ob man das alles auch essen mag, um schließlich im Abfalleimer zu landen, während Nachkommende verzweifelt nach einer Scheibe Wurst für ihr Brot suchen. Nur Marmelade gibt es immer. Aber ob schwarz, rot, grün oder gelb – man schmeckt keinen Unterschied. So groß die Auswahl auch ist, eigentlich hat man keine Wahl. Denn was immer man wählt, es ändert sich nichts. Auch bei der Marmelade ist das Frühstücksbuffet ein politischer Mikrokosmos.

12. Gang: American oder Continental?

Ein anderes Problem, vor das einen das Frühstücken im Hotel stellen kann, ist die Frage: *american or continental?* Wer sich für das *american breakfast* entscheidet, bekommt frische Früchte,

French Toast, Spiegeleier, Bratkartoffeln, Pfannkuchen und gebratenen Speck serviert. Dazu trinkt man schwarzen Kaffee. Das *continental breakfast* fällt weniger üppig aus. Es gibt Tee oder Kaffee, Toast mit Marmelade und ein gekochtes Ei. Die Wahl zwischen dem amerikanischen und dem kontinentalen Frühstück scheint auf den ersten Blick nur eine Frage des Hungers zu sein. Tatsächlich handelt es sich um ein philosophisches Problem. Es geht um die Frage: Gibt es das einzig wahre Frühstück? Wer hier Ja sagt, der vertritt eine universalistische Weltsicht. Der Relativist dagegen verneint.

Vergleichen wir zunächst die amerikanische Variante des kontinentalen Frühstücks mit den tatsächlichen Gegebenheiten. In Europa wird keineswegs so einheitlich gefrühstückt, wie es in New York den Anschein hat. Schon das englische Frühstück, auf das man sich in Amerika durch Tee und Toasts bezieht, ist weitaus reichhaltiger als seine US-Variante. Zum Toast gibt es Spiegeleier, Porridge, Kedgeree oder eine Trifle genannte Fruchtspeise. Schauen wir uns weiter in der europäischen Frühstückslandschaft um, so zeigt sich, daß von einem einzigen kontinentalen Frühstück überhaupt nicht die Rede sein kann. In Schweden beginnt man den Tag gern mit Fisch. Der Holländer liebt Flensjes genannte Pfannkuchen. In Frankreich werden keineswegs nur Croissants in den Milchkaffee gestippt. Bei einem guten bretonischen Frühstück sind Buchweizenpfannkuchen unentbehrlich. In Polen steht sogar Biersuppe auf dem Frühstückstisch. Blicken wir schließlich nach Deutschland, so stellen wir fest, daß im Norden der Tag völlig anders als im Süden begonnen wird. Die Unterschiede gehen von Matjes bis Handkäs.

Was davon soll das kontinentale Frühstück sein? Der Relativist antwortet darauf: Nichts! Denn es gibt kein kontinentales Frühstück. Ebensowenig wie es das einzig wahre und gute Frühstück überhaupt gibt. Unser Geschmack beim Frühstück ist immer relativ, also bezogen auf unsere Herkunft. Der Holländer liebt es eben anders als der Franzose.

Die Universalisten dagegen behaupten, es sei keineswegs alles relativ. Eine solche Position vertrat zum Beispiel Maximilian Bircher-Benner. Für ihn war das Müsli der einzig wahre Start in den Tag. Eine zwar inhaltlich verschiedene, aber formal ähnliche Behauptung wird in den amerikanischen *Coffee-Shops* aufgestellt durch die schlichte Tatsachenbehauptung, es gebe nur ein einziges kontinentales Frühstück: Tee mit Toast und Marmelade.

Aber, wirft hier der Relativist ein, was ist mit dem *american breakfast*? Auch das steht auf der Speisekarte. Hier wird zwar im Grundsatz ein reduktionistisches Programm gefahren, hin zu der universalistischen Behauptung, es gebe das einzig wahre Frühstück. Aber das Programm wird sozusagen einen Schritt vor dem Ende abgebrochen. Immer noch lautet die Frage: *american or continental?* Solange die nicht entschieden ist, gilt beim Frühstück weiterhin: Erlaubt ist, was schmeckt.

13. Gang: Frühstück bei Tiffany

Die sozusagen philosophische Variante des *american breakfast* ist das Frühstück bei Tiffany. Ein Frühstück allerdings mit deutlich europäischen Zügen. Denn das Tiffany ist der klassische Ort für ein existentialistisches Frühstück, und der Existentialismus ist eine stark europäisch geprägte Philosophie. Wie dem auch sei, schwarzer Kaffee, weißer Joghurt und eine Zigarette helfen gegen die Angst.

Frühstück bei Tiffany. Truman Capotes gleichnamiger Roman erschien 1958 zur Blütezeit des Existentialismus. Holly Golightly, die Heldin des Romans, ist mit ihrer Sonnenbrille, dem schwarzen Kostüm und der nie ausgehenden Zigarette die typische Vertreterin dieser Philosophie, eine Art amerikanische Ausgabe von Juliette Gréco.

Manchmal, wenn Holly vom roten Grausen gepackt wird, geht sie am frühen Morgen zu Tiffany, um das Grausen dort wieder loszuwerden. Holly setzt es ab gegen die blaue Melancholie: „Die kriegen Sie, weil Sie dick werden, oder auch wohl, weil es zu lange regnet. Da ist man traurig, und das ist alles. Aber das rote Grausen ist gräßlich. Sie fürchten sich und schwitzen wie in der Hölle, aber Sie wissen nicht, wovor Sie sich fürchten. Außer, daß etwas Schlimmes geschehen wird, nur wissen Sie gar nicht, was."

Wenig später bringt Holly das rote Grausen auf den Begriff. Es ist Angst, ein daseinsanalytischer Grundbegriff der Existenzphilosophie. Hollys Beschreibung der Angst könnte von Kierkegaard stammen. Auf ihn geht die Unterscheidung von Angst und Furcht zurück. Während man bei der Furcht den Grund seiner Beunruhigung kennt, also etwa eine schwierige Aufgabe, die vor einem liegt, ist das bei der Angst nicht so. Es wird etwas Schlimmes geschehen, aber man weiß nicht was, sagt Holly. Die Angst ist gegenstands- und grundlos.

Martin Heidegger hat diesen Gedanken von Kierkegaard und Holly Golightly weiter ausgeführt. Das „Wovor" der Angst ist nicht wie bei der Furcht etwas Bestimmtes. Nein! Es ist die unbegreifbare Tatsache, daß wir überhaupt da sind. In der Angst wird der Mensch auf sich selbst zurückgeworfen, vor seine eigenen Möglichkeiten und Abgründe gebracht. Er erkennt, daß er gleichsam auf dünnem Eis über dem Nichts steht. Dieses Nichts ist der Tod.

Jean-Paul Sartre lenkt den Blick auf die anthropologische Bedeutung der Angst. Der Mensch erlebt in der Angst, daß er weder durch äußere noch durch innere Gründe determiniert ist. In seiner unbedingten Freiheit muß er sich selbst definieren. Das heißt auch, daß er für alle seine Fehler und deren Folgen verantwortlich ist. Es gibt niemanden, auf den man die Schuld für ein Versagen abwälzen kann. Kein Wunder, daß man es mit der Angst zu tun bekommt.

Was aber ist zu tun, wenn das rote Grausen einmal da ist? Holly Golightly schlägt ein Frühstück bei Tiffany vor: „Eine Taxe nehmen und zu Tiffany fahren. Das macht mich umgehend ruhig, die Stille dort und der prächtige Eindruck; nichts sonderlich Schlimmes kann einem dort passieren, nicht mit diesen liebenswürdigen Männern da in ihren feinen Anzügen und mit dem herrlichen Geruch nach Silber und Krokodillederbrieftaschen."

Für Holly kommt bei Tiffany eine Art Heimatgefühl zum Vorschein. An einem Ort, der ihr ein Gefühl wie Tiffany gibt, würde sie sich Möbel kaufen und ihrem Kater einen Namen geben, sagt sie. Aber, so lesen wir, einen solchen Ort gibt es für Holly nicht. Denn Heimat ist nicht die Gegend, aus der jemand stammt. Heimat ist etwas, worin noch niemand je war. Der Gedanke ist von Ernst Bloch. Heimat muß immer erst entstehen. Sie ist eine Utopie, auf die der Mensch nur hoffen kann.

14. Gang: Kants Askese

Man kann den Tag auch ohne Frühstück beginnen. Aufstehen, duschen, Zähne putzen, eine Tasse Tee oder Kaffee und ab ins Büro. Niemand ist gezwungen, etwas zu essen. Und zwar mit guten Gründen, wie Immanuel Kant bewiesen hat.

Der berühmte Königsberger Philosoph, er lebte von 1724 bis 1804, war nicht nur ein höchst präziser Denker, auch privat legte er Wert auf Genauigkeit und Gleichmaß.

Der Tag begann für Kant pünktlich um fünf Uhr. Dann wurde er von seinem Diener Lampe geweckt. Ein Freund des Philosophen hat das seltsame Ritual beschrieben: „Sein Bedienter war pünktlich um drei Viertel auf Fünf vor seinem Bette, weckte ihn und ging nicht eher fort, als bis sein Herr aufgestanden war. Bisweilen war Kant noch so schläfrig, daß er den Bedienten selbst bat, er möchte ihn noch etwas ruhen lassen: aber dieser hatte von ihm selbst solche gemessene Befehle, sich dadurch nicht irre machen zu lassen, und ihm durchaus keinen längeren Aufenthalt im Bette zu gestatten, daß er ihn öfters zwang, pünktlich aufzustehen."

Nach dem Ankleiden trank Kant zwei Tassen Tee. Wie ein Gewährsmann berichtet, handelte es sich um „einen äußerst schwachen Abzug von wenigen Teeblümchen". Dazu rauchte Kant eine Pfeife, um die Verdauung anzuregen. Den Rest des Vormittags säuerte der Magen des Philosophen vor sich hin. Aus Überzeugung! Denn Kant war der Ansicht, eine einzige Mahlzeit am Tag sei voll und ganz genug. Im Alter mußte Kant übrigens seinen berühmten Diener Lampe entlassen, da Lampe zu viel trank. Kant notierte sich: „Lampe muß vergessen werden" und stellte einen neuen Diener ein. Der störte ihn dann allerdings so sehr, daß er morgens gar keinen Tropfen mehr herunterbrachte.

Es ging Kant bei seinem Verzicht auf das Frühstück um Diätetik, die er definierte als „Kunst, Krankheiten abzuhalten". Der Verzicht auf Butter, Brötchen, Marmelade war Teil seiner Gesundheitsvorsorge. Daß der Magen dabei knurrte, mußte hingenommen werden. Auch daß es keinen Kaffee gab, den Kant zwar liebte, den er aber für schädlich hielt. Das Aushalten solcher Ärgernisse war Kant ein Prinzip der Diätetik das „nicht bloß zur praktischen Philosophie, als Tugendlehre, sondern auch zu ihr als Heilkunde" gehört.

Übertreibung war allerdings des Philosophen Sache auch nicht. Wenn er aß, dann richtig. Sein Mittagstisch, der ja eigentlich sein Frühstück war, bestand aus drei verschiedenen Gerichten, dazu Butter, Käse und Früchte. Er liebte Kalbssuppe mit Reis, Graupen oder Haarnudeln. Gern aß er gebratenes Fleisch, jedoch kein Wild. Jede Mahlzeit wurde mit Fisch begonnen. Und immer gab es Senf, den Kant selbst anrührte. Stets blieb die Mahlzeit innerhalb der Grenzen der reinen Vernunft. Deshalb kaute Kant, wenn er satt war, sein Fleisch nur noch aus und versteckte den Rest unter Brotkrumen auf seinem Teller.

„Sapere aude! Habe Mut dich deines *eigenen* Verstandes zu bedienen!" ist für Kant der Wahlspruch der Aufklärung. Das gilt auch beim Essen, das für Kant Teil eines hygienischen Systems war, dessen Postulat lautet: Beherrsche deine Natur, sonst wird sie dich beherrschen. Ein kleines Werk trägt den Titel: *Von der Macht des Gemüts, durch den bloßen Vorsatz seiner krankhaften Gefühle Meister zu sein*. Das Bewußtsein bestimmt das Sein. Davon war Kant überzeugt. Deshalb frühstückte er nicht.

Die ganz Andere

Die Philosophen und die Frauen

„Alles am Weibe ist ein Rätsel," heißt es bei Friedrich Nietzsche. Weil das so ist, haben die Philosophen ein theoretisches Verhältnis zur Frau. Zwar wollen sie die Rätsel der Weiber lösen. Aber die Erfahrung hat sie vorsichtig gemacht. Denn wer sich auf das Feld der Praxis begibt, ist verloren. Das berühmteste Beispiel dafür ist Sokrates, dieser Urtypus des Philosophen, der im fünften Jahrhundert vor Christus in Athen lebte. Er brauchte keine Theorie von der Frau. Er war verheiratet – und zwar mit Xanthippe, die angeblich so sehr keifte, daß ihr Name seitdem für alle zänkischen Weiber steht.

So soll Xanthippe Sokrates im Streit einmal einen Nachttopf über den Kopf gegossen haben. Während Freunde sich empörten, nahm Sokrates die Sache mit Humor: „Sagte ich nicht, daß Xanthippe, wenn sie donnert, dann auch Regen bringt." Ein andermal riß die wütende Xanthippe Sokrates auf dem Markt von Athen den Mantel vom Leib. Eine durchaus symbolische Tat. Denn der Mantel galt in Griechenland als Zeichen des Philosophen. Wenn Xanthippe ihrem Mann also den Mantel herunterriß, dann hieß das auch, sie pfeife auf den Philosophen Sokrates. Ihr wäre es sicher lieber gewesen, wenn er in seinem erlernten Beruf als Steinmetz gearbeitet hätte.

Das brachte im Gegensatz zur Philosophie Geld ein. Immerhin hatte Xanthippe drei Kinder von Sokrates, die ernährt werden wollten. Mehr noch. Als Steinmetz wäre Sokrates wohl kaum von den Athenern hingerichtet worden. Erst als Philosoph wurde er zum Verführer der Jugend, den man unbedingt los werden wollte. Damals freilich, als Xanthippe ihrem Mann den Mantel runterriß, hatte noch niemand in Athen etwas gegen Sokrates. Ganz im Gegenteil. Man war durchaus auf seiner Seite. Passanten, die den Streit beobachtet hatten, rieten Sokrates, sich zur Wehr zu setzen. Der lehnte ab: „Beim Zeus, wohl damit ihr in Parteien geteilt unsern Faustkampf mit Zurufen begleitet: Hoch Sokrates, hoch Xanthippe."

Für Sokrates war die Ehe eine Schule des Lebens. Er verglich den Umgang mit Xanthippe gern mit dem Umgang eines Zureiters von besonders wilden Pferden. „So wie sie, einmal solchen Pferdes Herr geworden, leicht auch mit den anderen fertig werden, so werde ich mich infolge des Umgangs mit Xanthippe auch leicht mit den anderen Menschen zurecht finden." Erstaunlich übrigens, daß der antike Philosophiegeschichtler Diogenes Laertios gerade in diesem Zusammenhang anführt, das Orakel von Delphi habe Sokrates zum weisesten Mann von Griechenland erklärt. Es sind scheinbar der Humor und die Gelassenheit seiner Frau gegenüber, die Sokrates weise machen. Er ist nicht trotz, sondern wegen Xanthippe Philosoph.

Seine Zeitgenossen sahen das anders. Alkibiades fand Xanthippes Gekeife unausstehlich. Sokrates hielt ihm entgegen: „Aber ich bin doch längst daran gewöhnt, geradeso wie man sich an das unaufhörliche Geräusch einer Rolle gewöhnt; und auch du läßt dir doch das Geschrei der Gänse gefallen." Alkibiades entgegnete: „Dafür bringen sie mir auch Eier und Junge." Doch Sokrates hatte auch darauf eine Antwort: „Auch ich habe von Xanthippe Kinder bekommen."

Es waren drei. Das jüngste hat Sokrates noch im hohen Alter gezeugt. So schlecht kann es also zwischen ihm und Xanthippe nicht gestanden haben. Dafür spricht auch, daß Xanthippe die letzte Nacht vor der Hinrichtung bei ihrem Mann verbringt. Eine Szene, die durchaus für ihre Liebe zu ihm spricht. Erst als sie am Morgen zu weinen beginnt, bittet Sokrates einen Freund, sie nach Hause zu begleiten.

Das hat freilich wenig am Bild der Xanthippe geändert. Heinrich Heine bewunderte Sokrates, es überhaupt mit ihr ausgehalten zu haben. „Daß der Gatte Xanthippes ein so großer Philosoph geworden, ist merkwürdig", staunte er. „Während allem Gezänk noch denken! Aber schreiben konnte er nicht, das war unmöglich. Sokrates hat kein einziges Buch hinterlassen." Und Nietzsche befand: „Sokrates fand eine Frau, wie er sie brauchte – aber auch er hätte sie nicht gesucht, falls er sie gut genug gekannt hätte: so weit wäre auch der Heroismus dieses freien Geistes nicht gegangen."

Die Erfahrungen des Sokrates haben seinen Schüler Platon vorsichtig gemacht. Als Mann muß man vorsichtig sein, wenn es nach ihm geht. Denn wer versagt, wird in seinem nächsten Leben als Frau wiedergeboren. In dem Dialog *Timaios* beschreibt Platon die verschiedenen Stationen der Seelenwanderung. Jede Seele ist ursprünglich männlich und auf einem für sie reservierten Stern zu Hause. Die Erde ist für die Seelen lediglich ein Ort der Bewährung. „Wer aber die ihm zukommende Zeit wohl verlebte", heißt es im *Timaios*, „der werde, wieder nach dem Wohnsitz des ihm verwandten Sternes zurückgekehrt, ein glückseliges und gewohntes Leben führen; sei er aber in diesen Dingen gescheitert, dann werde er bei seiner zweiten Geburt in die Natur eines Weibes übergehen." Wer es auch als Frau nicht schafft, wird als Tier wiedergeboren.

Die Frau also ein Mensch zweiter Klasse, eine Art Resteverwertung des Mannes, angesiedelt irgendwo zwischen Mensch und Tier? Wen wundert es, daß Platon nie verheiratet war und keine Kinder hatte? Er zog Knaben vor.

Platons Bild von den Frauen ist nicht schmeichelhaft. Aber man darf es sich mit ihm nicht zu einfach machen. Denn er lehrt auch, die Seele der Frau habe die Möglichkeit, als Mann wiedergeboren zu werden. Sie ist aus dem gleichen Stoff gemacht wie die des Mannes und letztlich göttlichen Ursprungs. Mann und Frau sind zwei verschiedene Formen ein und desselben Seelentypus. Für die Frauen folgt daraus, sich tugendhafte Männer zum Vorbild zu nehmen. Den Männern sei ans Herz gelegt, sich ganz besonders um die Frauen zu kümmern, als eine Art Bewährungshelfer.

Deshalb legte Platon besonderen Wert auf die Erziehung. Er war überzeugt, wenn man die Frauen nur richtig erzieht, kann etwas aus ihnen werden. In seinem Staatsentwurf *Politeia* stellte er die Frage, ob auch Frauen den Staat bewachen können. Und er kam zu dem Schluß, Frauen können grundsätzlich das gleiche leisten wie Männer, wenn man sie entsprechend erzieht. Es gibt „gar kein Geschäft", schrieb er, „durch die der Staat besteht, welches dem Weibe als Weib oder dem Manne als Mann angehörte, sondern die natürlichen Anlagen sind auf ähnliche Weise in beiden verteilt, und an allen Geschäften kann das Weib teilnehmen ihrer Natur nach, wie der Mann an allen; in allen aber ist das Weib schwächer als der Mann."

Die grundsätzliche Gleichheit von Mann und Frau beruht auf dem gleichen Seelenstoff der Geschlechter. Die Schwäche der Frau ist rein körperlich. Deshalb empfahl Platon den Frauen regelmäßiges Training. Natürlich meldete sich sofort Widerspruch. Sport war in Griechenland Männersache. Es wurde nackt gelaufen, geworfen und gerungen. Wie sollte man sich das vorstellen, wenn die Frauen splitternackt durchs Stadion liefen? Lenkte das die Männer nicht ab? Gehörte sich das?

Platon konterte den Einwand mit dem Argument, es sei auch unnatürlich, Frauen ohne Rücksicht auf ihre Fähigkeiten und Neigungen ins Haus zu sperren. Der Anblick nackter Frauen sei Gewohnheitssache. „Ein Mann aber, welcher lacht über entkleidete Frauen, die sich des Besten wegen auf diese Art üben, (...) weiß, wie man wohl sieht, nicht, worüber er lacht noch was er tut. Denn aufs trefflichste ist dies gesagt und wird auch immer so gesagt bleiben, daß das Nützliche schön ist und das Schädliche häßlich."

Platon mutete seinen Zeitgenossen noch mehr zu. Gemeinsam wohnen sollten Männer und Frauen, gemeinsam Sport treiben und lernen. Und natürlich viele gesunde Kinder zeugen. All das freilich hatte nichts mit Gleichberechtigung, Liebe oder Spaß zu tun. Es geschah einzig und allein im Dienst der Staatsräson. Einen anderen Grund, warum man sich auf Frauen einlassen sollte, konnte Platon sich nicht vorstellen. Er war überzeugt: Männer, die „dem Leibe nach zeugungslustig sind, wenden sich mehr zu den Weibern und sind auf diese Art verliebt, indem sie durch Kinderzeugen Unsterblichkeit und Nachgedenken und Glückseligkeit, wie sie meinen, für alle künftige Zeit sich verschaffen." Für den Philosophen eine lächerliche Vorstellung. Wem es auf die Seele ankommt, der hält sich an Knaben. Das Entzücken an ihren Körpern ist der erste Schritt auf dem Weg zur philosophischen Wesensschau der reinen Schönheit. Wahre Liebe gab es für Platon nur unter Männern.

Auch Aurelius Augustinus war der Ansicht, Frauen seien gefährlich. Und im Gegensatz zu Platon kannte er sich mit ihnen aus. Wer sich mit Frauen einläßt, gefährdet sein Seelenheil, meinte Augustinus. Und bezog das ausdrücklich auch auf die Ehe. Er war für sich zu dem Entschluß gekommen, „daß ich nichts so sehr fliehen muß wie das Ehebett". Augustinus zog die Konsequenzen daraus und wurde lieber Kirchenvater. Aber damit war die Gefahr noch nicht gebannt. In der Nacht wurde der Bischof von Hippo von feuchten Träumen heimgesucht. „In meinem Gedächtnis (...) sind noch die Bilder von solchen Dingen lebendig, die meine Gewohnheit dort befestigt hat. Sie drängen sich im Wachen, freilich ohne Kraft, heran, im Schlafe aber wird daraus ein Wohlgefallen, mehr noch, schon ein Ja und Tun so ganz nach ihresgleichen."

Der Heilige weiß wovon er spricht. Geboren wurde er 354 in Thagaste, dem heutigen Souk-Ahras in Algerien. Er war noch keine zwanzig Jahre alt, als er in Karthago, wo er studierte, mit einer Frau zusammenzog. Vierzehn Jahre sollte er mit Floria leben – ohne Trauschein! Und schon ein Jahr nachdem er sie kennengelernt hatte, meldete sich Nachwuchs an. 372 wurde der Sohn Adeodatus geboren, der von Gott gegebene.

Dem Namen zum Trotz, hatte Augustinus mit Gott damals noch wenig zu tun. Sein Vater Patricius war Heide. Das Christentum kannte er vor allem durch seine Mutter Monnica. Sie beeinflußte seinen Lebensweg entscheidend und prägte sein Frauenbild. Als junger Mann allerdings ging sie ihm mächtig auf die Nerven. Sie warf ihm vor, daß er in wilder Ehe lebe, verbot ihm deswegen sogar das Haus. Im Alter von 28 Jahren plante Augustinus nach Rom zu reisen, wohl auch um seiner Mama zu entgehen. Monnica muß das gespürt haben, denn sie wollte die Reise verhindern. Zum Schein versprach Augustinus ihr, in Karthago zu bleiben. „Ich hinterging sie", bekannte er später, „als sie mich gewaltsam festhalten wollte, um mich entweder wieder heimzubringen oder mit mir zusammen abzureisen; ich gab vor, ich wolle nur einem Freund noch Gesellschaft leisten, bis ihm eine aufkommende Brise die Seefahrt verstatte. So belog ich die Mutter."

Wenig später aber folgte Monnica ihrem Sohn nach Italien. Auf ihr Drängen hin verließ er Floria und verlobte sich. „Man drängte mich", erinnerte er sich, „eine Gattin heimzuführen." Aber die Braut war noch zu jung für die Ehe. Augustinus mußte warten und sehnte sich nach Floria. „Man hatte mir die Genossin meines Lagers als Hindernis für die Ehe von der Seite gerissen, sie, die mir ans Herz gewachsen war, und von Schnitt und Wunde vergoß dies Herz von seinem Lebensblut."

Dann geschah das Wunder, auf das Monnica ihr Leben lang gewartet hatte. Im Jahre 386 hörte Augustinus in seinem Garten eine Stimme, die sagte: „Nimm und lies." Er schlug wahllos die Briefe des Apostels Paulus auf, die vor ihm auf dem Tisch lagen. Und siehe, da stand: „Nicht in Schmausereien und Trinkgelagen, nicht in Schlafkammern und Unzucht, nicht in Zank und Neid, vielmehr ziehet an den Herrn Jesus Christus und pfleget nicht des Fleisches in seinen Lüsten."

Das traf Augustinus wie ein Schlag. Er löste seine Verlobung und ließ sich taufen. Monnica war überglücklich. Ihr Lebenswerk war erfüllt. Sie starb kurz nach der Bekehrung ihres Sohnes zum Christentum. Und er räumte gleich gründlich mit seinen alten Ansichten auf. Sex ohne Trauschein? Auf gar keinen Fall, wetterte er. „Wenn ein Mann sich eine Frau holt, bis er eine andere, seinem Amte und seiner Vermögenslage entsprechende findet, die er als ebenbürtig heiraten möchte, so ist er seiner Gesinnung nach ein Ehebrecher." Augustinus entwickelte eine regelrechte Stufenleiter der Heiligkeit des Sexualverhaltens. Ganz unten auf dieser Leiter stehen Ehebrecher, Huren und Freier. Eine Stufe darüber Ehepaare, die im Bett ausschließlich ihre Lust suchen. Die körperliche Liebe ist erst dann von Schuld frei, wenn sie ohne Lust aber mit dem ernsthaften Wunsch nach Kindern betrieben wird. Wer schon Kinder hat und auf den weiteren Vollzug der Ehe verzichtet, steht noch eine Stufe höher. Ganz oben stehen die Zölibatären.

Warum nun, fragte Augustinus sich, hat Gott Mann und Frau geschaffen, wenn die Begegnung zwischen ihnen immer wieder zu Gefahren für das Seelenheil führt? Die Antwort lag für ihn auf der Hand. Gäbe es nur Männer, gäbe es zwar keine Probleme – aber auch keine Kinder. Der Zweck der Frau ist die Erzeugung von Nachwuchs. Ansonsten, so entnahm er es dem Schöpfungsbericht der Bibel, ist die Frau dem Manne untertan. Und wie das auszusehen hat, wußte er von seiner Mutter. In seinen *Bekenntnissen* setzte er ihr ein zweifelhaftes Denkmal: „Wenn da viele Frauen von Stand, die (...) Spuren von Schlägen im entehrten Gesicht trugen, im vertrauten Gespräch dem Lebenswandel ihrer Gatten die Schuld daran gaben, so sagte sie, das hätten sie nur mit ihrer Zunge angerichtet, und gab ihnen mit Ernste im Scherz zu bedenken, sie hätten seit der Stunde, da sie der Verlesung des Ehevertrages zuhörten, gleichsam mit der Verbriefung, daß sie nun Mägde geworden seien, rechnen sollen."

Eine Beobachtung durchaus auf der Linie Voltaires. Die Frauen, schrieb er, „sind überall weniger roh als die Männer. Das Körperliche verbindet sich mit dem Moralischen, um die Frauen von schweren Verbrechen fernzuhalten. (...) Ein klarer Beweis dafür ist die Tatsache, daß (...) auf tausend Hinrichtungen wegen Mordes kaum vier Frauen kommen." Kurz gesagt war Voltaire der Meinung: Frauen sind die besseren Menschen. Als erster Philosoph hat er diese Überzeugung vor allen Dingen gelebt.

Geboren wurde François-Marie Arouet, der sich später Voltaire nannte, 1694 in Paris. Es war die Zeit des Rokoko. Die Damen trugen Reifröcke, gepuderte Perücken und atemberaubende Dekolletés. Von Gleichberechtigung keine Spur. Wer es als Frau zu etwas bringen wollte, hatte eigentlich nur drei Chancen. Als Mätresse, Nonne oder mit einem Salon für Künstler und Intellektuelle.

François-Marie war fasziniert von diesen Salons. Für ihn stand fest, Dichter zu werden. Ein Beruf, der seinem Vater überhaupt nicht gefiel. Immerhin war Arouet senior ein angesehener Notar in Paris. So schickte er den Sohn nach Den Haag, um ihm die literarischen Flausen auszutreiben. Doch dort verliebte François-Marie sich. Statt Akten studierte er die weibliche Anatomie. Schließlich griff die Mutter seiner Geliebten ein. François-Marie wurde zurück nach Paris beordert. Der Vater tobte und wollte seinen Sohn nach Amerika schicken, damals im Gegensatz zu Paris nur ein Land der begrenzten Möglichkeiten. So kroch der Sohn zwar zu Kreuze, das Schreiben aber ließ er nicht. Eine Satire gegen den König brachte ihn sogar für ein Jahr in die Bastille. Inzwischen war aus François-Marie Voltaire geworden. 1719 legte er sich den Künstlernamen zu. Er schrieb Theaterstücke, philosophische und historische Essays, ganz Paris kannte seine Gedichte.

1733 lernte Voltaire die Frau seines Lebens kennen, die Marquise Émilie du Châtelet. Sie war zwölf Jahre jünger als Voltaire und als Kind angeblich so häßlich, daß ihr Vater sie wie einen Jungen erziehen ließ, da sie keinerlei Heiratsaussichten hatte. So lernte Émilie Latein und Griechisch und studierte Mathematik und Philosophie. Doch mit Fünfzehn wurde aus dem häßlichen Mädchen plötzlich eine atemberaubende Schönheit. Für den Vater war diese Wandlung kein Grund zur Freude. Welcher Höfling wollte schon eine Frau haben, die Aristoteles und Descartes las?

Die Rettung brachte ein Offizier, der nach mehreren blutigen Feldzügen auch den Gang mit Émilie zum Traualtar nicht fürchtete.

Als Voltaire und Émilie sich verliebten, war sie schon lange verheiratet. Doch das Paar pfiff auf alle Konvention. Da Voltaire wegen seiner *Philosophischen Briefe* ohnehin Ärger mit der Zensur hatte, zogen sie zusammen aufs Land und lasen Leibniz und Newton. Der gehörnte Ehemann nahm es hin. Er war zu alt für Émilie und interessierte sich ohnehin nur für das Militär. Im Laufe der Jahre wurde aus dem Dreiecksverhältnis sogar fast eine Freundschaft. Als einmal das Gerücht ging, Voltaire habe eine Geliebte, schimpfte Émilies Mann: „Wie kommen Sie dazu, meine Frau zu betrügen!?“ Aber Voltaire hatte keine Geliebte. Er war inzwischen gesundheitlich stark angegriffen, und die Lust war ihm eine Last. Seine Beziehung zu Émilie wurde ganz und gar von der Arbeit bestimmt. Er nahm es gelassen, daß sie sogar ein Kind von einem dritten Mann bekam. Wenige Tage nach der Geburt starb Émilie. Voltaire und ihr Mann trauerten gemeinsam. Einem Freund vertraute Voltaire an, er habe nicht nur eine Geliebte verloren, sondern die Hälfte seiner selbst.

Voltaire war überzeugt, die Frauen sind dem Manne ebenbürtig. Davon handelt eine von ihm aufgezeichnete Anekdote. Die Marschallin von Grancey stößt in einem Buch auf den Satz „Frauen, seid euren Männern untertan.“ Die Marschallin ist darüber so empört, daß sie das Buch fortwirft. Als ihr ein Abbé erklärt, das Zitat sei aus den Briefen des Heiligen Paulus, entgegnet die Marschallin: „Das kümmert mich nicht, vom wem sie sind. Der Verfasser ist sehr unhöflich.“ Und dann setzt sie an zu einer langen Rede über die Frage, wer den Frauen gesagt habe, sie sollen den Männern gehorchen. „Die Natur hat es bestimmt nicht gesagt; sie hat uns Organe geschaffen, die von denen des Mannes verschieden sind; jedoch indem sie uns füreinander notwendig machte, hat sie nicht vorgehabt, daß die Verbindung eine Sklaverei darstellen sollte. Ich erinnere mich wohl an das Wort von Molière: Auf Seiten des Bartträgers ist die Allmacht. Das nenne ich einen komischen Grund dafür, daß ich einen Herren haben soll. Wie! Weil das Kinn des Mannes ein häßliches Stachelfeld bedeckt, das so knapp wie möglich zu scheren man genötigt ist, während mein Kinn rasiert zur Welt kommt, soll ich ihm in aller Demut gehorchen?“ Der Schluß, den Voltaires Marschallin zieht, ist unversöhnlich: „Frauen, seid euren Männern untertan. (...) Dieser Paul war recht brutal.“

Vielleicht wäre die Marschallin von Grancey eine Frau für Jean-Jacques Rousseau gewesen. Denn er hatte einen Hang zu mütterlichen und etwas strengen Frauen. Sein erstes erotisches Abenteuer erlebte Jean-Jacques mit zehn Jahren. Das Kindermädchen versohlte ihm den Hintern. Die Züchtigung hatte Nebenwirkungen, die Jean-Jacques sichtlich genoß. In seinen autobiographischen *Bekenntnissen* schwärmte er: „Zu Füßen einer herrischen Geliebten zu liegen, ihren Befehlen zu gehorchen, sie um Verzeihung bitten zu müssen, waren für mich süßeste Freuden.“ Später versucht Rousseau sich als Exhibitionist. „Ich suchte dunkle Alleen und abgelegene Orte auf, wo ich mich fern von weiblichen Personen in dem Zustande zeigen konnte, in dem ich bei ihnen hätte sein mögen. Was sie sahen, war nichts Unzüchtiges, daran dachte ich nicht einmal; es war nur lächerlich.“

Geboren wurde Jean-Jacques Rousseau 1712 in Genf. Seine Mutter starb noch im Kindbett. Jean-Jacques wuchs allein mit dem Vater auf, was nicht ohne Folgen für den Jungen blieb. Er flüchtete nicht nur zusammen mit dem Vater in eine reine Bücherwelt. Er entwickelte auch eine Neigung zu mütterlichen Frauen. Sein Hang zu Büchern verleidete ihm zunächst die Lehre als Graveur. Mit 16 Jahren flüchtete Jean-Jacques aus Genf. Unterschlupf fand er bei der Baronin de Warens. Eigentlich wollte die Baronin aus dem Protestanten Rousseau einen frommen Katholiken machen. Tatsächlich aber machte sie einen Mann aus ihm und wurde zu einem Muttersatz. Zärtlich nannte Jean-Jacques die gerade 29 Jahre alte Baronin „Mama“ und landete schließlich mit ihr im Bett. „Zum ersten Mal sah ich mich in den Armen einer Frau, und einer Frau, die ich anbetete. War ich glücklich? Nein, ich genoß nur die Lust. Ich weiß nicht, welche unüberwindliche Traurigkeit mir ihren Reiz vergiftete. Mir war, als hätte ich Blutschande begangen.“

Es war nicht die große Liebe. Jean-Jacques' „Mama“ war so ganz anders, als er sich die Frauen vorstellte. Die Baronin de Warens liebte riskante Finanzspekulationen, interessierte sich für die Naturwissenschaften, und hin und wieder unternahm sie chemische Versuche. Bei einem davon kam es zu so einer gewaltigen

Explosion, daß Rousseau fast blind wurde. Vielleicht leugnete er deshalb später jedes Recht der Frau auf Selbständigkeit.

1737, Rousseau war fünfundzwanzig Jahre alt, lernte er auf einer Reise die zwanzig Jahre ältere Frau von Larnage kennen. Und bei ihr fand er endlich, was „Mama" fehlte. „Bei Mama war ein Genuß immer durch ein Gefühl der Trauer getrübt", schrieb er, „durch eine geheime Beklemmung des Herzens, die ich nicht ohne Mühe überwand. (...) Bei Frau von Larnage hingegen überließ ich mich, stolz darauf ein Mann zu sein und glücklich zu sein, meinen Sinnen mit Freude, mit Vertrauen." Zu einem Wiedersehen mit Frau von Larnage kam es nie. Jean-Jacques hatte Gewissensbisse wegen „Mama". Dabei hielt die sich einen Bauernburschen als Geliebten.

1750 gelang Rousseau der Durchbruch in seiner Philosophie. Im *Diskurs über Kunst und Wissenschaft* kritisierte er das Bildungsideal der Aufklärung. Kultur und Wissenschaften führten nach Rousseaus Meinung zu Laster und Entartung. Dagegen setzte er sein Credo: Zurück zur Natur! Ein schlichtes, unverbildetes und naturnahes Leben war ihm die Voraussetzung jeder Tugend. Ungefähr zu dieser Zeit fand Rousseau auch die richtige Frau für sich, das Hausmädchen Thérèse Levasseur. Sie war neun Jahre jünger als er, schüchtern und – wohlwollend formuliert – sehr naiv. Entsprechend bemühte sich Rousseau um ihre Bildung, denn „für einen Mann von Bildung schickt es sich nicht, eine Frau ohne Bildung zu heiraten", behauptete er. Doch alle Anstrengungen waren bei Thérèse mehr oder weniger erfolglos. „Als ich in der Rue-Neuve-des-Petits-Champs wohnte, hatte ich meinem Fenster gegenüber am Pontchartrain-Palais eine Sonnenuhr; mehr als einen Monat lang bemühte ich mich, sie zu lehren, dort die Stunden abzulesen. (...) Ihr Geist ist, wie ihn die Natur gemacht hat. Bildung und Pflege wurden ihm nicht zuteil. Ich erröte nicht, zu gestehen, daß sie nie gut zu lesen verstanden hat, obwohl sie leidlich schreibt." Thérèse war, wie der Mensch nach Rousseaus Ansicht sein sollte. Zunächst allerdings hielt er sich an sein Diktum, ein Mann von Bildung solle keine dumme Frau heiraten. Erst nach 23 gemeinsamen Jahren machte er Thérèse auch offiziell zu seiner Frau.

Zurück zur Natur. Rousseaus Credo prägte sein Frauenbild. Und Thérèse war dessen Verkörperung. Die Frau war seiner Meinung nach geschaffen, um dem Mann zu gefallen; ihre ganze Erziehung mußte also auf die Männer Bezug nehmen. „Seid ehrlich!“ bat Rousseau und fragte: „Von welcher Frau habt ihr einen besseren Eindruck und welcher Frau nähert ihr euch mit größerer Ehrfurcht, wenn ihr das Zimmer betretet: wenn ihr sie mit Arbeiten ihres Geschlechts, mit den Sorgen ihres Haushaltes und beim Flicken der Kindersachen beschäftigt seht, oder wenn sie auf ihrem Putztisch Verse schreibt, umgeben von allen möglichen Drucksachen und von Briefchen in allen Farben?“ Rousseaus Antwort fiel eindeutig aus: „Wenn es nur vernünftige Männer auf der Welt gäbe, so bliebe jedes gelehrte Mädchen ihr Leben lang Jungfer.“

Ganz anders der britische Philosoph John Stuart Mill. Er war Feminist und plädierte für das Wahlrecht der Frau. In seinem 1869 erschienenen Buch *Die Hörigkeit der Frau* schrieb er, die Ungleichheit von Mann und Frau sei „an und für sich ein Unrecht und gegenwärtig eines der wesentlichen Hindernisse für eine höhere Vervollkommnung der Menschheit“. Die sich auch in den Gesetzen wiederfindende Unterdrückung der Frau verdanke ihre Entstehung „einfach dem Umstande, daß, vom frühesten Kindesalter der Menschheit an, jede Frau sich zu einem Zustande der Knechtschaft bei irgend einem Manne befunden hat. Gesetze und politische Systeme beginnen mit Anerkennung derjenigen Beziehungen, welche sie bei den einzelnen Individuen als bestehend vorfinden.“

Mills Thesen lösten eine heftige Kontroverse aus. Die einen zitierten sie geradezu ehrfürchtig. Die anderen – und das waren nicht nur Männer – verspotteten Mill als Pantoffelhelden. Nietzsche hielt ihn für einen „Flachkopf“.

Das Gegenteil ist richtig. Mill trat nicht für die Gleichberechtigung ein, weil er ein Pantoffelheld war oder sich bei den Frauen einschmeicheln wollte, sondern weil er Rationalist war, eine Denkmaschine.

Geboren wurde John Stuart Mill 1806 in London. Der Vater, ein Historiker, legte großen Wert auf die Erziehung seiner Kinder. Er war überzeugt, daß man es mit den richtigen Methoden weit bringen konnte. Der kleine John wurde zu einer Art Testperson für die pädagogischen Thesen seines Vaters. Mit drei Jahren mußte er Altgriechisch, Arithmetik und Geschichte pauken, mit sieben Nationalökonomie, Philosophie und Latein. Mit vierzehn war die Ausbildung abgeschlossen. John Stuart Mills Verstand war zu einem scharfen Messer geworden, das logische Fehlschlüsse und Scheinargumente sezierte. Nur leider haperte es mit der Praxis. In seiner Autobiographie bekannte Mill später: „Die Erziehung, die mein Vater mir gab, schulte mich eher darin, etwas zu wissen, als etwas zu tun.“ Seine Frau beklagte sich, daß sie immer nur die schlechtesten Plätze im Zug bekomme, da ihr Mann einfach nicht in der Lage sei, einen freien Platz zu besetzen.

Weil Mill absolut kopfgesteuert war, kam es ihm auch nicht in den Sinn, daß andere Menschen vernünftige Argumente als Provokation auffassen könnten. Als er ein Traktat über Geburtenkontrolle veröffentlichte, wurde er wegen Verbreitung obszöner Schriften verhaftet. Dabei hatte er nur behauptet, die hohe Geburtenrate in England sei die Ursache für Massenelend und Kriminalität. Wenn man diese Übel wirksam bekämpfen wolle, müsse man also die Geburtenrate senken, ergo verhüten. Das alles war zwar logisch korrekt, aber im viktorianischen England ein Skandal. Seinem einflußreichen Vater gelang es nur mit Mühe, die Angelegenheit zu vertuschen.

Für den Kopfmenschen Mill war Sexualität die Ursache allen Übels. Auf sie war nicht nur das Massenelend zurückzuführen, sondern auch die Unterdrückung der Frau. Denn wie sollte eine Frau mit neun Kindern jemals zu sich selbst kommen? Da Empfängnisverhütung tabu war und außerdem im Verdacht stand, den ohnehin schon unstillbaren sexuellen Appetit der Männer noch zu steigern, gab es nur eine logische Folgerung: Enthaltsamkeit. Mit den Frauenrechtlerinnen seiner Zeit forderte Mill nicht nur das Frauenstimmrecht, sondern auch die Keuschheit der Männer.

Trotzdem spielte in Mills Leben eine Frau die entscheidende Rolle. Mit 24 Jahren lernte er Harriet Taylor kennen. Sie war die Liebe seines Lebens. Nur leider hatte Harriet schon einen Mann. Fast zwanzig Jahre lang sorgte ihre Beziehung mit Mill für Gesprächsstoff in London. Dabei kann fast ausgeschlossen werden, daß Harriet ihren Ehemann je betrogen hat. Denn wie Mill war auch ihr Sex ein Graus. Männer waren für sie „Sensualisten“, was nichts anderes meinte als Lüstlinge. Ihrer frisch verheirateten Tochter schrieb sie am Tag nach der Hochzeit: „Eigentlich ist es, als schleppe man ein Opferlamm zum Altar. Du weißt inzwischen was ich meine.“ Erst nach dem Tod von Harriets Ehemann konnten Mill und sie heiraten. Obwohl beide davon überzeugt waren, daß die Ehe ein Instrument zur Unterdrückung der Frau war, beugten sie sich den gesellschaftlichen Konventionen. Aber wenn es schon nur mit Trauschein ging, sollte ihre Ehe wenigstens ein Vorbild für die Gleichberechtigung von Mann und Frau sein. John Stuart Mill unterzeichnete bei der Eheschließung eine Erklärung: „Ich verwerfe und kündige uneingeschränkt jeden Anspruch, kraft einer solchen Eheschließung irgendwelche Rechte erlangt zu haben.“

Arthur Schopenhauer hätte das nie getan. Er fand Frauen einfach nur gräßlich. Warum also heiraten? Eigentlich, so meinte er, sind Frauen gar keine richtigen Menschen. Sie sind „kindisch, läppisch und kurzsichtig, mit Einem Worte, Zeit Lebens große Kinder (...); eine Art Mittelstufe zwischen dem Kinde und dem Manne, als welcher der eigentliche Mensch ist.“ Frauen sind dumm. Man mußte nur genau hinsehen. „Schon der Anblick der weiblichen Gestalt lehrt, daß das Weib weder zu großen geistigen, noch körperlichen Arbeiten bestimmt ist.“ Erstaunlich, daß sich Menschen, sprich Männer, überhaupt mit diesen Wesen abgeben. Aber auch dafür hatte Schopenhauer eine Erklärung. „Das niedrig gewachsene, schmalschultrige Geschlecht das schöne nennen, konnte nur der vom Geschlechtstrieb umnebelte männliche Intellekt: in diesem Triebe nämlich steckt seine ganze Schönheit.“

Kein Wunder, daß Schopenhauer ein Leben lang Pech bei Frauen hatte. Einmal bekannte er: „Was die Weiber betrifft, so war ich diesen sehr gewogen – hätten sie mich nur haben wollen.“ Die Spannung aus Wollen und Nichtkönnen war unerträglich. Als Jugendlicher dichtete Schopenhauer: „O Wollust, o Hölle,/ O Sinne, o Liebe,/ Nicht zu befried'gen/ Aus Höhen des Himmels Hast du mich gezogen/ Und hin mich geworfen/ In Staub dieser Erde:/ Da lieg' ich in Fesseln.“ Weil die Frauen ihn nicht wollten, wurden sie zu obskuren Objekten der Begierde. Genau das beleidigte Schopenhauer. Er wollte eben nicht in Fesseln im Staub liegen, wie es in seinem Gedicht heißt.

Geboren wurde Arthur Schopenhauer 1788 in Danzig. Sein Vater war ein wohlhabender Kaufmann und fast doppelt so alt wie die Mutter Johanna. Zwar wollte der Vater Arthur gegen dessen Willen zum Kaufmann machen, als aber Heinrich Floris

Schopenhauer 1805 unter nie ganz geklärten Umständen starb – es ist durchaus möglich, daß er Selbstmord begangen hat – wendete sich der Sohn gegen die Mutter. Er warf ihr vor, sie habe sich nicht genug um den Vater gekümmert. „Ich kenne die Weiber", schimpfte er. „Einzig als Versorgungsanstalt erachten sie die Ehe. Da mein eigener Vater siech und elend an seinen Krankenstuhl gebannt war, wäre er verlassen gewesen, hätte nicht ein alter Diener sogenannte Liebespflicht an ihm erfüllt. Meine Frau Mutter gab Gesellschaften, während er in Einsamkeit verging, und amüsierte sich, während er bittere Qualen litt. Das ist Weiberliebe." Die sich fast zum Haß steigernde Abneigung gegen die Mutter war der zweite Grund für Schopenhauers Frauenfeindlichkeit.

So war es nur konsequent, daß er nie geheiratet hat. Aus seiner Ablehnung der Ehe machte er einen philosophischen Lehrsatz: „In unserm monogamischen Welttheile heißt heirathen seine Rechte halbiren und seine Pflichten verdoppeln." Schopenhauer war wahrhaftig kein positiver Mensch. In seinem 1814 erschienenen Hauptwerk *Die Welt als Wille und Vorstellung* lehrte er, der Wille zum Leben sei der innerste Daseinstrieb jedes Wesens. Dieser Wille sei jedoch insofern sinnlos, als er auch dann noch weiter leben wolle, wenn das Leben nur noch aus Qual und Not bestehe. Und genau das tut das Leben für Schopenhauer. Der Mensch, so meinte er, lebt gewiß nicht in der besten aller Welten.

Einmal verliebte sich Schopenhauer doch. Caroline Richter allerdings war keine Frau fürs Leben. Der Grund: Sie war Schauspielerin. Auf der Bühne brachte sie es zwar nur bis zum Fach der zweiten Liebhaberin, dafür entschädigte sie sich privat gleich mit mehreren Männern. Einer davon war Schopenhauer. Und der raste vor Eifersucht. Als er 1822 zu einer Italienreise aufbrach, bekam Caroline 10 Monate nach seiner Abreise ein Kind. Er grantelte, die Männer seien „die Hälfte ihres Lebens Hurer und die andre Hälfte Hahnreie". Bei Caroline Richter mußte Schopenhauer sich mit der Rolle des Hahnrei abfinden.

Noch eine andere Folge hatte die Beziehung. Einmal, als Schopenhauer Caroline besuchen wollte, fand er einige Frauen in ihrer Wohnung. Er bat sie zu gehen, da er ungestört sein wollte. Doch eine der Frauen blieb. Kurzerhand warf Schopenhauer sie eigenhändig aus der Wohnung. Das hatte einen jahrelangen Rechtsstreit wegen angeblicher Körperverletzung zur Folge. Eine weitere Bestätigung, daß die Frauen nichts taugten. Schließlich widmete er ihnen eine eigene Schrift: *Über die Weiber.* Darin heißt es: „Zwischen Männern ist von Natur bloß Gleichgültigkeit; aber zwischen Weibern ist schon von Natur Feindschaft." Zum Glück für die so friedfertigen Männer lieben die Frauen es zu gehorchen. Deshalb sucht jede sich einen Mann, von dem sie sich lenken und beherrschen läßt. „Ist sie jung, so ist es ein Liebhaber; ist sie alt, ein Beichtvater."

Schopenhauers Erfahrungen mit Frauen finden sich ganz ähnlich wieder bei Friedrich Nietzsche, einem großen Anhänger Schopenhauers. „Du gehst zu Frauen? Vergiß die Peitsche nicht!" Nietzsches Satz aus dem *Zarathustra* ist berühmt geworden. Ein altes Weiblein schenkt Zarathustra diese kleine Wahrheit, die der weise Mann sorgsam unter seinem Mantel bergen muß, weil sie ungebärdig ist wie ein kleines Kind und laut schreit. Angeblich hat der Philosoph in dem alten Weiblein seine Schwester porträtiert. Die hatte ihm Iwan Turgenjews Erzählung *Erste Liebe* vorgelesen. Darin wird eine Frau von einem Mann geschlagen. Nietzsche empörte sich: Das ist Barbarei! Doch Elisabeth wußte es besser. „Es gibt Frauennaturen", klärte sie ihren Bruder auf, „die nur durch die brutale Machtbetonung des Mannes im Zaume gehalten werden. Und die, sobald sie nicht jene symbolische Peitsche über sich fühlen, frech und unverschämt werden und mit dem allzuguten Manne, der sie anbetet, Fangball spielen." Als Nietzsche seiner Schwester später das Kapitel *Vom alten und jungen Weiblein* aus dem *Zarathustra* vorlas, rief Elisabeth: „Fritz, das alte Weiblein bin ja ich!"

„Du gehst zu Frauen? Vergiß die Peitsche nicht!" Der Satz also ein Geschenk an die Schwester? Tatsächlich hat er mit Nietzsche selbst wenig zu tun. 1844 wurde er als Sohn eines Pfarrers in Röcken geboren. Der Vater starb früh. Friedrich wuchs bei seiner Mutter und der Schwester auf. Die beiden Frauen bestimmten sein ganzes Leben. Regelmäßig schrieb Nietzsche ihnen Briefe, bat um Wurst und Wäsche. Und immer wieder kam Elisabeth, um dem kranken Bruder den Haushalt zu besorgen. Nach seinem Zusammenbruch 1889 in Turin wurde Nietzsche bis zu seinem Tod am 25. August 1900 von seiner Mutter und seiner Schwester gepflegt.

„Das Glück des Mannes heißt: ich will. Das Glück des Weibes heißt: er will", läßt Nietzsche seinen Zarathustra sagen. Das eigentliche Problem war: Keine Frau wollte Nietzsche. Dabei wäre eine Heirat die Lösung all seiner Probleme gewesen. Nietzsche war krank, der Magen machte ihm Probleme, Kopfschmerzen zwangen ihn für Tage ins Bett, mit zunehmendem Alter wurde das Augenlicht immer schwächer. Einmal irrte er tagelang durch Italien, weil er in den falschen Zug gestiegen war. Den richtigen hatte er einfach nicht gesehen.

Neben Mutter und Schwester spielten noch drei Frauen im Leben Nietzsches eine zentrale Rolle. Da ist zunächst Richard Wagners Frau Cosima. Im Mai 1869 lernte Nietzsche sie kennen. Doch er sah schon damals schlecht. Wagner und Cosima liebten einander wirklich. Der junge Professor aus Basel hatte keine Chance. Trotzdem verfolgte Cosima ihn ein Leben lang. Einer der berühmten Wahnsinnszettel, die Nietzsche im Januar 1889 nach seinem Zusammenbruch verschickte, ging an Cosima Wagner. „Ariadne, ich liebe Dich", stand da. Unterzeichnet: Dionysos.

1874 hatten sich die Kopfschmerzen Nietzsches so verschlimmert, daß wieder einmal Elisabeth kommen mußte, um den Haushalt zu führen. Die Schwester ging ihm auf die Nerven. Es schien nur eine Lösung für die Misere zu geben: Heirat. Da wurde Nietzsche die 23jährige Mathilde Trampedach vorgestellt. Eine Frau mit Drang zu Höherem. Sie schenkte ihm die Übersetzung eines Gedichtes von Henry Longfellow namens *Excelsior, Höher hinauf.* Nietzsche war begeistert. Einen Tag nachdem er Mathilde kennengelernt hatte, machte er ihr einen Antrag. „Nehmen Sie allen Mut Ihres Herzens zusammen, um vor der Frage nicht zu erschrecken, die ich hiermit an Sie richte: Wollen Sie meine Frau werden?" Doch auch wenn Nietzsche wollte, und das Glück der Frau heißt, er will – Mathilde wollte den kurzsichtigen Professor aus Basel nicht. Sie lehnte höflich aber entschieden ab.

1882, Nietzsche war inzwischen so krank, daß er seine Professur aufgeben mußte, lernte er Lou von Salomé kennen. Die gerade 21 Jahre alte Russin wurde für Nietzsche zur „Sternenfreundin". „Lou ist scharfsinnig wie ein Adler und mutig wie ein Löwe", schwärmte er. Durch den gemeinsamen Freund Paul Rée ließ er ihr einen Heiratsantrag machen. Doch was Nietzsche diesmal nicht sah: Rée selbst war unsterblich in Lou verliebt, als Liebesbote also völlig ungeeignet. Lou profitierte von der Situation. Die beiden Männer warben heftig um sie. Das rief auch Schwester Elisabeth auf den Plan. Sie zettelte eine regelrechte Rufmordkampagne gegen Lou an, die sich schließlich nur dadurch aus der Affäre ziehen konnte, daß sie Rée *und* Nietzsche sitzen ließ. Nietzsche reagierte gekränkt. Lou sei ein dürres, schmutziges, übelriechendes Äffchen mit falschen Brüsten, pöbelte er.

Ein Photo zeigt das Trio Nietzsche, Lou und Paul. Die beiden Männer ziehen einen Wagen, auf dem Lou sitzt – und die Peitsche schwingt. „Du gehst zu Frauen? Vergiß die Peitsche nicht!" Nietzsches berühmter Satz im Zarathustra war die Umkehrung der tatsächlichen Verhältnisse.

Dabei hätte Nietzsche sich die Frauen gewünscht, wie Ernst Bloch sie in *Das Prinzip Hoffnung* beschreibt: „Das Weib liegt unten, es wird seit langem dazu abgerichtet." Die Frau, heißt es weiter, „ist immer greifbar, immer gebrauchsfähig, ist die Schwächere und ans Haus gefesselt. Dienen und der Zwang zu gefallen sind im weiblichen Leben verwandt, denn das Gefallen macht gleichfalls dienstbar." Damit wollte der überzeugte Marxist Bloch aufräumen. In der sozialistischen Welt, von der er träumte, waren Mann und Frau gleichberechtigt. Tatsächlich war Ernst Bloch der wohl erste emanzipierte Philosoph. Er hatte keine Probleme damit, die Kinder zu betreuen, während seine Frau arbeitete.

Geboren wurde Bloch 1885 in Ludwigshafen am Rhein. Nach dem Abitur zog es ihn zum Studium nach München. Der Grund war allerdings nicht die dortige Universität, sondern, so Bloch, „eine siebzehnjährige Schauspielerin. Sie war mir bedeutend wichtiger als der Philosophieprofessor." Bloch war ein Frauentyp, sein ausgeprägter Hang zur Weiblichkeit sprichwörtlich. So machte er für den raschen Wechsel von München nach Würzburg eine Studentin verantwortlich.

1911 lernte Bloch Else von Stritzky kennen. „Ich kam aus Bonn, erzählte von dort, sprach mit ihr über meine Kantdeutung, zerriß den Steiner. Auf einer Bank an der Isar habe ich sie zuerst geküßt; auf dem schönen altfränkischen Sofa in meinem Zimmer, während eines Gewitters, lag ich zuerst bei ihr." Zwei Jahre später heirateten die beiden. Else war ein Glücksfall für den mittellosen Bloch. Sie stammte aus einer millionenschweren Industriellenfamilie. Ein Jahr lang führte das Paar ein mondänes Leben in Heidelberg. Bloch schrieb an seinem Buch *Geist der Utopie*. Dann kam der erste Weltkrieg. Für Else wurde es immer schwerer, Geld von ihrer Familie zu beschaffen, deren Firma stark unter den Kriegswirren zu leiden hatte. Mit dem guten Leben war es vorbei. Dazu kam, daß Else schwer krank wurde. 1917 entschloß Bloch sich, mit Else ins Schweizer Exil zu gehen. Als Kommunist und Pazifist hatte er kaum Arbeitsmöglichkeiten im Kriegsdeutschland. In der Schweiz konnte er immerhin Geld mit Zeitungsartikeln verdienen. Außerdem unterstützten ihn Freunde. Nach Kriegsende ging das Paar zurück nach Deutschland, aber auch dort blieb die Lage schwierig. Vor allem war Else inzwischen so krank, daß sie am 2. Januar 1921 starb. Wie schwer ihr Tod für Bloch gewesen sein muß, zeigt sich auch daran, daß er in die Gesamtausgabe seiner Werke ausdrücklich ein sehr anrührendes und privates *Gedenkbuch für Else Bloch – von Stritzki* aufnahm. Darin heißt es: „Käme sie mich zu holen, ich besänne mich keinen Augenblick und ginge mit: in den Tod als den gleichen Zustand, in dem sie mindestens ist."

Schon ein Jahr nach Elses Tod heiratete Bloch wieder. Doch die Ehe mit Linda Oppenheimer war von Anfang an zum Scheitern verurteilt und wurde 1928 geschieden. Im gleichen Jahr wurde Bloch zum ersten Mal Vater. Allerdings war Linda nicht die Mutter.

1934 dann die dritte Ehe mit der Architektin Karola Piotrkowska. Die Hochzeit mußte schon im Exil gefeiert werden. Gleich nach der Machtergreifung Hitlers verließen Bloch und Karola Deutschland. Karola war aktiv in der Kommunistischen Partei, und als Kommunist und Jude war Bloch seines Lebens nicht mehr sicher. 1938 floh das Paar in die USA, wo es elf Jahre blieb. Bloch hatte Ruhe fürs Werk, denn in den USA fand er keine Arbeit, da sein Englisch zu schlecht war. So blieb er zu Hause und betreute den Sohn Jan, während Karola als Architektin Geld verdiente. „Ich habe Tag und Nacht gearbeitet, elf Jahre lang, ernährt von meiner Frau", so Bloch über die Zeit, in der *Das Prinzip Hoffnung* entstand.

In dem fast 1000 Seiten dicken Buch untersuchte er auch den „Kampf ums neue Weib". Die Frauenbewegung erschien ihm als Hoffnungszeichen auf dem Weg in eine bessere Zukunft und dabei schöpfte er deutlich spürbar aus privaten Erfahrungen: „Beruf galt bis in untere kleinbürgerliche Schichten hinab als anstößig. Aber beherzte Mädchen und Frauen zogen einen anderen Schluß, Träume begannen vom neuen Weib. Um 1900, ein wenig vorher und nachher, flackerte hier ein Licht auf, das seinen Reiz behält. Das freie Mädchen meldet sich an." Am Ende dieser Entwicklung stand für ihn die Frau als Genossin, die dem Leben „ein Gesicht zentraler menschlicher Tiefe" gibt „und einer trostreichen. (...) Sie wird derjenige Teil der Gesellschaft sein, der sie in jedem Bezug subjektvoll und unversachlicht erhält."

So wie Ernst Bloch die Beziehung von Mann und Frau beschrieb, so schien sie von Simone de Beauvoir und Jean-Paul Sartre gelebt zu werden. Die beiden sind das wohl berühmteste Paar der Philosophiegeschichte. Doch die Wirklichkeit hinter der Fassade war keinesfalls so strahlend wie das Bild in der Öffentlichkeit. So widmete Jean-Paul Sartre sein philosophisches Hauptwerk *Das Sein und das Nichts* offiziell zwar „Castor", so der Kosename von Simone de Beauvoir. Heimlich aber ließ Sartre zwei Sonderexemplare drucken mit Widmungen für andere Frauen. Solche Tricks waren bei Sartre nicht die Ausnahme, sondern die Regel. Der existentialistische Philosoph war ein Meister der Polygamie. Teilweise unterhielt er neben der Beauvoir Beziehungen zu vier Frauen. Sie alle waren für ihn „Objekte des Theaterspielens, großer Demonstrationen, der Verführung gewesen. Schon im Alter von sechs bis sieben Jahren hatte ich Bräute, wie man sagte. In Vichy hatte ich vier oder fünf", erzählte er Simone de Beauvoir 1974.

Geboren wurde Jean-Paul Sartre 1905 in Paris. Als er zwei Jahre alt war, starb der Vater. Der kleine Jean-Paul wuchs deshalb bei den Großeltern auf, bei denen er sich fremd fühlte. Erst als seine Mutter erneut heiratete, konnte er wieder zu ihr ziehen. Über seine Jugend sagte Sartre später: „Ich habe nie ein Gefühl für das Eigentum gehabt; nichts hat mir jemals wirklich gehört, denn ich habe zuerst bei meinen Großeltern gelebt und nach der Wiederheirat meiner Mutter, mich bei meinem Stiefvater auch nicht *zu Hause* gefühlt." Aus der Erfahrung von Besitz- und Heimatlosigkeit entwickelte Sartre seine Philosophie. Heimatlosigkeit wurde ihm zum Zeichen der Freiheit und Ungebundenheit. Eine solche Ungebundenheit wollte Sartre sich auch in der Beziehung mit

Simone de Beauvoir bewahren, die er 1924 beim Studium in Paris kennenlernte.

In ihren Memoiren schrieb sie: „Sartre war nicht zur Monogamie berufen; er war gern in Gesellschaft von Frauen, die er weniger komisch fand als Männer. Er war nicht bereit, mit 23 Jahren für immer auf die Freuden der Abwechslung zu verzichten."

Die beiden schlossen einen Pakt, zunächst für zwei Jahre. Beide wollten in dieser Zeit zusammen in Paris leben. Danach wollte man sich für einige Jahre trennen. Das sollte die Beziehung vor der Gewohnheit bewahren. „Um jeden Preis mußten wir sie vor dieser Zersetzung bewahren", so die Beauvoir. Ein anderer Punkt des Paktes betraf die Aufrichtigkeit. Beauvoir und Sartre wollten einander niemals belügen. Mit der Zeit allerdings richtete sich dieser Teil des Paktes vor allem gegen die Beauvoir. Denn Sartre genoß es, ihr brühwarm von seinen Eroberungen zu erzählen, nur um ihr anderes zu verschweigen.

Obwohl Sartre schielte und sehr klein war, hatte er Erfolg bei Frauen. Er war charmant, hatte Humor und konnte zuhören. Einige seiner Frauengeschichten nahmen ihn so sehr mit, daß er tagelang nicht schlafen und essen konnte. Dabei ging es ihm nicht vorrangig um Sex. Überhaupt war Sartre alles Körperliche im Grunde eher zuwider. „Sexuelle Beziehungen zu Frauen", so Sartre, „das war unumgänglich, weil die klassische Beziehung solche Beziehungen ab einem bestimmten Moment einschloß. Aber mir war das nicht so wichtig. Und eigentlich interessierte mich das nicht so sehr wie Zärtlichkeiten. Anders gesagt, ich war eher ein Frauenmasturbierer als ein Beischläfer."

Was Frauen anging, war Sartre romantisch veranlagt. Er suchte in ihnen immer eine Ergänzung seiner Persönlichkeit. „Ich dachte, daß ein normales Leben eine ständige Beziehung zur Frau voraussetzte. Ein Mann definiert sich zugleich durch das, was er machte, was er war und durch das, was er durch die Frau war, die mit ihm zusammen war." Sartre brauchte die Frauen, um Sartre zu sein.

Das änderte sich erst im Alter. Jetzt brauchte er die Frauen nur noch für seine Pflege. Mit 68 Jahren war er fast völlig blind. Er brauchte die Frauen beim Essen, sie mußten ihm das Fleisch schneiden, ihn waschen, auf die Toilette helfen. Sartre wurde mehr und mehr ihr Gefangener. Aber Sartre wollte Sartre bleiben. Sein ruinierter Körper mochte den Frauen, sein Geist aber sollte ihm gehören. So begab sich Sartre erstmals in die Obhut eines Mannes. Der junge Benny Lévy wurde der letzte Gesprächspartner des greisen Philosophen. Sartre, der sein Leben lang das andere Geschlecht als Teil seiner selbst gesucht hatte, verweigert sich nun allen Frauen, die ihm Gutes tun wollten. Seine Weigerung war so radikal, daß Simone de Beauvoir ihn nach seinem Tod am 15. April 1980 nicht einmal mehr berühren konnte. Sartres schmächtiger Körper war mit Wundbrand übersät.

Club Paradox

Reiseleiter: Willkommen im Club Paradox! Ich freue mich, Sie, meine Herren, auf Ihrer Reise in die Scheinwelt des Paradoxons begleiten zu können. Und ich darf Ihnen versprechen, Sie werden eine ungewöhnliche Reise erleben, eine Reise, auf der Sie sich keinen Zentimeter bewegen werden. Sie können ganz bequem in Ihrem Sessel sitzen bleiben. Schließen Sie die Augen und ab geht's. Das Gehirn, unendliche Weiten ...
Herr Achilles: Das ist doch völliger Unsinn, was Sie da sagen. Eine Reise, ohne sich zu bewegen. Das geht doch gar nicht.
Reiseleiter: Lassen Sie es mich so sagen, verehrter Herr Achilles, alle Reiseleiter lügen.
Herr Achilles: Also daß Sie selbst zugeben, daß Sie als Reiseleiter ein Lügner sind, erstaunt mich nun doch.
Reiseleiter: Was habe ich denn Ihrer Meinung nach zugegeben, Herr Achilles? Daß ich ein Lügner bin?
Herr Achilles: Genau das haben Sie eben wortwörtlich gesagt.
Reiseleiter: Ich sagte, alle Reiseleiter sind Lügner.
Herr Schildkröte: Entschuldigen Sie, daß ich mich einmische, meine Herren. Aber denken Sie doch einmal nach, Herr Achilles. Was folgt denn daraus, daß unser Reiseleiter sagt, alle Reiseleiter sind Lügner?
Herr Achilles: Daß er ein Lügner ist, Herr Schildkröte. Was sonst?
Herr Schildkröte: Nun, und wenn er ein Lügner ist, dann sagt er ja die Wahrheit, daß alle Reiseleiter Lügner sind. Also ist er kein Lügner und sagt die Wahrheit.
Herr Achilles: Dann sagt er eben die Wahrheit, Herr Schildkröte. Dann sagt er eben die Wahrheit. Wenigstens dieses eine Mal.
Herr Schildkröte: Herr Achilles, Sie denken nicht nach. Ihre Behauptung, unser Reiseleiter sage die Wahrheit, wenn er alle Reiseleiter als Lügner hinstellt, ist ein Rohrkrepierer. Schließlich ist er selbst Reiseleiter. Und wenn er die Wahrheit damit sagt, daß alle Reiseleiter lügen, dann lügt er, weil er selbst ein Reiseleiter ist, der die Wahrheit sagt.

Herr Achilles: Sie meinen also, wenn er lügt, sagt er die Wahrheit, und wenn er die Wahrheit sagt, lügt er? Aber das ist ja paradox!
Reiseleiter: Sehen Sie, Herr Achilles, und damit sind wir schon unterwegs auf unserer Reise in die Scheinwelt des Paradoxons, ohne einen Schritt vorwärts gekommen zu sein.
Herr Achilles: Also gut, wenn wir schon unterwegs sind, wie Sie sagen, dann möchte ich wenigstens wissen, wohin die Reise geht. Und bitte lügen Sie mich an, Herr Reiseleiter. Ich möchte nämlich gern wissen, wohin die Reise wirklich geht.
Reiseleiter: Sehr freundlich. Nun, verehrter Herr Achilles, ich würde Ihnen ja gern eine Karte zeigen, aber das Problem ist, wir haben keine.
Herr Achilles: So eine Landkarte dürfte bei Ihren Preisen im Club Paradox doch kein Problem sein. Die gibt es doch nun wirklich überall.
Reiseleiter: Das Problem ist, unsere Landkarte vom Club Paradox war so genau, daß wir uns entschließen mußten, auf sie zu verzichten.
Herr Achilles: Das ist doch ein Trick, nehme ich an.
Reiseleiter: Nein nein, da ist überhaupt kein Trick dabei. Es war nur so, daß wir eine möglichst genaue Karte haben wollten. Und daran sind wir gescheitert, wenn Sie so wollen.
Herr Achilles: Ich befürchte, da komme ich nicht ganz mit.
Reiseleiter: Es ist doch so, wenn man eine besonders genaue Karte haben will, muß man einen möglichst großen Maßstab wählen. Ich nehme an, da werden Sie zustimmen.
Herr Achilles: Ja natürlich. Das ist logisch. Je größer der Maßstab, um so genauer die Karte.
Reiseleiter: Sehen Sie, und so hat unser Kartograph, ein Meister seines Faches, zunächst eine Karte vom Club Paradox entwickelt, die auseinandergefaltet die Größe einer Tischtennisplatte hatte. Aber wir fanden, die Karte sei unzureichend, um eine wirklich genaue Orientierung zu gewährleisten. Also ließen wir eine größere Karte entwickeln. Die hatte die Größe eines Tennisplatzes. Auch auf dieser Karte fehlten uns Details, die nach unserer Ansicht für den Gast im Club von Bedeutung sein könnten. Was nützt eine Karte, aus der Sie nicht entnehmen können, ob auf einer Wiese Bäume stehen, wenn Sie ein schattiges Plätzchen für ein Picknick suchen? Also ließen wir wiederum eine neue Karte ent-

werfen. Diesmal übertraf sich unser Kartograph selbst. Er entwarf eine Karte, die so groß war, wie das Gelände des Clubs selber und Punkt für Punkt mit ihm zusammenfiel. Leider ehrten unsere Gäste dieses Meisterwerk der Kartographie nicht. Sie trampelten darauf herum, kippten Cola und Bier auf die teure Karte, ließen ihre Hunde ... Kurz und gut, schon nach wenigen Wochen war die Karte vom Club Paradox vollkommen ruiniert. Auf dem ganzen Gelände sind nur noch Reste der Karte erhalten geblieben. Hin und wieder dienen sie als Sonnenschutz.

Herr Achilles: Und wie soll man sich dann zurechtfinden?

Reiseleiter: Wir benutzen das Gelände selbst als Karte, und das geht ganz genauso gut.

Herr Achilles: Moment mal, das ist ja doch wieder einer Ihrer Tricks. Wenn ich Sie recht verstehe, wollen sie mir weismachen, Sie haben sich eine Karte machen lassen, die so genau war, daß Sie auf die Karte verzichten konnten.

Reiseleiter: Leider hatte die Karte auch einige unangenehme Nebenwirkungen. Sie war nämlich so perfekt, daß auf ihr nicht das winzigste Detail fehlte. Sie enthielt sogar eine Karte der Karte, die wiederum eine Karte der Karte der Karte enthielt. Das ging so weiter bis ins Unendliche, was zu einer Art Loch im Club Paradox führte, in dem einige Reisende leider spurlos verschwunden sind. Auch deshalb mußten wir auf die Karte verzichten.

Herr Schildkröte: Das mit der Karte ist eine reine Nebensache. Karte hin oder her, wir kommen in diesem Laden sowieso nicht vom Fleck.

Herr Achilles: Was soll jetzt das wieder?

Reiseleiter: Passen sie auf, Herr Achilles, gleich wird Herr Schildkröte Ihnen einen Wettlauf anbieten. Sie müssen nämlich wissen, unser Reisekamerad ist eigentlich die Erfindung eines Herrn Zenon.

Herr Achilles: Und wer war dieser Zenon?

Reiseleiter: Ein griechischer Philosoph aus der Stadt Elea. Er lebte im fünften Jahrhundert vor Christus. Ich dachte, Sie wüßten das. Sie sind ja auch eine Erfindung von ihm.

Herr Schildkröte: Ja ja, so ist unser Reiseleiter. Er kann allem widerstehen, nur nicht der Versuchung, jemanden zu belehren. Aber machen wir weiter im Text, Herr Achilles. Ich sagte, Landkarten im Club Paradox sind unnütz, da wir hier sowieso nicht vom

Fleck kommen. Damit meine ich, daß jede Bewegung ohnehin unmöglich ist.

Herr Achilles: Sie meinen, diese ganze Reise durch die Scheinwelt des Paradoxons ist ein einziger Betrug, da wir uns überhaupt nicht bewegen können?

Herr Schildkröte: Ob wir hier betrogen werden, darüber sollen später die Gerichte entscheiden. Ich meine nur, daß jede Form der Bewegung unmöglich ist. Und das kann ich Ihnen sogar beweisen.

Herr Achilles: Na, da bin ich aber mal gespannt. Sie gestatten, daß ich ein wenig hin und her gehe, während Sie mir messerscharf beweisen, daß ich mich nicht bewege. Bitte, Herr Schildkröte, fangen Sie an.

Herr Schildkröte: Nun, ich nehme an, Sie werden mir zustimmen wenn ich sage, Bewegung ist das Durchmessen eines Weges von A nach B, sagen wir von Athen nach Sparta.

Herr Achilles: Keine Einwände. Machen Sie ruhig weiter.

Herr Schildkröte: Danke. Ich nehme weiter an, Sie werden mir zustimmen, daß Sie bei einer Reise von Athen nach Sparta zunächst die Hälfte der Strecke hinter sich bringen müssen.

Reiseleiter: Vorsicht, Herr Achilles.

Herr Achilles: Geschenkt, Herr Schildkröte, geschenkt. Zuerst die Hälfte des Weges.

Herr Schildkröte: Wunderbar. Zuerst also die Hälfte des Weges. Und dann wieder die Hälfte des restlichen Weges. Wenn Sie die geschafft haben, haben Sie drei Viertel des Weges hinter sich. Stimmen Sie zu?

Herr Achilles: Voll und ganz. Aber Achtung, ich bin fast am Ziel.

Herr Schildkröte: Warten Sie's ab. Vom verbleibenden Weg legen Sie dann wieder die Hälfte zurück. Und von dem bißchen Weg, das Ihnen dann noch bleibt, wieder die Hälfte. Und so weiter und so weiter. Die Strecke nach Sparta wird zwar immer kürzer, aber jedes bißchen Weg, das ihnen noch bleibt, müssen Sie erst wieder zur Hälfte hinter sich bringen. Und vom Rest dann wieder die Hälfte. Ein Halb, ein Viertel, ein Achtel, ein Sechzehntel, ein Zweiunddreißigstel, ein Vierundsechzigstel. So klein der Weg nach Sparta auch ist, Sie müssen ihn erst halb hinter sich bringen, und dann vom Rest die Hälfte. Das geht so unendlich weiter. Immer bleibt ein kleines Stückchen übrig, und Sie kommen nie in Sparta an.

Herr Achilles: Das ist doch vollkommener Unsinn. Sie erzählen mir, daß ich nicht von Athen nach Sparta reisen kann, da jede Bewegung unmöglich sei. Und während Sie reden, laufe ich vor Ihrer Nase herum. Ganz abgesehen davon war ich erst neulich in Sparta. Und ob Sie's glauben oder nicht, ich bin angekommen.
Reiseleiter: Seien Sie ihm nicht böse, Herr Achilles. Herr Schildkröte meint nur, daß jede Strecke aus einer unendlichen Reihe von Teilstrecken besteht. Und eine unendliche Reihe kann man nicht durchlaufen, weil sie sozusagen nie ganz fertig wird.
Herr Achilles: Trotzdem war ich in Sparta.
Herr Schildkröte: Nun, wenn Sie sich so sicher sind, daß Sie recht haben und Bewegung existiert, dann werden Sie gegen einen kleinen Wettlauf ja nichts einzuwenden haben, oder?
Reiseleiter: Ich habe doch gesagt, er bietet Ihnen einen Wettlauf an. Er macht das geradezu zwanghaft.
Herr Achilles: Ein Wettlauf? Ich, Achilles, der Schnellste der Schnellen, der Leichtfüßigste der Sterblichen, gegen Sie ... Sie ... Sie Schildkröte, Sie. Das ist doch absolut sinnlos.
Herr Schildkröte: Wenn Sie so sicher sind, daß Sie gewinnen, können Sie ja ohne Sorge einwilligen.
Herr Achilles: Also gut, wenn es Ihnen Spaß macht, sich zu blamieren.
Herr Schildkröte: Sie müßten mir allerdings einen Vorsprung geben.
Herr Achilles: Ich habe nichts dagegen.
Herr Schildkröte: Der müßte aber groß sein.
Herr Achilles: Keine Einwände.
Reiseleiter: Also dann, meine Herren, begeben Sie sich auf Ihre Plätze.
Herr Schildkröte: Ich geh dann mal. Es dauert ein wenig, bis ich auf meiner Startposition bin.
Herr Achilles: Verausgaben Sie sich nur nicht zu früh. Sie werden ihre Kräfte brauchen, wenn Sie gewinnen wollen, Herr Schildkröte. Und noch was: Doping läuft nicht. Und auch keine Tricks wie beim Hasen und dem Igel.
Reiseleiter: Verlassen Sie sich ganz auf mich, Herr Achilles. Ich habe alles unter Kontrolle.
Herr Achilles: Sagen Sie, glaubt der wirklich, er gewinnt? Früher oder später hole ich ihn ja doch ein. Wahrscheinlich früher.

Reiseleiter: Nicht, wenn alles nach Zenons Paradoxie läuft. Zenon wollte mit dem Rennen nämlich beweisen, daß Bewegung unmöglich ist.
Herr Achilles: Und wie hat dieser Zenon sich das bitte vorgestellt?
Reiseleiter: Nun, er ging davon aus, daß Sie nach dem Start zunächst einmal bis zum Anfangspunkt der Schildkröte laufen müssen. In der Zeit, die Sie dazu brauchen, ist die Schildkröte natürlich auch ein Stück vorwärts gekommen. Nun müssen Sie dieses Stückchen aufholen. Unterdessen ist die Schildkröte wieder ein kleines Stück weiter. Das müssen Sie dann auch aufholen. Und so weiter und so weiter.
Herr Achilles: Ich verstehe. Es läuft so ähnlich wie bei der Geschichte mit der Reise von Athen nach Sparta. Der Abstand wird immer kleiner, aber nie ganz aufgeholt.
Reiseleiter: Genau, weil jede Strecke aus unendlich vielen Teilstrecken besteht. Und weil es im Unendlichen keinen Anfang und kein Ende gibt, wird man nie fertig damit, eine Strecke hinter sich zu bringen.
Herr Achilles: Wenn es im Unendlichen keinen Anfang gibt, kann man streng genommen ja nicht mal loslaufen.
Reiseleiter: Genau, jetzt haben Sie's! Es gibt keine Bewegung.
Herr Achilles: Jetzt reicht es mir! Zuerst erzählt mir dieser Schildkröte, daß ich nicht in Sparta ankomme, weil es keine Bewegung gibt. Und Sie behaupten jetzt auch noch, ich könne gar nicht erst loslaufen. Dann erklären Sie doch mal, was unser Herr Schildkröte da hinten treibt. Eben war er noch hier. Jetzt ist er da hinten. Wie kommt er denn da hin, wenn er gar nicht erst loslaufen kann, weil es im Unendlichen keinen Anfang und kein Ende gibt und Bewegung unmöglich ist.
Reiseleiter: Tja ... Vielleicht versuchen Sie einfach mal, die Dinge aus der Perspektive von Herrn Schildkröte zu sehen.
Herr Achilles: Na los, Sie wissen doch sonst auch alles.
Reiseleiter: Ich glaube, da fragen Sie besser Herrn Schildkröte.
Herr Achilles: He, Herr Schildkröte, kommen Sie zurück!
Herr Schildkröte: Es geht schneller, wenn Sie zu mir kommen. Aber das ist noch nicht der Wettlauf! Keine Tricks, Herr Achilles.
Reiseleiter: Ich komme mit, Herr Schildkröte.
Herr Achilles: Bin schon da. Und keine Tricks, das verspreche ich Ihnen. Ich habe nur eine Frage.

Herr Schildkröte: Schießen Sie los.
Herr Achilles: Wenn ich unseren Reiseleiter richtig verstanden habe, wollen sie mir mit diesem Rennen beweisen, daß es keine Bewegung gibt.
Herr Schildkröte: Genau, deshalb werden Sie mich nämlich nicht einholen können. Es ist dasselbe Prinzip wie bei der Reise von Athen nach Sparta.
Herr Achilles: Trotzdem war ich neulich in Sparta. Trotzdem sind Sie eben hier durch die Gegend gelaufen. Und ich bin hinter Ihnen hergegangen und habe Sie tatsächlich erreicht. Wie erklären Sie sich das? Es gibt Bewegung, daran können Sie doch gar nicht rütteln. Es macht keinen Sinn, mit irgendwelchen spitzfindigen Gedankenspielereien das Gegenteil behaupten zu wollen.
Herr Schildkröte: Nun, für Zenon war jede Form von Bewegung reine Illusion. Wenn überhaupt, dann existierte Bewegung für ihn nur im Geist. Und da ich eine Erfindung von Zenon bin, bin ich exakt seiner Ansicht.
Herr Achilles: Aber ich laufe doch nicht in Ihrem Kopf herum, sondern vor Ihren Augen.
Herr Schildkröte: Sind Sie da so sicher? Es gibt da eine Geschichte von zwei Mönchen, die wegen einer Fahne stritten, die im Wind flatterte. Der eine sagte: ‚Die Fahne bewegt sich.' Der andere sagte: ‚Der Wind bewegt sich.' Nun, wie sollten die Mönche das entscheiden? Sie gingen zu einem Zen-Meister ...
Herr Achilles: ... namens Zenon vermute ich.
Herr Schildkröte: Falsch, das hat nun ausnahmsweise nichts mit Zenon zu tun. Sie gingen also zu einem Zen-Meister und baten ihn, ihren Streit über die Fahne zu schlichten. Und der Meister sagte: ‚Nicht der Wind, nicht die Fahne, sondern der Geist bewegt sich.'
Reiseleiter: Eine schöne Geschichte, Herr Schildkröte.
Herr Achilles: Aber leider völliger Unsinn.
Reiseleiter: Also Herr Achilles, ich wundere mich ja schon, daß Sie dem Herrn Schildkröte immer so contra geben. Eigentlich müßten Sie seiner Meinung sein, Sie sind ja auch eine Erfindung Zenons.
Herr Achilles: Ich lasse mich nicht länger beleidigen! Ich hätte schon gehen sollen, als Sie sagten, ich sei eine Erfindung dieses Zenon. Aber jetzt erst wird mir klar, was Sie damit wirklich

sagen wollten. Die Erfindung eines durchgedrehten Philosophen ist natürlich selber durchgedreht. Herr Schildkröte, Herr Reiseleiter, ich will mein Geld zurück, und dann breche ich diese Reise ab.

Reiseleiter: Tut mir leid, Herr Achilles, aber das ist unmöglich. Sie können keine Reise abbrechen, die noch gar nicht begonnen hat.

Herr Schildkröte: Und die auch nie beginnen wird.

Reiseleiter: Weil es ja keine Bewegung gibt.

Herr Achilles: Das ist Betrug.

Herr Schildkröte: Kommen Sie, Herr Achilles, das ist doch nicht schlimm. Es ist ja nur Geld. Man muß froh sein, daß man nicht soviel davon hat.

Herr Achilles: Das ist auch wieder so eine Dummheit.

Herr Schildkröte: Oh nein! Stellen Sie sich vor, Sie haben unendlich viel Geld. Dann bekäme die Steuer ihr ganzes Geld. Bei einem unendlich großen Einkommen müssen Sie eine unendlich große Steuersumme zahlen. Womit bewiesen wäre: Reichtum lohnt sich nicht.

Herr Achilles: Ich kann Sie beruhigen, niemand hat unendlich viel Geld. Ich jedenfalls nicht. Ganz im Gegenteil. Und deshalb fordere ich mein Geld zurück.

Reiseleiter: Ach, Herr Achilles, es tut mir so leid für Sie, aber ich kann nicht. Ihr Geld ist futsch.

Herr Schildkröte: Wir haben einen Versuch damit gemacht.

Reiseleiter: Und im Laufe dieses Versuches ist ihr Geld leider verschwunden.

Herr Achilles: Ich hoffe, Sie können das gut erklären.

Reiseleiter: Es war die Idee von Herrn Schildkröte.

Herr Achilles: Von wem auch sonst.

Herr Schildkröte: Unser Reiseleiter wollte nicht glauben, daß sich das Haufenparadoxon von Eubulides auch umkehren läßt.

Herr Achilles: Ich nehme an, dieser Eubulides war auch ein griechischer Philosoph.

Reiseleiter: Schön, daß Sie mitdenken, Herr Achilles.

Herr Achilles: Danke. Aber was ist jetzt mit meinem Geld.

Herr Schildkröte: Es ging also um das Haufenparadoxon von Eubulides. Eubulides wollte beweisen, daß es keine Sandhaufen gibt. Zunächst, so sagte er, ist ein einzelnes Sandkorn kein Sandhaufen.

Und wenn man ein zweites Sandkorn hinzufügt, dann ist das eben auch noch kein Sandhaufen, nicht wahr, Herr Achilles.
Herr Achilles: Toll, wirklich toll.
Herr Schildkröte: Ich verstehe ja, daß Sie sauer sind, aber denken Sie das mal weiter. Klar, zwei Sandkörner sind noch kein Sandhaufen. Drei Sandkörner auch noch nicht. Vier nicht, fünf nicht, und so weiter. Wo fängt der Sandhaufen an? Wieviel Körner hat ein Haufen? Wenn ein Korn mehr oder weniger den Sandhaufen nicht ausmacht, dann gibt es ganz einfach keinen Sandhaufen.
Herr Achilles: Und was hat das mit meinem Geld zu tun?
Herr Schildkröte: Nun, wir sprachen über die Frage, ob man nun viel oder wenig Geld für eine Reise im Club Paradox bezahlen muß. Natürlich war der Reiseleiter davon überzeugt, der Club sei spottbillig. Ich fand die Preise happig, sah mich allerdings aus logischen Gründen zu der Behauptung gezwungen, es gebe viel Geld gar nicht. Nun, und wie der Zufall so spielte, hatten Sie gerade Ihre Reise bezahlt. Um meine Behauptung zu beweisen, es gebe viel Geld nicht, schlug ich vor, Ihr Geld in Fünfmarkstücke zu wechseln. Wir gingen in eine Bank und wechselten das Geld. Und mit den Fünfmarkstücken haben wir uns dann auf die Straße gestellt, und Passanten gefragt, ob sie das Häufchen für viel Geld halten. Schon der erste Passant sagte Ja. Daraufhin habe ich ihm fünf Mark geschenkt und meine Frage wiederholt.
Herr Achilles: Und?
Herr Schildkröte: Er sagte wieder Ja. Ja, das ist viel Geld, sagte er. Ich schenkte ihm wieder fünf Mark und wiederholte meine Frage.
Herr Achilles: Lassen Sie mich raten: Er hat wieder Ja gesagt.
Herr Schildkröte: Stimmt. Also gab ich ihm wieder fünf Mark, wiederholte meine Frage und so weiter und so weiter.
Herr Achilles: Bis das Geld alle war, oder?
Herr Schildkröte: Exakt. Womit bewiesen war, daß es viel Geld nicht gibt. Denn wenn man von viel Geld immer wieder einen Betrag abziehen kann, und es bleibt trotzdem viel Geld, dann gibt es viel Geld nicht. Es ist genau umgekehrt wie beim Sandhaufen.
Herr Achilles: Sind Sie nie auf den Gedanken gekommen, der Mann könnte gelogen haben?
Herr Schildkröte: Wieso sollte er das?

Herr Achilles: Weil ein Idiot ihm fünf Mark schenkt, wenn er mit Ja antwortet.
Herr Schildkröte: Meinen Sie?
Herr Achilles: Ich bin sicher.
Reiseleiter: Sollten Sie sich da etwa getäuscht haben, Herr Schildkröte?
Herr Schildkröte: Unsinn, es kann viel Geld gar nicht geben, da es überhaupt nur Eines gibt und nicht Vieles.
Herr Achilles: Also das ist stark. Zuerst behaupten Sie, es gibt keine Bewegung. Und nun sagen Sie sogar, es gibt nicht Vieles, sondern nur Eines. Und das nur, weil man Sie reingelegt hat. Sie nehmen den Mund wirklich voll.
Herr Schildkröte: Lassen Sie mich das erklären. Die Tatsache, daß es keine Bewegung gibt, hängt natürlich zusammen mit der Tatsache, daß nur Eines ist, und nicht Vieles. Zenon war der Ansicht …
Herr Achilles: Hören Sie auf mit dem! Der macht mich wahnsinnig!
Herr Schildkröte: … Bewegung ist das Durchlaufen einer Strecke von A nach B. Dabei muß natürlich vorausgesetzt werden, daß A und B verschiedene Punkte sind. Wenn es aber gar keine verschiedenen Punkte gibt, weil es eben nur Eines und nicht Vieles gibt, dann ist auch die Bewegung hinfällig. Deshalb läßt sie sich auch nicht erklären.
Herr Achilles: Das leuchtet ein. Aber damit haben Sie noch nicht erklärt, warum es nur Eines geben soll.
Herr Schildkröte: Nehmen wir mal an, es gibt tatsächlich Vieles. Dann muß es ja in der ganzen Welt eine bestimmte abzählbare Menge an Dingen geben, die eben so groß ist, wie sie eben ist. Nicht mehr und nicht weniger. Stimmen Sie zu, Herr Achilles?
Herr Achilles: Ja.
Herr Schildkröte: Und Sie, Herr Reiseleiter?
Reiseleiter: Auch.
Herr Schildkröte: Schön. Nun stellen Sie sich ein Haus in Athen und ein Haus in Rom vor. Zwischen diesen beiden Häusern liegt natürlich eine Menge anderer Dinge: weitere Häuser, Stühle, Autos und so weiter. Zwischen jedem dieser Dinge und irgendeinem anderen Ding liegen wieder andere Dinge. Und zwischen diesen Dingen liegen wieder andere Dinge, zwischen denen es noch andere Dinge gibt. Und das geht unendlich so weiter, ohne daß wir

an ein Ende kommen. Damit folgt aus der Behauptung, daß es endlich viele Dinge gibt, es gibt unendlich viele Dinge. Die aber kann man im Gegensatz zu den endlichen Dingen nicht mehr zählen. Mit anderen Worten: Weil es abzählbar viele Dinge gibt, gibt es unabzählbar viele Dinge. Das ist paradox. Und daraus schließen Zenon und ich, daß es das Viele nicht geben kann, sondern nur das Eine. Denn daraus ergeben sich keine Widersprüche.

Herr Achilles: Und was soll das sein, dieses Eine? Haben Sie darauf auch eine Antwort, Herr Schildkröte? Wie erklären Sie sich, daß wir hier zu dritt sind? Ich nehme an, Sie sagen jetzt, das sei alles wieder nur im Geist. Aber wer ist dann in wessen Geist? Der Reiseleiter und ich in Ihrem? Oder Sie beide in meinem? Oder wir beide im Geist des Reiseleiters?

Reiseleiter: Oh nein, ganz sicher nicht. Denn dann würde ich nicht zulassen, daß Sie immer so streiten.

Herr Achilles: Oder sind wir alle nur im Geist eines Vierten? Wer ist dann dieser ominöse vierte Mann? Haben Sie auf diese Fragen eine Antwort?

Herr Schildkröte: Natürlich nicht, es gibt keinen archimedischen Punkt, von dem aus wir diese Fragen beantworten könnten. Deshalb können wir diese Fragen ja auch nicht entscheiden. Es ist, wenn sie so wollen, eine Sache des Standpunktes. Nehmen Sie das berühmte Epimenides- oder Kreter-Paradoxon. Epimenides der Kreter sagte: ‚Alle Kreter sind Lügner'.

Herr Achilles: Ich dachte, alle Reiseleiter sind Lügner.

Reiseleiter: Herr Achilles, bitte.

Herr Schildkröte: Wenn Epimenides als Kreter sagt, daß alle Kreter Lügner sind, dann verwickelt er sich damit in einen Widerspruch. Denn wenn er die Wahrheit sagt, daß alle Kreter Lügner sind, dann lügt er, weil er als Kreter die Wahrheit sagt. Und wenn er lügt, sagt er die Wahrheit. Käme Epimenides allerdings nicht aus Kreta, sondern aus Winsen an der Luhe, dann wäre seine Behauptung, daß alle Kreter Lügner sind, kein Problem, sondern ein Vorurteil.

Herr Achilles: Sie meinen, es stellt also kein Problem dar, wenn ich sage, alle Reiseleiter lügen. Und deshalb lügt unser Reiseleiter auch.

Herr Schildkröte: Wenn Sie nicht selbst Reiseleiter sind, nein.

Reiseleiter: Naja.

Herr Achilles: Meinen Sie, solche Fragen lassen sich von einem Computer entscheiden? Vielleicht wäre solch eine Denkmaschine ja ein archimedischer Punkt.
Herr Schildkröte: Es tut mir leid, aber da kenne ich mich nicht aus. Als Zenon mich erfunden hat, gab es noch keine Computer.
Herr Achilles: Mir geht's genauso. Wie ich höre, sollen diese Denkmaschinen sehr teuer sein. Und mein letztes Geld habe ich für die Reise im Club Paradox ausgegeben.
Reiseleiter: Vielleicht kann ich Ihnen helfen. Ich habe noch eine Zweipfennigmünze.
Herr Achilles: Ah ja, und damit kaufen wir einen Computer.
Reiseleiter: Nein, wir bauen einen. Ein richtiges Elektronengehirn.
Herr Achilles: Und das geht?
Reiseleiter: Ich sage Ihnen, mit diesem Computer lösen Sie Fragen, an denen andere Computer verzweifeln, wenn es Computer gäbe, die verzweifeln könnten. In jedem Falle benutzen wir eine binäre Logik, wie die teuren Computer auch. Nur statt Null und Eins nehmen wir Ja und Nein. Und dann kommt es nur noch darauf an, die richtigen Fragen zu stellen.
Herr Achilles: Da bin ich gespannt. Aber ein Elektronengehirn bauen Sie trotzdem nicht. Oder setzen Sie die Münze unter Strom?
Reiseleiter: Ich baue keinen elektrischen, sondern einen elektronischen Computer, Sie alter Zweifler. Eine Zweipfennigmünze ist aus Kupfer. Und auf der äußeren Elektronenschale des Kupferatoms gibt es zwei freie Elektronen. Also ist das hier ein elektronisches Gerät.
Herr Achilles: Sie machen mich noch wahnsinnig!
Herr Schildkröte: Seien Sie still, Herr Achilles. Ich finde das spannend. Also fangen Sie an.
Reiseleiter: Es ist ganz einfach. Wir einigen uns darauf, welche Seite der Münze Ja beziehungsweise Nein bedeutet. Sagen wir, Zahl ist Ja.
Herr Achilles: Und?
Reiseleiter: Das war's. Stellen Sie dem Computer eine Frage.
Herr Schildkröte: Darf ich, bitte?
Herr Achilles: Nach Ihnen, Herr Schildkröte.
Herr Schildkröte: Danke. Also, Herr Reiseleiter, fragen Sie den Computer, ob es Bewegung gibt.

Reiseleiter: Die Frage ist also: Gibt es Bewegung? Und jetzt werfen wir die Münze mal hoch und sehen, was der Computer antwortet. – Zahl ist gefallen. Die Antwort ist Ja, der Computer sagt, es gibt Bewegung.
Herr Achilles: Kunststück. Aber Gott würfelt nicht. Und er wirft auch keine Münzen.
Reiseleiter: Moment, Herr Achilles. Wir sind ja noch nicht ganz fertig. Natürlich ist die Antwort auf die erste Frage entweder richtig oder falsch. Wenn wir hier stehen bleiben, ist das nur ein Glücksspiel. Wir müssen dem Computer noch eine zweite Frage stellen.
Herr Achilles: Und die wäre?
Reiseleiter: Ganz einfach, wir müssen ihn fragen, ob die Antwort auf die zweite Frage denselben Wahrheitswert hat, wie die Antwort auf die erste Frage.
Herr Achilles: Entschuldigung, was ist ein Wahrheitswert?
Reiseleiter: Wenn zwei Fragen ein und denselben Wahrheitswert haben, dann sind sie entweder beide richtig oder beide falsch. Also schau'n wir mal. – Zahl. Der Computer sagt wieder Ja. Die zweite Frage hat denselben Wahrheitswert wie die erste Frage. Also ist die erste Frage richtig. Es gibt Bewegung. Tut mir leid, Herr Schildkröte.
Herr Achilles: Moment mal, woher wissen Sie denn, daß die Antwort auf die zweite Frage richtig ist?
Reiseleiter: Ich verstehe nicht, warum Sie jetzt schon wieder Einwände haben. Die Antwort ist doch durchaus in Ihrem Sinne ausgefallen.
Herr Achilles: Darum geht es nicht. Es geht doch um die Wahrheit.
Reiseleiter: Dann erkläre ich es Ihnen. Die Antwort auf die Frage „Gibt es Bewegung?“ war Ja. Und die zweite Antwort auf die Frage, ob beide Antworten denselben Wahrheitswert haben, war auch Ja. Genau wie die erste Antwort ist die zweite richtig oder falsch. Wenn sie richtig ist, ist es richtig, daß die Antwort auf die erste Frage denselben Wahrheitswert hat wie die Antwort auf die zweite Frage. Also war die Antwort auf die erste Frage richtig.
Herr Achilles: Also gibt es Bewegung. Sehen Sie, ich hatte recht, Herr Schildkröte.

Herr Schildkröte: Moment mal, Herr Reiseleiter, Sie gehen davon aus, daß die Antworten beide richtig sind. Was ist denn, wenn die Antwort auf die zweite Frage nach dem Wahrheitswert falsch ist?
Reiseleiter: Das ist kein Problem. Unsere erste Frage war, ob es Bewegung gibt. Der Computer hat darauf mit Ja geantwortet. Unsere zweite Frage war, ob die Antwort auf die zweite Frage denselben Wahrheitswert hat, wie die erste Antwort. Der Computer hat wieder mit Ja geantwortet. Nun wollen Sie, daß ich davon ausgehe, die zweite Antwort sei falsch. Meinen Sie das, Herr Schildkröte?
Herr Schildkröte: Genau das.
Reiseleiter: Nun, wenn die zweite Antwort falsch ist, dann ist es falsch, daß die Antwort auf die Frage nach der Existenz von Bewegung denselben Wahrheitswert hat, wie die zweite Antwort auf die Frage nach dem Wahrheitswert beider Antworten. Aber beachten Sie: Diese zweite Antwort war falsch. Also müssen beide Antworten verschiedene Wahrheitswerte haben. Und da der Wahrheitswert der zweiten Antwort falsch ist, muß die Antwort auf die erste Frage richtig sein.
Herr Schildkröte: Mit anderen Worten, was immer der Computer antwortet, die Antwort auf die erste Frage war richtig. Mich erinnert das an einen berühmten Prozeß von Protagoras.
Herr Achilles: Kenne ich den?
Reiseleiter: Noch so ein griechischer Philosoph, ein Sophist aus dem fünften Jahrhundert vor Christus. Aber was war jetzt mit Protagoras?
Herr Schildkröte: Protagoras war nicht nur Philosoph, er war auch Rechtsgelehrter, unter anderem bildete er Anwälte aus. Ein junger Anwalt hatte mit ihm folgende Übereinkunft getroffen: Wenn er seinen ersten Fall bei Gericht gewinnen würde, würde er Protagoras sein Unterrichtshonorar zahlen; sollte er aber verlieren, würde er nichts zahlen.
Herr Achilles: Da wird sich der junge Herr Anwalt aber nicht unbedingt angestrengt haben, seinen ersten Prozeß zu gewinnen. Ich hätte es umgekehrt gemacht. Wer verliert zahlt.
Herr Schildkröte: Nun, unser junger Anwalt jedenfalls tat zunächst gar nichts. Er weigerte sich entschieden, einen Prozeß zu führen. Schließlich wurde Protagoras ungeduldig, und er verklagte seinen Schüler. Und genau darauf hatte der gewartet. Denn

damit hatte er seinen ersten Fall. Und wenn er ihn verlor, brauchte er gemäß seiner Abmachung mit Protagoras nichts zu zahlen. Aber wenn er den Prozeß gewann, brauchte er erst recht nicht zu zahlen.

Reiseleiter: Ja ja, Groucho Marx hat einmal gesagt, er würde sich weigern, einem Club beizutreten, der jemanden wie ihn aufnehmen würde.

Herr Achilles: Ich befürchte, dieser Herr hätte mit dem Club Paradox keine Probleme.

Reiseleiter: Oh nein, ganz sicher nicht, es wäre eine Ehre, ihn bei uns zu haben. Wenn ich mir vorstelle: Groucho Marx im Club Paradox. Vielleicht schenkt er mir eine seiner Zigarren. Ich zünde sie an und sage zu ihm: Willkommen im Club Paradox, Mister Marx! Ich freue mich, Sie auf ihrer Reise in die Scheinwelt des Paradoxons begleiten zu können. Und ich darf Ihnen versprechen, Sie werden eine ungewöhnliche Reise erleben, eine Reise, auf der Sie sich keinen Zentimeter bewegen werden. Sie können ganz bequem in Ihrem Sessel sitzen bleiben. Schließen Sie die Augen und ab geht's. Das Gehirn, unendliche Weiten ...

Marx: Entschuldigung. Also: Das ist doch völliger Unsinn, was Sie da sagen. Eine Reise, ohne sich zu bewegen. Das geht doch gar nicht.

Reiseleiter: Lassen Sie es mich so sagen, verehrter Mister Marx, alle Reiseleiter lügen.

Marx: Also daß Sie selbst noch zugeben, daß Sie als Reiseleiter ein Lügner sind, erstaunt mich nun doch.

Reiseleiter: Was habe ich denn Ihrer Meinung nach zugegeben, Mister Marx? Daß ich ein Lügner bin?

Marx: Genau das haben Sie eben wortwörtlich gesagt.

Reiseleiter: Ich sagte, alle Reiseleiter sind Lügner.

Herr Schildkröte: Entschuldigen Sie, daß ich mich einmische, meine Herren. Aber denken Sie doch einmal nach, Mister Marx. Was folgt denn daraus, daß unser Reiseleiter sagt, alle Reiseleiter sind Lügner?

Marx: Daß er ein Lügner ist, Herr Schildkröte. Was sonst?

Herr Schildkröte: Nun, und wenn er ein Lügner ist, dann sagt er ja die Wahrheit, daß alle Reiseleiter Lügner sind. Also ist er kein Lügner und sagt die Wahrheit.

Marx: Dann sagt er eben die Wahrheit, Herr Schildkröte. Dann sagt er eben die Wahrheit. Wenigstens dieses eine Mal.

Herr Schildkröte: Mister Marx, Sie denken nicht nach. Ihre Behauptung, unser Reiseleiter sage die Wahrheit, wenn er alle Reiseleiter als Lügner hinstellt, ist ein Rohrkrepierer. Schließlich ist er selbst Reiseleiter. Und wenn er die Wahrheit damit sagt, daß alle Reiseleiter lügen, dann lügt er, weil er selbst ein Reiseleiter ist, der die Wahrheit sagt.
Marx: Sie meinen also, wenn er lügt, sagt er die Wahrheit, und wenn er die Wahrheit sagt, lügt er? Aber das ist ja paradox!
Reiseleiter: Sehen Sie, Mister Marx, und damit sind wir schon unterwegs auf unserer Reise in die Scheinwelt des Paradoxons, ohne einen Schritt vorwärts gekommen zu sein.

Streit ist der Vater aller Dinge

„Streit ist der Vater aller Dinge." Der Satz stammt von Heraklit. Aufgeschrieben hat er ihn vor über zweieinhalb Jahrtausenden. Und Heraklit wußte, wovon er spricht. Er war überzeugt, die meisten Menschen taugen nichts. Vor allem andere Philosophen. „Vielwisserei verleiht nicht Verstand", grantelte er, „sonst hätte sie dem Hesiod und Pythagoras solchen verliehen und ebenso dem Xenophanes und Hekateios." Den schon damals berühmten und bewunderten Pythagoras beschimpfte er als „Ahnherr der Schwindeleien". Pythagoras habe aus seinen Büchern und Erforschungen sogar eine eigene Wissenschaft gemacht, nämlich den Betrug.

Das saß. Und der Konter folgte auf dem Fuße. Sokrates bescheinigte Heraklit: „Was ich davon verstanden habe, zeugt von hohem Geist; und, wie ich glaube, auch was ich nicht verstanden habe; nur bedarf es dazu eines delischen Tauchers." Mit anderen Worten, nur an besonders große Tiefe gewöhnte Taucher können etwas damit anfangen. Ansonsten kapiert das kein Mensch.

Trotzdem. Ganz unrecht hat Heraklit nicht. Streit ist der Vater aller Dinge – das gilt zumindest für die Philosophie. Verschiedene Meinungen haben und darüber streiten ist das eigentliche Geschäft der Philosophen. Der philosophische Disput ist niemals einer unter Gleichgesinnten, wie der Dichter Eugen Roth weiß:

„Ein Mensch verteidigt mit viel List:
Die Welt scheint anders, als sie ist!
Sein Gegner aber streng verneint:
Die Welt ist anders, als sie scheint."

Und so herrscht Streit, wenn Philosophen sich treffen. Das war schon bei den sogenannten Sieben Weisen aus Griechenland so. Sie lebten um sechs- bis siebenhundert vor Christus. Und genau genommen waren es nicht sieben sondern zweiundzwanzig Weise. Die Griechen konnten sich nie so recht darauf einigen, wer dazu gehörte und wer nicht.

Eine Anekdote erzählt von einer Art Betriebsausflug der Sieben Weisen zum Orakel von Delphi. Am Heiligtum des Gottes Apollon wurden sie ehrenvoll vom obersten Priester empfangen. Als der Priester die geistige Elite seines Landes um sich versammelt sah, kam er auf die Idee, jeder möge doch seine Hauptmaxime in eine Tempelwand schlagen. Gesagt, getan. Chilon aus Sparta ließ sich eine Leiter bringen und hämmerte den Spruch „Erkenne dich selbst" über den Eingang des Tempels. Rechts vom Eingang verewigte sich Kleobulos mit der Einsicht „Alles mit Maß", links schlug Periandros „Das Schönste auf der Welt ist die Ruhe" in den Stein. Solon suchte sich ein Eckchen im Inneren des Tempels und schrieb: „Lerne zu gehorchen, und du wirst lernen zu befehlen." Die Einsicht des Thales lautete: „Gedenke der Freunde." Etwas exzentrisch klopfte der weise Pittakos einen merkwürdigen Spruch direkt vor dem Dreifuß der Pythia in den Boden: „Gib das Verwahrte zurück!"

Schließlich war Bias von Priene an der Reihe. Aber zu aller Verwunderung wollte Bias nicht. Nun ja, er wisse nicht so genau, was er schreiben solle, ihm falle nichts ein, die anderen hätten doch so gute Sachen geschrieben. Und so weiter und so weiter. Natürlich redeten alle auf ihn ein. Ausgerechnet er als Politiker könne sich dem Anliegen des Priesters nicht verweigern. Außerdem sei er sowieso der Weiseste von ihnen. Aber Bias wollte trotzdem nicht. Das ging eine ganze Weile hin und her, bis Bias schließlich wutentbrannt erklärte, es sei besser für sie alle, wenn er nicht schreibe. Trotzdem: es kam, wie es kommen mußte. Irgendwann nahm Bias dann doch Hammer und Meißel und schrieb seinen Satz: „Die meisten sind schlecht."

Seitdem herrscht Streit. Gelobt wurde Bias nur von einem einzigen Philosophen für seine Einsicht. Bezeichnenderweise war es Heraklit. Der fand, die Bedeutung des Bias sei größer als die aller anderen. Ansonsten registrierte er mit Blick auf die Herren Kollegen: „Sie verstehen es nicht."

Der griechische Philosoph Protagoras war der Ansicht, zu jeder Sache gebe es zwei einander entgegengesetzte Standpunkte. Was der eine für wahr hält, erscheint dem andern als falsch. Diese an sich banale Tatsache ist die Voraussetzung jeder Philosophie. Wenn es nicht immer jemanden gäbe, der anderer Meinung wäre, hätten die Philosophen wohl kaum Grund, sich zu streiten. Alle wären einer Meinung, alles wäre wunderbar – aber leider auch schrecklich langweilig. Denn der Streit ist das Salz in der philosophischen Suppe. Vor allem dann, wenn es große Philosophie ist.

Mit seiner Ideenlehre hat Platon vierhundert Jahre vor Christus das Weltbild des Abendlandes nachhaltig beeinflußt. Von der Politik bis zu den Kirchenvätern und der Universität läßt sich in Europa fast alles auf ihn zurückführen. Platon ist ein Großdenker. Kein Wunder, daß er von seinen Zeitgenossen heftig angegriffen wurde. Sein Gegenspieler hieß Diogenes und war in jeder Beziehung ein Antipode. Platon stammte aus einem alten Adelsgeschlecht, er war reich, lebte aufwendig und komfortabel. Diogenes dagegen war bettelarm, er hauste in einer Art Faß und sein Vater war ein Falschmünzer.

Hin und wieder mußte der arme Diogenes den reichen Platon um etwas Wein und ein paar Feigen bitten. Einmal schickte Platon ihm daraufhin ein randvolles Gefäß mit Feigen. Die Antwort des Diogenes war bezeichnend: „Wenn einer dich fragte, wieviel zweimal zwei ist, und du würdest antworten ‚zwanzig', dann würde deine Antwort so wenig zu der Frage passen, wie deine Gabe zu dem Erbetenen." Dabei ging es um mehr als ein Gefäß mit Feigen. Es ging um Platons Denken überhaupt, das Diogenes ganz einfach für zu groß hielt. Seiner Ansicht nach war es dem Menschen nicht gemäß. Wie ein zu großer Topf mit Feigen, die niemand aufessen kann.

Um Feigen ging es auch bei einem anderen Streit. Diesmal war Diogenes der Spendierfreudige. Feigen essend begegnete er Platon und lud ihn ein: „Du kannst auch teilhaben." Platon griff zu und aß eine Feige nach der anderen bis Diogenes eingriff: „Teilhaben, sagte ich, nicht aufessen." Die Abfuhr war keineswegs banal. Es war eine Absage an Platons gesamte Philosophie. Denn „Teilhabe" ist einer der zentralen Begriffe der Ideenlehre, nach der es zu allen Dingen geistige Urbilder, eben die Ideen, gibt. Es existieren nicht nur viele verschiedene Tische in der Welt, sondern auch die *eine* Idee des Tisches überhaupt. Die Idee ist ewig und unzerstörbar, während die Tische in der Welt irgendwann eben kaputt gehen. Für Platon haben die ganz normalen Tische teil an der Idee des Tisches überhaupt. Deshalb weiß man, daß es Tische sind. Auf diese Teilhabe spielt Diogenes an, wenn er Platon einlädt, an seinen Feigen *teilzuhaben*, sie aber nicht aufzuessen. Denn in der

Praxis ist mit Platons Theorie wenig gewonnen. Teilhabe ist für Diogenes kein geistiges Prinzip, sondern ein praktisch-sinnliches. Man muß sich die Feigen schon einverleiben, um teilzuhaben. Womit es Diogenes gelingt, Platon nicht nur als Freßsack darzustellen, der einem armen Mann den letzten Bissen raubt, sondern auch als idealistischen Traumtänzer, dessen Ideen nichts mit der Wirklichkeit zu tun haben.

Aber Platon wehrte sich. Bei einem Gastmahl ging es wieder einmal um die Ideenlehre. Platon sprach davon, daß Tische und Becher an einer Tischheit und Becherheit teilhaben, eben den Ideen von Tisch und Becher. Irgendwann warf Diogenes ein: „Was mich anlangt, Platon, so sehe ich wohl einen Tisch und einen Becher, aber eine Tischheit und Becherheit nun und nimmermehr." Der Konter folgte auf dem Fuß: „Sehr begreiflich; denn Augen, mit denen man Becher und Tisch sieht, hast du allerdings; aber Verstand, mit dem man Tischheit und Becherheit erschaut, hast du nicht."

Das saß, und Diogenes wurde handgreiflich. Er sprang in Platons Haus auf dem Fußboden herum und schrie: „Ich trete Platons eitle Aufgeblasenheit mit Füßen."

Platon reagierte gelassen: „Welchen Grad von Aufgeblasenheit, o Diogenes, gibst du kund, der du dir einbildest, nicht aufgeblasen zu sein."

All das hinderte Diogenes nicht, Platon immer wieder vor Augen zu führen, wie hohl seine Lehre sei. Hin und wieder gelang es dem Paria sogar, den Parvenü zu einer Änderung seiner Philosophie zu bewegen. Als Platon in seiner Akademie den Menschen als federloses, zweifüßiges Tier definiert hatte, erschien wenig später Diogenes mit einem gerupften Huhn und zeigte es den verdutzten Hörern: „Das ist Platons Mensch." Tatsächlich stimmte alles: zwei Füße und keine Federn. Platon mußte seine Definition des Menschen ändern. Er fügte hinzu: mit platten Nägeln.

Man sieht, große Philosophen erkennt man an dem Widerspruch, den sie hervorrufen. Wer groß denkt, hat großen Ärger. So gesehen gehört Immanuel Kant zweifellos zu den größten Philosophen überhaupt. Denn wie kaum ein anderer ist er beschimpft worden.

Vor allem Friedrich Nietzsche hatte etwas gegen den „Chinesen aus Königsberg", wie er Kant nannte. Großzügig gestand Nietzsche Kant zu, ein beachtlicher Kritiker zu sein. Aber ein Kritiker sei eben kein Philosoph, konstatierte er. „Kritiker sind Werkzeuge des Philosophen und eben darum, als Werkzeuge, noch lange nicht selbst Philosophen! (...) Ich habe Gelehrte kennengelernt, die Kant für tief hielten. (...) Ich trage es den Deutschen nach, sich über Kant und seine ‚Philosophie der Hintertüren', wie ich sie nenne, vergriffen zu haben. (...) Kant wurde Idiot. (...) Der fehlgreifende Instinkt in allem und jedem, die *Widernatur* als Instinkt, die deutsche *décadence* als Philosophie – *das ist Kant.* (...) [Er ist der] verwachsenste Begriff-Krüppel, den es je gegeben hat. (....) Dies Verhängnis von Spinne galt als der *deutsche* Philosoph."

Dabei hatte Kant Nietzsche nun wirklich nichts getan. Als Kant 1804 starb, war Nietzsche noch nicht geboren. Überhaupt war Kant nicht einer, mit dem man streiten konnte. Der Meisterdenker aus Königsberg war schlicht langweilig. Der Tagesablauf war bis auf die Minute genau geregelt. Als er seinen Diener Lampe entlassen mußte, irritierte ihn das so sehr, daß er schließlich beschloß, er müsse Lampe vergessen, um wieder zur Ruhe zu kommen. Um das wiederum nicht zu vergessen, notierte Kant sich „Lampe muß vergessen werden."

Aber vielleicht muß man im täglichen Leben so langweilig und pedantisch sein, um Bücher wie die *Kritik der reinen Vernunft* schreiben zu können. Denn auch wenn Kant privat kein Feuerkopf war, stellte er philosophisch die Welt auf den Kopf. In seiner *Kritik der reinen Vernunft* erklärte er: Unsere Erkenntnis richtet sich nicht nach der Welt, sondern es ist umgekehrt. Die Art und Weise, wie wir die Welt erfahren, richtet sich nach unserem Erkenntnisvermögen.

Leider zogen daraus nicht alle Kollegen den Schluß, daß ihre Auslassungen zu Kant vor allem Licht auf sie selbst werfen. Was redete man nicht alles über den Mann aus Königsberg. Er hänge seinen Mantel nach dem Wind; sein Genie verdunkle die Wahrheit, anstatt sie zu erleuchten; er sei ein alter Sophist. Gegen Nietzsches schlichte Behauptung, Kant sei ein Idiot, ist das alles zwar harmlos – aber es macht deutlich, daß man Kants kritischer Philosophie allein mit den Mitteln der Philosophie nicht beikommen konnte. Also mußte man auf den Philosophen einschlagen.

Allerdings wurden die Zeitgenossen merkwürdig empfindlich, sobald Kant sich Gedanken über sie machte. Johann Gottfried

Herder fand ihn schlicht niederträchtig, nachdem er dessen Kritik seiner *Ideen zur Philosophie der Geschichte der Menschheit* gelesen hatte: „Und siehe, es erscheint eine Recension der *Ideen*, so hämisch und so verdrehend und metaphysisch, daß ich erstaunte, daß Kant, mein Lehrer, eines so niederträchtigen Werkes fähig sein könnte, der große Metaphysicus Kant zu Königsberg in Preußen."

Trost für Herder gab es vom Magus im Norden, von Johann Georg Hamann. Er schrieb seinem Freund: „Ey! Ey! Mein lieber Gevatter, Landsmann und Freund, daß Ihnen die Schläge Ihres alten Lehrers so weh tun, gefällt mir nicht recht. Dies gehört zum Autorenspiel. (...) Jeder gute Kopf hat so einen Satans-Engel nötig."

Bei all dem blieb Kant selbst friedlich. Immerhin gönnte er sich hin und wieder den Spaß, die Bücher seiner Kritiker zu besprechen. So erklärte er 1799, daß er Johann Gottlieb Fichtes eben erschienene *Wissenschaftslehre* für ein „gänzlich unhaltbares System" halte. Das tat weh. Denn Fichte hielt Kant zwar gerade einmal für einen „DreiViertelsKopf", aber der Alte aus Königsberg war eine Autorität. Und so sah Fichte sich zu einer bitterbösen Gegendarstellung gezwungen: „Was ich zu Kants Erklärung über mein System sage? (...) Ich konnte es mir gar wohl denken, daß Kant nach einem arbeitsvollen Leben in seinem hohen Alter sich für unfähig hielte, in ganz neue Speculationen einzudringen."

1796 erschien in Deutschland das Goethe und Schiller zugeschriebene Gedicht *Xenion* über Fichte. Da heißt es:

> „Hart erscheint noch die kämpfende Kraft, wenn die siegende schonet
> Aber nur weiter, dich führt sicher zum Siege die Bahn."

Kampf, Kraft, Sieg. Die Begriffe sind bezeichnend für Fichte. Wie kaum ein anderer Philosoph war er sein Leben lang in Streit verwickelt. Begeisterung steht neben schroffer Ablehnung. Seine Studenten verehrten ihn und warfen ihm die Fenster ein.

Tatsächlich ging Fichte keinem Streit aus dem Wege. Er wollte seinen Platz in der Menschheit durch Taten bezahlen, Schwerter und Blitze reden. Mit grimmigem Vergnügen behauptete er: „Ich habe zwar erstere Dinge zu tun, als mich mit dem Hunde aus der Pfennigschenke zu schlagen, aber beiläufig einen so zu schütteln, daß den anderen die Lust vergeht, ist nicht übel." Der Jurist Anselm Feuerbach warnte vor ihm: „Er ist ein Tier, das keinen Widerstand verträgt und jeden Feind seines Unsinns für einen Feind seiner Person hält. Ich bin überzeugt, daß er fähig wäre, (...) mit Schwert und Zuchthaus seine Wissenschaftslehre einzuführen, wenn sein Katheder ein Königsthron wäre."

Fichtes Karriere begann mit einem Paukenschlag. Der junge Philosoph war glühender Anhänger der kritischen Philosophie Kants. 1792 erschien anonym sein erstes Buch *Versuch einer Kritik aller Offenbarung* und wurde ein überwältigender Erfolg. Ein solches Werk kann nur vom großen Kant sein, hieß es überall. Als Kant den Sachverhalt aufklärte und den Verfasser nannte, war der 30jährige Fichte mit einem Schlag berühmt. Sieben Jahre später war es, wie schon geschildert, aus mit Fichtes Begeisterung für Kant. Da hielt er Kant nur noch für einen alten Trottel.

Es ist, wie Feuerbach es gesagt hat. Wer anderer Meinung als Fichte ist, ist sein Feind. Und so ziehen sich verkrachte Freundschaften durch das Leben des Philosophen wie ein roter Faden. Auf die Begeisterung folgt der Streit. Mit dem Philosophen Karl Leonhard Reinhold verkrachte Fichte sich, weil sie uneins waren über ein Logik-Buch. Reinhold war hellauf begeistert. Fichte hielt das Buch für blanken Unsinn und kündigte Reinhold die Freundschaft. „Lieber Reinhold", schrieb er ihm, „wenn Sie auch wirklich der Mann wären, der unsere Systeme beurtheilen könnte, der Sie doch, wie Sie nun hoffentlich selbst einsehen, offenbar nicht sind." Mit anderen Worten: Reinhold hat keine Ahnung und soll den Mund halten.

Auch mit Freunden, die durchaus auf seiner Seite standen, verkrachte Fichte sich. 1798 verwickelte er sich in den berühmten Atheismusstreit. Im *Philosophischen Journal* erschien sein Aufsatz *Über den Grund unseres Glaubens an eine göttliche Weltregierung*. Kurz darauf warf man Fichte in einer anonymen Flugschrift Atheismus vor. Das zog Kreise bis in die Politik hinein. Das *Journal* wurde höchstrichterlich eingezogen. Fichte reagierte so ausfällig gegen die Zensurmaßnahmen der Regierung, daß er entlassen wurde. In dieser Situation wollte der Freund Jacobi helfen. Aber als er Fichte erkennen ließ, er sei nicht mit all seinen Positionen im Atheismusstreit einig, brach Fichte die Freundschaft ab. „Er versteht mich offenbar nicht", moserte er.

Der Erzfeind Fichtes war der bekannte Philosoph und Verleger Friedrich Nicolai aus Berlin, ein führender Vertreter der Aufklärung. Er warf Fichte Antisemitismus und Größenwahn vor und erklärte höhnisch, man müsse wohl Fichte hören, um wahrhaft Mensch zu werden. Auch beim Atheismusstreit schien Nicolai die Finger im Spiel gehabt zu haben. Es wurde vermutet, daß die anonyme Flugschrift, die den Streit ausgelöst hatte, aus seinem Umkreis stammt.

1801 schlug Fichte zurück. Er veröffentlichte die Streitschrift *Friedrich Nicolais Leben und sonderbare Meinungen*. Und diesmal kannte Fichte kein Pardon. Nicolai sei ein „geborner stumpfer Kopf", ein „ungezogner, tölpelhafter Schwätzer", an dem nichts Menschliches sei außer der Sprache. Nicolai das „literarische Stinktier", die „Natter des achtzehnten Jahrhunderts". Man müsse nur einem Hund Sprechen und Schreiben beibringen, und das Tier arbeite wie Nicolai, dessen Gelehrsamkeit nichts als das „Zusammenschleppen seltner Raritäten auf einem konfusen Haufen" sei. Den Höhepunkt und das Ende der Streitschrift bildete Fichtes Schlag gegen Nicolais Bücher: „Sieht man sie je noch an, so tut man es in den Stunden der Verdauung, um sich an den wunderlichen Wendungen und Renkungen der Trivialität und Nullität (...) zu belustigen."

Was Nicolai für Fichte, war für Georg Wilhelm Friedrich Hegel sein Kollege Jakob Friedrich Fries. Ansonsten, so befand der spanische Philosoph Ortega y Gasset, habe Hegel mit den sozusagen gewöhnlichen Denkern wie Platon, Spinoza und Kant wenig gemeinsam. Vielmehr gehöre er in die Reihe Caesar, Diokletian und Barbarossa. Entsprechend sei seine Philosophie: imperatorisch. So komme es, folgerte Ortega, daß Hegel am Ende „von seinem Katheder aus den preußischen Staat politisch, ja geradezu diktatorisch beherrschte".

Der Philosoph als Feldherr. Und tatsächlich: Wie ein guter Schlachtenlenker nutzte Hegel die Schwächen seiner Feinde, um sie zu schlagen. Hegel und Fries waren zwar eine Weile Kollegen in Jena, aber Hegel mochte Fries schon damals nicht. Er fand ihn „seicht, geistlos, kahl, trivial" und seine Bücher „das saloppeste unzusammenhängendste Kathedergewäsch, das nur ein Plattkopf in der Verdauungsstunde von sich geben kann". Um so schlimmer, daß 1816 Fries ihm bei einer Berufung nach Berlin in die

Quere kam. Obwohl Hegel der Favorit für den begehrten Lehrstuhl war, mußte er schließlich die Nachfolge von Fries in Heidelberg antreten. Dazu kam, daß Fries politisch auf der Seite der Liberalen stand. Er ging also davon aus, daß der Mensch nicht nur Pflichten gegenüber dem Staat habe, sondern auch ein paar Rechte. Eine ungeheuerliche Idee für Hegel. Als er 1806 in Jena Napoleon sah, schwärmt er, die Weltseele sei durch die Stadt geritten. Der preußische Staat galt ihm als Verkörperung des Weltgeistes.

1821 hatte Hegel es endlich geschafft. Er war jetzt 51 Jahre alt, Fichtes Nachfolger in Berlin und ein hoher Beamter des preußischen Staates. Fries dagegen befand sich auf dem absteigenden Ast. Seine Teilnahme am Wartburgfest 1817 hatte ihn die Professur gekostet, und die Polizei hatte ein Auge auf ihn. Endlich konnte Hegel zuschlagen. Im Vorwort seines Buches *Naturrecht und Staatswissenschaft* drosch er auf ihn ein. Fries sei der „Heerführer aller Seichtigkeit“ und ein „Rabulist der Willkür“ geiferte er, seine Begeisterung für das Vaterland und den Geist von Gemeinschaft und Freundschaft ein schlimmer „Brei des Herzens“.

Fries seinerseits nahm auch kein Blatt vor den Mund. Einem Freund schrieb er: „Hegels metaphysischer Pilz ist ja nicht in den Gärten der Wissenschaft, sondern auf dem Misthaufen der Kriecherei gewachsen (...) Wissenschaftlicher Ernst wird gegen diesen Propheten unter den Bütteln nicht die rechte Waffe sein.“

Wellen schlug der Streit zwischen Hegel und Fries, als er öffentlich wurde. Im Februar 1822 rügte ein Rezensent der *Rechtsphilosophie* in der *Halleschen Allgemeinen Literaturzeitung* die Art und Weise, in der Hegel über Fries hergefallen war. Da hieß es: „Warum nun geflissentlich die schlimme Auslegung wählen und die Worte verdächtigen? Herr Fries, so viel wir wissen, hat kein glückliches Los und das Benehmen des Verfassers gegen ihn gleicht dem Hohne und absichtlicher Kränkung eines ohnehin gebeugten Mannes. Edel ist ein solches Betragen nicht.“

Das war zuviel für Hegel. Er war außer sich. Empört schrieb er die Rezension ab und forderte vom für die Universität zuständigen Ministerium Schutz gegen diese „Denunziation“. Es sei unerträglich, daß ein preußischer Beamter, in einem von der preußischen Regierung unterstützten, in Preußen erscheinenden Blatt so angegriffen werde. Da sehe man doch, wohin es mit der Pressefreiheit führe, wetterte Hegel und forderte Genugtuung. Sein

Einfluß war enorm. Immerhin legte Minister Altenstein der *Halleschen Literaturzeitung* eine strenge Zensur aller Rezensionen dringend nahe, wenn sie ihre Lizenz behalten wolle. In einem Punkt jedoch konnte Altenstein dem Staatsphilosophen nicht helfen. Wenn Hegel Genugtuung wolle, müsse er sich an die Gerichte wenden, teilte der Minister mit. Darauf verzichtete Hegel dann doch. Er war überzeugt, daß sich die Vernunft durchsetzt. In demselben Buch, in dem er auf Fries einschlug, schrieb Hegel auch: „Was vernünftig ist, das ist wirklich, und was wirklich ist, das ist vernünftig."

Leider war es anders. Neun Jahre nach dem Angriff auf den liberalen Fries, ängstigte sich Hegel über die „liberalen Revolutionen" in Europa. Der Gang der Vernunft verlief nicht so, wie er es sich vorgestellt hatte. In einem Artikel für die *Preußische Staatszeitung* kritisierte er die Reformbestrebungen in England mit solchen Lobeshymnen auf die preußische Monarchie, daß es sogar den Behörden peinlich war. Man wollte keinen Streit mit England. Auf persönliche Intervention Friedrich Wilhelms III. erschien der Artikel nur in einer gekürzten Fassung. Der Philosoph war preußischer als der König von Preußen. Es ist, wie Ortega y Gasset gesagt hatte: Von seinem Katheder aus regierte Hegel den preußischen Staat.

Will man dem amerikanischen *Time Magazine* glauben, so ist es mit der Weisheitsliebe der Philosophen wie mit allen anderen Arten der Liebe – „die Professionellen verstehen am wenigsten davon". Ganz vorbei ist es bei den Philosophen mit der Liebe, wenn es um die eigene Lehre geht. Über den großen englischen Empiristen David Hume schrieb ein Rezensent, er habe eine besonders effektive Methode, mit seinen Gegnern fertig zu werden: „Zuerst erschlägt er sie alle zusammen, und danach tötet er sie einzeln." Für Isaac Newton war die Philosophie einfach nur eine streitsüchtige Dame. Und Goethe fand die Gelehrten überhaupt gehässig: „Einen Irrenden sehen sie gleich als ihren Todfeind an."

Friedrich Wilhelm Joseph Schellings Todfeind war der Philosoph Karl Leonhard Reinhold. Denn während Schelling behauptete, Natur und Geist seien eins, vertrat Reinhold die Ansicht, sie seien es nicht. Identität oder Dualismus? Das war die Frage. Da Schelling Zeit seines Lebens trotz immer neuer philosophischer Entwürfe mit dem Dualismus nie ganz fertig wurde, mußte er eben auf den Dualisten einschlagen. 1802 widmete er Reinhold einen bitterbösen Dialog: *Ueber das absolute Identitäts-System und sein Verhältniss zu dem neuesten Reinholdischen Dualismus.* Schon formal wies der Dialog darauf hin, daß es mit dem Reinholdischen Dualismus nicht weit her war. Denn beide Gesprächspartner sind absolut einer Meinung: Reinhold ist ein Idiot. „Wenn dieß Dummheit ist (wie ich denn nicht zweifele), so ist sie von der exemplarischen Art."

Kein Wunder, daß Schelling sich von Reinhold nicht mehr versprach „als von dem Hexen-Einmal-Eins". Aber es ging nicht anders, man mußte sich auseinandersetzen: „Feinde und Gegner zu haben, ist in dieser Zeit für eine Sache zu halten, welche zur Ehre gereicht und zum Gutseyn mit gehört. Dieser Reinhold aber ist mir von jeher ein langweiliger Geselle gewesen, so daß mit ihm mich einzulassen, oder ihn zu meinen Gegnern zu rechnen, mich immer viel Überwindung gekostet hat." Aber Schelling war ein guter Mensch und nahm sich seiner seitenlang an, auch wenn Reinhold „schwach von Verstand" und ein „Filou" war. Beruhigt konnte er seinen Dialog schließen: „Wir haben unter uns gesprochen, wie wir unter uns zu sprechen pflegen, das heißt wir haben einen Hund einen Hund, eine Katze eine Katze genannt. Wollen wir uns es wieder nachsagen lassen, daß wir den Reinhold einen Schwachkopf genannt, ein Exempel der Dummheit, und von ihm geurtheilt, er sey ganz herunter, und lasse sich von einem Narren beschlafen."

Reinhold selbst konnte wenig gegen Schelling ausrichten, denn Schelling hatte mächtige Fürsprecher. Dazu gehörten unter anderem Goethe und Maximilian von Bayern. Trost gab es nur von Friedrich Jacobi. Der war wie Reinhold mit Schelling, Fichte und Hegel verkracht und schrieb an Reinhold: „Diese ganze Sippschaft ist rein toll; man muß sie untereinander sich die Hälse brechen und toben laßen, bis sie umfallen."

Der Wunsch wurde erfüllt. Tatsächlich begann das Dreigestirn des deutschen Idealismus in Freundschaft und endete in Feindschaft. Am Ende lag jeder mit jedem im Streit. Ihnen allen ging es um das Absolute, aber jedem um ein anderes, obwohl alle einig waren, es könne nur eines geben. Hegel meint, Schellings Philosophie sei „wie die Nacht, worin, wie man zu sagen pflegt, alle Kühe schwarz sind". Das rächte sich. Schelling sprach nicht mehr mit Hegel. Nach dessen Tod wurde er sogar von Friedrich Wilhelm IV. an die Berliner Universität geholt, um noch über den toten Hegel herzufallen. Der preußische König fand, der greise Schelling sei als „der von Gott erwählte und zum Lehrer der Zeit berufene Philosoph" der richtige Mann, um Hegels Drachensaat zu vernichten.

Am Ende seines langen Lebens freilich war Schelling müde geworden. Er zog sich zunehmend in theologische und mystische Spekulationen zurück. Streiten mochte er nicht mehr. Statt dessen gab es jetzt Streit um ihn. Als er 1854 im Alter von fast achtzig Jahren starb, ließ Maximilian von Bayern auf sein Grab schreiben: „Dem ersten Denker Deutschlands." Goethe schwärmte, bei Schelling sei „die große Klarheit bei der großen Tiefe immer erfreulich". Ludwig Feuerbach und Arthur Schopenhauer hielten dagegen. Feuerbach sprach von einer „Philosophie des bösen Gewissens" und erklärte Schelling zum „philosophischen Cagliostro des neunzehnten Jahrhunderts". Arthur Schopenhauer befand, man könne Schelling auf keinen Fall in die „ehrwürdige Gesellschaft der Denker für das Menschengeschlecht" aufnehmen.

Das hatte durchaus seinen Grund: „Die meisten sind schlecht." Der Satz des griechischen Weisen Bias war ganz im Sinne Arthur Schopenhauers. Man muß vorsichtig sein. Deshalb ging Schopenhauer nie zu einem Barbier, um sich rasieren zu lassen. Er hatte Angst, man könne ihm die Kehle durchschneiden. In seinem Schlafzimmer lag immer eine Waffe schußbereit. Das Geld war gut versteckt. Wenn überhaupt, dann vertraute Schopenhauer seinem Pudel. Ansonsten verachtete er die Menschen und ihre Schlechtigkeit. Schopenhauer war Misanthrop aus Überzeugung.

Besonders verhaßt waren ihm die Philosophieprofessoren. Eine Weile versuchte er es selbst in Berlin an der Universität. Er war überzeugt, daß die Studenten seine Gedanken über *Die Welt als Wille und Vorstellung* hören wollten. Deshalb legte er seine Vorlesung genau auf die Stunden, in denen der berühmte Hegel las, und wunderte sich, daß kaum jemand zu ihm kam. Enttäuscht gab er die Lehrtätigkeit auf und zog sich als Privatgelehrter zurück. Seinen Mißerfolg schob er den anderen Professoren in die Schuhe. Ja, Schopenhauer meinte sogar, er erscheine ihnen nachts im Traum als Werwolf. Tatsächlich hatten die Kollegen nichts gegen ihn. Sie ignorierten Schopenhauer ganz einfach, der sich in wüsten

Beschimpfungen Luft machte. Vorsichtshalber legte er seine Schimpftiraden einem Anwalt zur Durchsicht vor. Man konnte nie wissen, ob ihm nicht einer einen Strick daraus drehen wollte. „Die meisten sind schlecht."

Vor allem Hegel! Auf ihn hatte Schopenhauer es besonders abgesehen. Noch Jahre nach Hegels Tod 1831 geiferte er: „Will dich Verzagtheit anwandeln, so denke immer nur daran, daß wir in Deutschland sind, wo man gekonnt hat, was nirgend anderswo möglich gewesen wäre, nämlich einen geistlosen, unwissenden, Unsinn schmierenden, die Köpfe durch beispiellos hohlen Wortkram von Grund aus und auf immer desorganisierenden Philosophaster, ich meine unsern teuren Hegel, als einen großen Geist und tiefen Denker ausschreien: und nicht nur ungestraft und unverhöhnt hat man das gekonnt; sondern wahrhaftig, sie glauben es, glauben es seit 30 Jahren, bis auf den heutigen Tag."

Über Hegels großes Werk, die *Phänomenologie des Geistes*, urteilte Schopenhauer: „Immer wenn ich die *Phänomenologie des Geistes* aufschlug, dachte ich, ich öffnete die Fenster eines Irrenhauses." Hegels Denken war für Schopenhauer schlicht und einfach keine Philosophie, es war „sogenannte Philosophie", „Pseudophilosophie". Der ansonsten so menschenverachtende Schopenhauer sorgte sich sogar ernsthaft, daß die Nachwelt seine Zeitgenossen einmal verspotten könnte, weil sie Hegel für einen großen Philosophen gehalten hatten. Dabei war er nur ein „Unsinnschmierer", „Scharlatan" und „geistiger Kaliban". Ganz zu schweigen von seiner „Philosophie des absoluten Unsinns", die nichts weiter war als „Afterweisheit" und „Tollhäuslergeschwätz".

Auch der ebenfalls in Berlin lehrende Fichte bekam seinen Teil ab. Seine Philosophie, meinte Schopenhauer, sei „zu exemplifizieren durch Einen, der herumspringt und sich mit der Ferse in den Hintern schlägt". Die ganze Wissenschaftslehre „Sophismus", „Hokuspokus", „Wischiwaschi". Am meisten staunte Schopenhauer darüber, daß es inzwischen Professoren der Philosophie gebe, die den „Windbeutel Fichte" in einem Atemzug mit Kant nannten. Skandalös und ehrenrührig fand Schopenhauer das. Aber was sollte man auch von den Universitätsphilosophen erwarten? Eine ganze Abhandlung widmete er ihnen und kam zu dem bitteren Schluß: „Zwar athmen die Schriften unserer Universitäts-

Philosophen den lebendigsten Eifer für die Theologie; dagegen aber sehr geringen für die Wahrheit.“ Überall wimmle es von Sophismen, Erschleichungen, Verdrehungen. Kein Wunder bei dieser „Fabrikwaare der Natur (...) mit ihrem Fabrikzeichen auf der Stirn, so Einer mit der normalen Ration von drei Pfund groben Gehirns, hübsch fester Textur in zolldicker Hirnschaale wohl verwahrt, beim Gesichtswinkel von 70°, dem matten Herzschlag, den trüben, spähenden Augen, den stark entwickelten Freßwerkzeugen, der stockenden Rede und dem schwerfälligen, schleppenden Gange, als welcher Takt hält mit der Krötenagilität seiner Gedanken“.

Nein, es gab für Arthur Schopenhauer nur einen Philosophen, der etwas taugte. Nämlich Arthur Schopenhauer. Sich selbst sah er als „heimlichen Kaiser der Philosophie“. Leider erkannte ihn niemand. Aber das hatte seinen guten Grund. „Die meisten sind schlecht.“

Kein Wunder, daß Schopenhauer großen Einfluß auf Friedrich Nietzsche hatte. Wie kaum ein anderer Philosoph – außer Schopenhauer – war Nietzsche von sich und seiner Botschaft überzeugt. „Es ist nicht unmöglich“, schrieb er, „daß ich der erste Philosoph des Zeitalters bin, ja vielleicht noch ein wenig mehr, irgend etwas Entscheidendes und Verhängnisvolles, das zwischen zwei Jahrtausenden steht.“ Er werde „die Menschheit zu Entschlüssen drängen, die über alle Zukunft entscheiden“. Denn er hatte mit seiner Philosophie eine Aufgabe gestellt bekommen, „welche die Geschichte der Menschheit in zwei Hälften spaltet“.

Nietzsches fast übermenschlichem Selbstbewußtsein stand seine ebenso ungeheure Erfolglosigkeit gegenüber. An der Universität Basel las er manchmal nur vor zwei Zuhörern. Noch schlimmer ging es ihm mit seinen Büchern. Als er 1883 voller Erwartungen seinen *Zarathustra* an den Verleger schickte, passiert einfach gar nichts. Das Manuskript blieb liegen. Der Verlag zog es vor, 500.000 Gesangbücher drucken zu lassen, mit denen man im Gegensatz zu Nietzsches Werken Geld verdienen konnte. Als das Buch dann nach Monaten endlich gedruckt war, vergaß der Verlag, es auszuliefern. Offenbar setzte man keine besonderen Verkaufshoffnungen in „einen neuen Nietzsche“.

Anspruch und Wirklichkeit klafften weit auseinander. Die Folge davon war eine fast unbändige Wut. Wie kaum ein anderer

Philosoph schimpfte Nietzsche auf beinahe jeden, der in seinem Metier Erfolg hatte. Die Schriftstellerin George Sand war für ihn eine „Milchkuh mit *schönem Stil*". „Diese unausstehliche Künstlerin, diese fruchtbare Schreibe-Kuh, die etwas Deutsches im schlimmen Sinne an sich hatte, gleich Rousseau selbst, ihrem Meister." Über den Philologen Ulrich von Wilamowitz-Moellendorff schrieb er einem Freund: „Hast Du den Wilamo-Wisch (oder Wilam ohne Witz?) gelesen? Welch übermütig jüdisch-angekränkeltes Bürschchen. Es bekommt aber Prügelchen." Immerhin hatte Wilamowitz es gewagt, Nietzsches Buch über *Die Geburt der Tragödie* scharf anzugreifen.

Dem zeitgenössischen Philosophen David Friedrich Strauß widmete Nietzsche die erste seiner *Unzeitgemäßen Betrachtungen*. Der damals populäre Strauß war für ihn nicht mehr als der „Verfasser eines Bierbank-Evangeliums". „Wir gestehen ihm viel zu, wenn wir ihm ein Auge zugestehen – unter den Blinden ist jeder Einäugige König; dies aber tun wir, weil Strauß nicht so schreibt, wie die verruchtesten aller Deutsch-Verderber, die Hegelianer, und ihr verkrüppelter Nachwuchs." Zu Hegel selbst notierte Nietzsche: „Dieselbe Art Mensch, die für Hegel geschwärmt, schwärmt heute für Wagner." Wahrhaftig kein Kompliment. Denn Wagner war Nietzsche, nachdem er lange für ihn geschwärmt hatte, ein Graus. Mit ihm rechnet er in *Der Fall Wagner* ab.

Nietzsche ließ keinen aus. Kant war der „verwachsenste Begriff-Krüppel, den es je gegeben hat" und ein „Verhängnis von Spinne", Jean Paul ein „Verhängnis im Schlafrock". Von Fichte kamen seiner Meinung nach nichts als „verlogene, aber patriotische Schmeicheleien und Übertreibungen". Ja, nicht einmal vor sich selbst machte Nietzsche halt. Nachdem er seine Professur in Basel aufgegeben hatte, schrieb er: „Es ist der Humor meiner Lage, daß ich verwechselt werde – mit dem ehemaligen Basler Professor Herrn Dr. Friedrich Nietzsche. Zum Teufel auch! Was geht mich dieser Herr an!"

Aber Nietzsche schimpfte nicht aus Bosheit allein. Er war überzeugt: „Das Produkt des Philosophen ist sein *Leben* (zuerst, vor seinen *Werken*)." Der Philosoph hatte mit seinem Leben für sein Denken einzustehen. Deshalb kam es auch nicht darauf an, ob man auf das Werk oder auf den Autor einschlug. Man traf in jedem Falle. Philosophie und Leben klafften weit auseinander. Eine große Ausnahme war Arthur Schopenhauer. Über ihn dichtet Nietzsche:

„Was er lehrte, ist abgetan;
Was er lebte, wird bleiben stahn:
Seht ihn nur an –
Niemandem war er untertan!"

Nietzsche selbst war seiner eigenen Philosophie nicht gewachsen. Die Lücke zwischen Leben und Werk wurde immer größer. Er selbst beschrieb diese Dramatik im *Zarathustra*: „Sein heller Kopf trieb ihn oft auf einsame Bahnen, wo er die Menschen los war; aber sein Herz war zu ängstlich dafür und schlug unerträglich dabei gegen seine Rippen. Gab er dem Herzen nach, so mischte er sich wieder unter die Menschen, und nun war sein Kopf Elend." Am 3. Januar 1889 brach Nietzsche auf der Piazza Carlo Alberto in Turin zusammen. Weinend umarmte er ein Droschkenpferd.

Im selben Jahr wurde in Meßkirch Martin Heidegger geboren. Er studiert Philosophie in Freiburg und gehört schon bald zu den heimlichen Sternen am Philosophenhimmel. Seine Schülerin Hannah Arendt erinnerte sich: „Um diesen frühen Ruhm war es seltsam bestellt, seltsamer vielleicht noch als um den Kafkas in den frühen zwanziger Jahren oder den Braques und Picassos in dem davorliegenden Jahrzehnt, die ja auch dem, was man gemeinhin unter Öffentlichkeit versteht, unbekannt waren und dennoch eine außerordentliche Wirkung ausübten. Denn es lag in diesem Falle nichts vor, worauf der Ruhm sich hätte stützen können, nichts Schriftliches, es sei denn Kollegnachschriften, die von Hand zu Hand gingen; und die Kollegs handelten von Texten, die allgemein bekannt waren, sie enthielten keine Lehre, die man hätte wieder- und weitergeben können. Da war kaum mehr als ein Name, aber der Name reiste durch ganz Deutschland wie das Gerücht vom heimlichen König."

Nur ein Problem hatte der heimliche König. Er hatte sich zwar schon 1916 habilitiert, aber immer noch keine Professorenstelle. Bis 1923 mußte er darauf warten. Dann hatte Martin Heidegger es geschafft. Am 18. Juni erhielt er die lang ersehnte Berufung. Einen Tag später schrieb er an seinen Freund und Kollegen Karl Jaspers: „Gestern erhielt ich die Berufung nach Marburg auf das Extraordinariat mit Stellung und Rechten eines Ordinarius." Jaspers gratulierte: „Endlich ist der Bann gelöst!"

Den Erfolg verdankte der damals 33jährige Martin Heidegger seinem Lehrer und Förderer Edmund Husserl. Husserl war 1916 nach Freiburg gekommen, wo Heidegger gerade habilitiert hatte. Der junge Heidegger bemühte sich sofort, in die Nähe des großen alten Mannes der Philosophie zu gelangen. Erstaunlich, denn als der Ruf Husserls nach Freiburg bekannt wurde, schrieb Heidegger einem Freund, Husserl fehle „die nötige Weite".

Tatsächlich zeigte sich Husserl Heidegger gegenüber zunächst keineswegs weitherzig. Er war spröde und schrieb höflich aber distanziert: „Gern will ich Ihre Studien fördern, so gut ich es vermag." Praktisch hieß das, Husserl tat nichts. Als es 1916 um die Neubesetzung eines Lehrstuhls in Freiburg ging, bei der Husserl kräftig mitmischte, wurde Heidegger nicht berücksichtigt. Erst im Winter 1917/18 entdeckte Husserl Heidegger. Er machte ihn zu seinem Assistenten. Und bald verband die beiden Männer fast ein Vater-Sohn Verhältnis. Immerhin war Husserl 30 Jahre älter.

Daß Heidegger schließlich 1923 Professor in Marburg wurde, verdankte er allein Husserls Fürsprache, denn Heidegger war keineswegs der Wunschkandidat in Marburg. Husserl lobte in Gutachten und Briefen überschwenglich die Originalität seines Assistenten, dessen Lehrerfolg bei Anfängern und Fortgeschrittenen und betonte, welch ein Gewinn Heidegger für die Universität Marburg sei. Doch dort blieb man skeptisch. Heidegger habe fast nichts veröffentlicht, wurde immer wieder bemängelt. Erneut griff Husserl in die Saiten. Heidegger stelle gerade eine große Aristoteles-Arbeit fertig, die im nächsten Jahr in seinem Jahrbuch erscheinen solle. Das endlich half, und Heidegger bekam den Lehrstuhl, auch wenn die Aristoteles-Arbeit gar nicht existierte. Als man Heidegger um einen Auszug bat, mußte er extra ein paar Seiten schreiben.

Doch was machte das schon? Als richtiger Professor konnte Heidegger endlich alle Rücksicht fallen lassen. Über Richard Kroner, einen seiner Mitbewerber, schrieb er an Jaspers: „So eine Jämmerlichkeit an Menschenwesen ist mir noch nie begegnet – jetzt läßt er sich bemitleiden wie ein altes Weib – die einzige Wohltat, die man ihm erweisen könnte, wäre, ihm heute noch die venia legendi zu entziehen." Überhaupt wollte Heidegger kräftig aufräumen unter seinen Kollegen. „Viel Götzendienerei muß ausgerottet werden – d.h. die verschiedenen Medizinmänner der heutigen Philosophie müssen ihr furchtbares und jämmerliches Handwerk aufgedeckt bekommen – bei Lebzeiten, damit sie nicht meinen, mit ihnen sei das Reich Gottes erschienen."

Zu diesen Medizinmännern und Götzen gehörte für Heidegger vor allem einer: sein Freund, Lehrer und Förderer Edmund Husserl. Er schrieb an Jaspers: „Sie wissen wohl, daß Husserl einen Ruf nach Berlin hat; er benimmt sich schlimmer als ein Privatdozent, der das Ordinariat mit einer ewigen Seligkeit verwechselt. Was geschieht, ist in Dunst gehüllt – zunächst sieht man sich als Praeceptor Germaniae – Husserl ist gänzlich aus dem Leim gegangen – wenn er überhaupt je ‚drin' war – was mir in der letzten Zeit immer fraglicher geworden ist – er pendelt hin und her und sagt Trivialitäten, daß es einen erbarmen möchte. Er lebt von der Mission des ‚Begründers der Phänomenologie', kein Mensch weiß, was das ist – (...) *das* will heute in Berlin die Welt erlösen."

Zum Glück bekam Husserl von solchen Briefen nichts mit. Und Heidegger war unverfroren genug, diesem aus dem Leim gegangen Praeceptor Germaniae 1927 sein Buch *Sein und Zeit* zu widmen. Die Widmung erfüllte ihren Zweck. Durch die Fürsprache Husserls bekam Heidegger 1928 dessen Lehrstuhl in Freiburg. Fünf Jahre später wurde er der erste nationalsozialistische Rektor der Universität Freiburg. Der greise Edmund Husserl durfte als Jude die Universität nicht mehr betreten.

Wer Kollegen hat, braucht eben keine Feinde. Ein Satz, wie gemacht auch für Theodor Adorno. Denn an den meisten seiner Philosophenkollegen ließ er kein gutes Haar. Ernst Cassirer hielt er für ebenso vertrottelt wie die beiden Logiker Rudolf Carnap und Moritz Schlick aus dem Wiener Kreis. Ernst Bloch betrachtete er „nachgerade als eine trübe und universal gehässige Quelle". Vor allem Martin Heidegger hatte es Adorno angetan. Immerhin machte er sich die Mühe, ihm unter dem Titel *Jargon der Eigentlichkeit* ein ganzes Buch lang das falsche Bewußtsein nachzuweisen. Auch wer in irgendeiner Weise einmal etwas mit Heidegger zu tun gehabt hat, war unten durch, wobei Adorno auf Feinheiten keinen Wert legte.

Herbert Marcuse saß 1935 wie Adorno auf der Flucht vor den Nazis im amerikanischen Exil. Er gehörte zusammen mit Adorno und Max Horkheimer zum Institut für Sozialforschung, aus dem später die berühmte Frankfurter Schule wurde. Marcuse war Jude und Kommunist – aber er hatte in den zwanziger Jahren bei Heidegger studiert. Und er hatte bei Heidegger eine Habilitation über Hegel geschrieben, die sogar noch bei Heideggers Verleger Klostermann erschienen war. Damit war für Adorno alles klar. Voller Empörung schrieb er an Max Horkheimer: „Es wird Sie nicht wundernehmen, wenn es mich traurig macht, daß sie philosophisch unmittelbar mit einem Mann arbeiten, den ich schließlich für einen durch Judentum verhinderten Faszisten halte; denn weder konnte er sich über Herrn Heidegger Illusionen machen, dem er laut Vorwort des Hegelbandes alles zu verdanken hat, noch etwa über seinen Verleger, Herrn Klostermann aus dem ‚Tatkreis'."

Ein böser Schlag unter die Gürtellinie. Zwar war Heidegger 1933 Nationalsozialist. Aber deswegen waren noch nicht alle seine Studenten Nazis. Außerdem hatte Marcuse seine Habilitation erst gar nicht bei Heidegger eingereicht, da abzusehen gewesen war, daß der die Arbeit eines Juden und Kommunisten nicht mehr annehmen würde.

Adornos Brief an Horkheimer stammt aus dem Jahr 1935. Und das wirklich Erstaunliche an ihm ist nicht seine Einschätzung Marcuses, sondern der Balken im eigenen Auge, den Adorno übersieht. Denn noch ein Jahr zuvor hatte er sich selbst heftig bei den Nazis angebiedert. Im Juni 1934 veröffentlichte er in der Zeitschrift *Die Musik* einen Artikel über einen Liederzyklus nach Texten Baldur von Schirachs, die alle Hitler gewidmet waren. Adorno schrieb unter anderem, der Zyklus sei auch deshalb hervorzuheben, weil er „durch die Wahl der Gedichte Schirachs als bewußt nationalsozialistisch markiert" sei. Es werde „dem Bild einer neuen Romantik nachgefragt, vielleicht von der Art, die Goebbels als romantischen Realismus bestimmt hat". Die Besprechung hatte nur einen Haken. Der richtige Name von Adorno war eigentlich Theodor Wiesengrund und der Autor war Halbjude. Damit war der Gleichschaltungsversuch, wie Hannah Arendt den Artikel nannte, zum Scheitern verurteilt. Glück für Adorno. Er blieb politisch unbescholten und wurde zu einem der bedeutenden Philosophen des 20. Jahrhunderts. Mit der Frankfurter Schule hatte er großen Einfluß auf die 68er Generation.

Aber die Aufklärung ist eine dialektische Angelegenheit. 1963 schlug sie zurück. In der Frankfurter Studentenzeitung *Diskus* wurde Adorno wegen seines *Musik*-Artikels zur Rede gestellt. Er bedauerte zwar „aufs tiefste", verteidigte sich aber gleichzeitig damit, er habe mit dem Artikel der neuen Musik zum Überwintern im Dritten Reich verhelfen wollen. Außerdem habe er die Lage falsch eingeschätzt und geglaubt, die Naziherrschaft werde nicht lange dauern. Und dann schlug er noch einmal kräftig zu: „Wer die Kontinuität meiner Arbeit überblickt, dürfte mich nicht mit Heidegger vergleichen, dessen Philosophie bis in ihre innersten Zellen faschistisch ist."

Einfach „unbeschreiblich kläglich" fand Hannah Arendt Adornos Verteidigungsversuch. Sie schrieb an Karl Jaspers: „Die eigentliche Infamie bestand darin, daß er, halbjüdisch unter lauter Juden, diesen Schritt natürlich ohne Informierung seiner Freunde getan hat. Er hatte gehofft, mit der mütterlich italienischen Seite (Adorno versus Wiesengrund) durchzukommen."

Aber so ist es eben. Die meisten sind schlecht. Das hält (auch) die Philosophie am Leben. Denn Streit ist der Vater aller Dinge.

Finale Werke

Heraklit ist „der Dunkle". Schon zu Lebzeiten von 544 bis 483 vor Christus in der kleinasiatischen Stadt Ephesos hatte er den Beinamen. Leider ist kein Buch von Heraklit überliefert. Nur einzelne Sätze sind erhalten geblieben. Aber diese wenigen Zeilen machen schon deutlich, warum Heraklit als dunkel galt: „Die Zeit ist ein Kind, das spielt und Steine verschiebt", schreibt er, oder: „Des Bogens Name also ist Leben, sein Werk aber Tod." Sokrates urteilte über ihn: „Was ich davon verstanden habe, zeugt von hohem Geist; und, wie ich glaube, auch was ich nicht verstanden habe; nur bedarf es dazu eines delischen Tauchers." Was soviel hieß wie, das kapiert kein Mensch. Aber vielleicht kam es Heraklit auch gar nicht darauf an: „Für der Lehre Sinn aber, wie er hier vorliegt, gewinnen die Menschen nie ein Verständnis, weder ehe sie ihn vernommen, noch sobald sie ihn vernommen. Denn geschieht auch alles nach diesem Sinn, so gleichen sie doch Unerprobten, so oft sie sich erproben an solchen Worten und Werken, wie ich sie erörtere, nach seiner Natur ein jegliches zerlegend und erklärend, wie es sich verhält." Wenn aber niemand verstand, was Heraklit verstanden hatte, für wen machte er sich überhaupt die Mühe? Auch darauf gibt der Dunkle eine Antwort. Seine Lehre ist für Nachtschwärmer, Magier, Bakchen, Mänaden und Mysten. Das waren Anhänger des Gottes Dionysos, Rauschexperten wenn man so will. Was nun aber nicht bedeutete, daß man einen in der Krone haben mußte, um Heraklit folgen zu können. Ihm ging es eher um eine Art göttlicher Begeisterung. Entsprechend legte er sein Buch auch nicht in einer Bibliothek aus, sondern im Artemis-Tempel von Ephesos. Und der antike Philosophiehistoriker Diogenes Laertios merkt an, einige meinten, das Buch sei deshalb in dunkler Sprache gehalten, weil sich nur die Berufenen damit beschäftigen sollten, ein volkstümlicher Ton hätte den Überlegungen nur geschadet.

Heraklit gehörte einer der angesehensten Familien von Ephesos an. Sein Vater war ein direkter Nachfahre des Gründers der griechischen Kolonie. Wegen dieser vornehmen Herkunft durfte die Familie sogar den Titel *basileus* tragen, der sie dazu berechtigte, das Amt des höchsten Opferpriesters auszuüben. Als erstgeborenem Sohn stand es eigentlich Heraklit zu, dieses Privileg zu übernehmen, aber er verzichtete zugunsten seines jüngeren Bruders. Statt dessen spielte er im Artemistempel mit Würfeln. Als man ihm daraufhin Vorhaltungen machte, entgegnete er: „Was wundert ihr euch, ihr heilloses Gesindel? Ist dies nicht eine anständigere Beschäftigung, als mit euch die Staatsgeschäfte zu führen?" Auch als ihn der Perserkönig Darius an seinen Hof einlud, um mit ihm über seine Philosophie zu diskutieren, lehnte Heraklit ab. In dem Brief, den er Darius schrieb, heißt es: „Ich aber übe strenge Entsagung gegenüber jeder Schlechtigkeit, meide die Befriedigung jedes Neides, der sich bei mir geltend machen will, und gehe jeder Überhebung aus dem Wege; darum kann ich mich nicht entschließen, nach dem Perserland zu kommen, denn ich bin mit wenigem zufrieden, wie es meinem Wunsche entspricht." Daß Heraklit in Ephesos blieb und die ehrenvolle Einladung ausschlug, hieß allerdings nicht, daß er mit seinen Landsleuten zufrieden war. Als die Stadt einmal von den Persern belagert wurde, wollte niemand in Ephesos sich einschränken, um der Belagerung standzuhalten. Man machte einfach weiter, als wären die Vorräte unerschöpflich. Das erboste Heraklit so sehr, daß er sich all seinen Vorsätzen zum Trotz doch noch in die Politik einmischte. Er ging in die Volksversammlung, nahm schweigend etwas zerstoßene Gerste, mischte sie mit Wasser und aß sie auf. Das beeindruckte die Bürger so sehr, daß sie sofort Sparmaßnahmen beschlossen. Ansonsten wollte Heraklit mit dem Volk nichts zu tun haben. Als seine Mitbürger den Tyrannen Hermodor verjagten, war für Heraklit das Maß voll. Er befand: „Gesetz heißt auch, dem Willen eines einzigen folgen", und beschimpfte die Epheser, sie sollten sich Mann für Mann erhängen und die Stadt den Kindern übergeben. Dann verließ Heraklit Ephesos und wurde Eremit.

Eine konsequente Entscheidung. Denn der Dunkle war immer schon stolz darauf gewesen, keinen Lehrer gehabt zu haben. Wenn er vor einem Problem stand, sagte er: „Ich will mich mit mir selbst beraten." Der Grund dafür lag nicht nur darin, daß Heraklit sich für etwas besonderes und Mehrheitsentscheidungen für Unsinn hielt. Heraklit zog es auch deshalb vor, sich mit sich selbst zu beraten, weil er seinen Mitmenschen grundsätzlich mißtraute. „Die meisten Menschen sind schlecht und nur wenige taugen etwas", schrieb er. Und: „Die anderen Menschen sind sich so wenig bewußt, was sie wach tun, als sie ein Bewußtsein davon haben, was sie im Schlaf tun."

Als Eremit lebte Heraklit von Kräutern und Pflanzen und schrieb über die Natur. Trotz seines asketischen Lebenswandels erkrankte er mit sechzig Jahren an Wassersucht. Sein Körper schwemmte so sehr auf, daß er schließlich doch in die Stadt zurückkehren mußte, um sich behandeln zu lassen. Aber weil Heraklit die meisten Menschen für dumm und schlecht hielt, mißtraute er auch den Ärzten. Zunächst fragte er sie, ob sie aus Überschwemmung Dürre machen könnten. Natürlich wußte niemand, wie das gehen sollte. Also wollte Heraklit wissen, ob man das Wasser aus seinem aufgeschwollenen Leib durch Druck auf den Bauch heraus bekommen könne. Die Ärzte verneinten. Heraklit holte keinen weiteren Rat ein. Er therapierte sich selbst.

Dazu bediente er sich eines Grundgedankens seiner Philosophie. Heraklit war überzeugt, daß alles Leben aus der Spannung von Gegensätzen entsteht, und zwar durch einen ständigen Wechsel der Dinge in ihr Gegenteil. Aus Tag wird Nacht, aus Kälte Wärme, aus Leben Tod. Wenn er also das Wasser aus seinem Körper bekommen wollte, so mußte er es mit seinem Gegenteil bekämpfen: mit Wärme. Und so legte der Dunkle sich in die Sonne und ließ seinen ganzen Körper mit frischen Kuhfladen bedecken. Die Wärme und die Exkremente sollten das Wasser wie ein Schwamm aus ihm saugen.

Zwei Tage blieb Heraklit in seiner Kuhfladenpackung liegen. Dann versuchte er, sich aus ihr zu befreien. Aber vergeblich. In der glühenden Sonne waren die Fladen steinhart geworden. Einige streunende Hunde fanden schließlich die seltsame Mumie, die noch ein wenig nach frischem Fleisch roch und fraßen sie auf.

Der Tod des Heraklit ist ein Beispiel dafür, welche fatalen Folgen ein Irrtum in der Philosophie haben kann. Ganz ähnlich ging es dem 582 vor Christus auf der Insel Samos geborenen Pythagoras. Er war ein Zeitgenosse von Heraklit. Es verwundert kaum, daß Heraklit nicht viel von ihm hielt. Er war der Meinung, Pythagoras habe keinen Verstand. Der Grund lag wohl darin, daß Pythagoras so ziemlich das Gegenteil von Heraklit war. Gemeinsam ist den beiden eigentlich nur, daß sie an ihren philosophischen Überzeugungen starben.

Während Heraklit Einzelgänger war und stolz darauf, keinen Lehrer zu haben, ging Pythagoras zunächst auf Samos bei Pherekydes in die Lehre. Angeblich lernte er dort, Wunder zu vollbringen. Nach dem Tod seines Lehrers reiste Pythagoras nach Ägypten, um bei den Priestern dort in die Lehre zu gehen, damals eine Art Eliteausbildung. Allerdings wollten ihn weder die Priester von Heliopolis noch die von Memphis und Theben. Aber Pythagoras war hartnäckig, gut betucht und hatte ein Empfehlungsschreiben des Tyrannen von Samos für den Pharao. Schließlich konnten die Priester nicht anders, sie mußten ihn in die Mysterien einweihen. Nach der Lehrzeit in Ägypten vervollständigte Pythagoras sein Wissen durch ausgedehnte Reisen.

Gefragt, wer er sei, antwortete Pythagoras nach dieser Ausbildung, er sei ein Philosoph. Wörtlich übersetzt bedeutet das Freund oder Liebhaber der Weisheit. Pythagoras ist der erste Denker der Geschichte, der sich als Philosoph bezeichnete und wir verdanken ihm diesen Ausdruck.

Der Philosoph also kehrte schließlich nach Samos zurück, um den Sohn des Tyrannen Polykrates zu unterrichten. Aber Pythagoras paßte das ausschweifende Leben am Hof nicht. Angeblich hielt sich Polykrates hundert junge Mädchen. Und politisch war er keineswegs zimperlich. Wobei angefügt werden muß, daß in Griechenland damals jeder Herrscher ein Tyrann war. Das Wort *Tyrann* bedeutete ganz einfach Herrscher. Die Bedeutung von Gewaltherrscher hat das Wort erst erhalten, weil eben sehr viele Tyrannen ihr Volk im modernen Wortsinne tyrannisiert haben.

Im Alter von etwa vierzig Jahren verabschiedete sich Pythagoras von Polykrates und schiffte sich nach Unteritalien ein. In der damals blühenden Stadt Kroton gründete er einen ethisch-religiösen Bund, die sogenannten Pythagoreer. Der Bund wurde in Kroton so einflußreich, daß Pythagoras der Stadt sogar einen Krieg aufschwatzen konnte. Damit allerdings handelte er sich die Feindschaft einiger einflußreicher Bürger ein, weshalb er nach Metapont, ebenfalls in Süditalien, übersiedelte.

Die Pythagoreer waren organisiert wie ein Geheimbund. Männer und Frauen wurden gleichberechtigt aufgenommen. Im Mittelpunkt des gemeinsamen Lebens standen sogenannte Orgien. Deren

Bräuche waren in den Pythagoreischen Mysterien festgelegt. Was sie besagten, ist fast völlig unbekannt geblieben. Immerhin konnten sie sich sogar nach der gewaltsamen Zerschlagung des Bundes der Pythagoreer um das Jahr 420 herum noch lange erhalten.

Unter den Pythagoreern herrschte Gütergemeinschaft, die so weit ging, daß wissenschaftliche und mathematische Entdeckungen als Kollektivleistungen angesehen wurden, die man auf mystische Weise letztlich Pythagoras höchstpersönlich zu verdanken hatte. Zu diesen Leistungen gehören vor allem die Mathematik und die Theorie der Seelenwanderung.

Pythagoras selbst war überzeugt, schon mehrmals gelebt zu haben. Der pythagoreischen Überzeugung nach geht die Seele nach dem Tod in einen anderen Körper über. Um welch einen Körper es sich dabei handelt, hängt davon ab, wie man sich im Leben verhalten hat. Wer gut war, erreicht eine höhere Stufe, man kann aber auch zurück in eine niedere Stufe fallen, vom Menschen zum Tier, vom Tier zur Pflanze. Der Körper wird dabei zu einer Art Strafkolonie des vergangenen Lebens, in dem die Seele ihre Schuld verbüßt. Die Theorie der Seelenwanderung begründet zugleich eine Ethik. Denn nur wer sich im Leben einwandfrei verhält, kann sicher sein, im nächsten Leben nicht als Hund geboren zu werden.

So einflußreich diese Theorie des Pythagoras war und ist, schon seine Zeitgenossen haben ihn deswegen heftig verspottet. Der Dramatiker Xenophanes beschreibt Pythagoras, wie er einem Mann in den Arm fällt, der einen Hund prügelt: „Höre doch auf, und schlage nicht mehr, ich erkenne die Stimme eines Freundes.“ In Shakespeares Komödie *Was Ihr wollt* findet sich der folgende Dialog:

Narr: Was ist des Pythagoras Lehre, wildes Geflügel anlangend?
Malvolio: Daß die Seele unserer Großmutter vielleicht in einem Vogel wohnen kann.
Narr: Was hältst du von seiner Lehre?
Malvolio: Ich denke würdig von der Seele und billige seine Lehre keineswegs.
Narr: Gehab dich wohl! Verharre du immer in Finsternis. Ehe ich dir deinen gesunden Verstand zugestehe, sollst du die Lehre des Pythagoras bekennen.

Die eigentlichen Leistungen des Pythagoras aber liegen auf dem Gebiet der Mathematik. Er war überzeugt, „alle Dinge sind Zahlen". Auf dieser Basis entdeckte er die Bedeutung der Zahl in der Musik. Der Zusammenhang, den er zwischen Musik und Arithmetik aufwies, ist heute noch an Ausdrücken wie harmonisches Mittel und harmonische Reihe zu erkennen. Und da Pythagoras sich die Zahlen als Figuren – also räumlich – vorstellte, lassen sich Begriffe wie die Quadrat- oder Kubikzahlen auf ihn zurückführen. Seine größte Entdeckung war der Lehrsatz über rechtwinklige Dreiecke, der besagt, daß die Summe der Quadrate über den Katheten gleich dem Quadrat über der Hypotenuse ist. Diesen *Satz des Pythagoras* muß auch heute noch jeder Schüler pauken.

Leider hatte genau dieser Satz für das gesamte System des Pythagoras fatale Folgen. Denn er führte zur Entdeckung inkommensurabler Größen, die aus der Sicht des Pythagoras sein ganzes System widerlegten. Als einmal sein Schüler Hippasos in diese Richtung dachte, verfluchte ihn Pythagoras, was zur Folge gehabt haben soll, daß Hippasos auf der Flucht vor seinem Meister Schiffbruch erlitt und ertrank.

Genau diese Anekdote ist bezeichnend für den gesamten Pythagoreismus. Er ist eine erstaunliche Mischung aus strenger Rationalität und oft ins Fabelhafte abgleitender Irrationalität. Pythagoras wurde von seinen Schülern abgöttisch verehrt. Das hatte durchaus Gründe. Denn der Meister machte sich rar. Seine abendlichen Vorlesungen hielt er für die Zuhörer verborgen hinter einem Vorhang. Er begann damit, jeden Widerspruch zu verbieten. Pythagoras hat zwar keine Zeile hinterlassen, aber seinen Anhängern genügte ein schlichtes *autos epha*, er hat es gesagt, und die Sache war klar wie eine Offenbarung. Erst nach fünf Jahren der Initiation bekam ein Schüler den Meister zu sehen. Schnell gab es Legenden. Einmal gelang es einem Schüler, sich in die Wohnung des Meisters einzuschleichen. Er beobachtete Pythagoras im Bad und berichtete später, Pythagoras habe eine goldene Hüfte. Jemand anders wiederum wollte einen goldenen Schenkel gesehen haben. Es hieß, Pythagoras solle eine Giftschlange totgebissen und mit einer Bärin gesprochen haben. Hin und wieder wurde er auch zur gleichen Zeit in Kroton und in Metapont gesehen.

Zu diesen Fabelgeschichten und der Geheimniskrämerei, die Pythagoras um seine Person machte, passen auch die seltsamen

Regeln, die er seinen Anhängern auferlegt hatte. Hier ist eine Auswahl von ihnen:

Keine Bohnen zu essen.
Nicht aufzuheben, was zu Boden gefallen.
Keinen weißen Hahn anzurühren.
Kein Brot zu brechen.
Brot nicht von einem ganzen Laib zu essen.
Über kein Querholz zu treten.
Feuer nicht mit Eisen zu schüren.
Keinen Kranz zu zerreißen.
Nicht auf einem Viertelmaß zu sitzen.
Niemals das Herz eines Tieres zu essen.
Nicht auf Landstraßen zu gehen.
Die Spur des Topfes darf nicht in der Asche bleiben, wenn er herausgenommen wird, sondern die Asche muß durcheinander gerührt werden.
Nicht neben einem Lichte in einen Spiegel zu sehen.
Wenn du dich aus dem Bettzeug erhebst, rolle dieses zusammen und glätte den Eindruck deines Körpers aus.

Es gab noch weitaus seltsamere Gebote. So sollte man sich den Hintern nicht mit einer Fackel abwischen und sein Wasser nicht der Sonne zugewandt abschlagen. Diogenes Laertios meint, es handele sich um symbolische Sprüche. Aber was sie genau bedeuten sollen, kann er auch nicht sagen. In jedem Falle legte Pythagoras Wert darauf, daß seine Gebote eingehalten wurden. Am strengsten achtete er darauf, daß keine Bohnen gegessen wurden. In seiner Gegenwart durfte nicht einmal das Wort ausgesprochen werden. Woher diese fast zwanghafte Abneigung gegen Bohnen kam, darüber hat man schon in der Antike gerätselt. Aristoteles vermutete, die Form der Bohnen hätte Pythagoras an das männliche Geschlechtsorgan erinnert. Aber vielleicht mochte Pythagoras ganz einfach keine Bohnen, oder er vertrug sie nicht. Wie dem auch sei, Bohnen haben ihn das Leben gekostet. Aber nicht, weil er irgendwann welche gegessen hat, sondern weil er sich ihrer strengstens enthalten hat. So ist auch Pythagoras ein Opfer seiner Überzeugungen wie Heraklit.

Einmal nämlich, so berichtet Diogenes Laertios, war Pythagoras zu Gast im Hause des reichen Milon. Das Haus wurde von einer aufgebrachten Menge umzingelt, die Pythagoras aufforderte, herauszukommen. Wer die Menge angeführt hat, ist nicht ganz klar. Es gibt Mutmaßungen, daß der Anführer ein Mann war, der nicht in den Bund der Pythagoreer aufgenommen worden war und sich auf diese Weise rächen wollte. Andere Vermutungen gehen dahin, daß es sich um Bürger Krotons gehandelt haben könnte, die sich an Pythagoras rächen wollten, da er die Stadt einmal zu einem ebenso überflüssigen wie blutigen Krieg überredet hatte. Das Ergebnis des Krieges war für Pythagoras eine so starke Ablehnung, daß er nach Metapont zog. Aber wie dem auch sei, Pythagoras weigerte sich, aus dem Haus zu kommen. Daraufhin steckte die wütende Menge kurzerhand das Haus in Brand. Nur wenigen gelang die Flucht aus den brennenden Trümmern, darunter auch Pythagoras. Nun lag jedoch hinter dem Haus Milons ausgerechnet ein Bohnenfeld. Vor die Wahl gestellt, durch ein Bohnenfeld zu laufen oder von einer wütenden Menschenmenge massakriert zu werden, zog Pythagoras es vor, sich massakrieren zu lassen. So kann es kommen, wenn man zu seinen Überzeugungen steht.

Heraklit und Pythagoras waren keine Einzelfälle. Diogenes von Sinope, der Philosoph aus der Tonne, war ein entschiedener Verfechter des Rohen. Er starb, indem er sich beim Verzehr eines rohen Ochsenfußes die Cholera holte. Eine andere Version behauptet, er habe sich an einem rohen Tintenfisch vergiftet.

Sokrates brachte die Sache schließlich auf den Punkt. Er behauptete, Philosophieren heißt Sterben lernen. Das heißt nicht nur, daß ein Philosoph möglichst gelassen sterben sollte. Das heißt auch, der Tod eines Philosophen darf sein Denken nicht widerlegen, sondern sollte es möglichst bestätigen. Der Tod ist sein letztes Werk. Wer wissen will, was ein Philosoph taugt, der sollte sich ansehen, wie er gestorben ist. Man darf Stil und Klasse erwarten. Ja, sogar ein Bonmot, einen Scherz oder eine finale Pointe. Sehen wir uns also an, wie Sokrates gestorben ist. Tatsächlich ist sein Tod immer noch unerreicht, denn er widerlegt ihn nicht, sondern bestätigt ihn. Mehr noch, der Tod macht aus Sokrates erst Sokrates. Kein Philosoph ist aus dem Leben gegangen wie er.

Wohl auch deshalb ist der Tod des Sokrates ausgesprochen gut dokumentiert. Platon, einer seiner Schüler, hat allein vier Dialoge geschrieben, die vom Sterben des Sokrates berichten.

Da ist zunächst der *Euthyphron*, der Sokrates auf dem Weg zum Gericht zeigt, wo später gegen ihn verhandelt werden soll. Die *Apologie* gibt die Verteidigungsrede Sokrates' wider. Der *Kriton* zeigt Sokrates im Gefängnis. Im *Phaidon* schließlich wird der letzte Tag des Sokrates geschildert. Xenophon beschreibt in seinen *Erinnerungen an Sokrates* das Leben und den Prozeß.

Im Jahr 399, dem Todesjahr des Sokrates, stand Athen in einer schwierigen und unsicheren Umbruchsphase. Fünf Jahre zuvor war der peleponnesische Krieg zwischen Athen und Sparta beendet worden, in dem es um die Vorherrschaft in Griechenland ging. Der Krieg dauerte von 431 bis 404 und endete mit der Niederlage Athens. Der eigentliche Sieg Spartas fiel in das Jahr 413. Sieben Jahre später gewann Athen zwar noch die Seeschlacht bei den Arginusen. Aber bei der Schlacht kam es zu einem folgenschweren Unglück. Die Flotte Athens geriet in einen Sturm. Die Feldherren Athens konnten die im Meer treibenden Leichen nicht bestatten. Das Volk rechnete ihnen das als Verbrechen an. Der höchste Gerichtshof verurteilte die Feldherren zum Tode. Sokrates war direkt oder indirekt an diesem Prozeß beteiligt und wehrte sich gegen die Entscheidung des Gerichtshofes. Denn durch die Hinrichtung der Feldherren der Arginusenschlacht verlor Athen seine fähigsten Feldherren. Deshalb erfolgte 405 die endgültige Niederlage Athens bei Aigospotamoi. Athen wurde von den Truppen Spartas eingeschlossen und mußte sich geschlagen geben. Damit ging die fast ein Jahrhundert dauernde Vormachtstellung Athens in Griechenland zu Ende. Die Blütezeit der Polisdemokratie war beendet. In Athen begann die Herrschaft der 30 Tyrannen, die Handlanger Spartas waren. Zunächst regierten sie milde, später immer maßloser, gestützt durch die Truppen Spartas. Noch im gleichen Jahr 404 wurde ihre Herrschaft durch Thrasybulos gestürzt. Die Polisdemokratie wurde wieder errichtet. Sparta nahm das hin. Athen begann sich zu erholen. Aber unter der Übermacht Spartas fühlte sich Athens Demokratie bedroht. Deshalb reagierte man besonders empfindlich auf alle Angriffe gegen die Demokratie, bzw. auf das, was man für einen Angriff hielt. Mit dem immensen politischen und kulturellen Aufschwung Athens im 5. Jahrhundert war auch eine Lockerung des geistigen und religiösen Lebens verbunden gewesen. Die mythische Gläubigkeit war schon lange unterhöhlt. Dabei war das religiöse Leben immer eng mit dem staatlichen Leben verbunden. Nun, da sich der Staat bedroht fühlte, achtete man um so sorgfältiger auf die Einhaltung der religiösen Sitten und Gebräuche. Ein Angriff gegen die Religion wurde so rasch zu einem Angriff gegen den Staat selbst. Das bekam auch Sokrates zu spüren. Denn genau darauf zielte die Anklage gegen ihn.

Es gibt verschiedene Versionen des Textes der Klage, die jedoch alle im Kern gleich sind. Xenophon schreibt, man habe Sokrates vorgeworfen, er tue Unrecht, denn er erkenne nicht die Götter an, welche der Staat anerkennt, und er führe dagegen andere neuartige göttliche Wesen ein. Außerdem verführe er die jungen Menschen zum Schlechten.

Diogenes Laertios gibt folgenden Text: „Dies ist die Anzeige, niedergeschrieben und beschworen von Meletos, dem Sohn des Meletos, aus dem Demos Pitthos, gegen Sokrates, den Sohn des Sophroniskos, aus dem Demos Alopeke. Sokrates verstößt gegen die Staatsgesetze, indem er nicht an die Götter des Staates glaubt, sondern statt dessen andere und neue Dämonen einführt. Er verstößt gegen die Staatsgesetze, indem er die Jugend verdirbt. Die beantragte Strafe ist der Tod."

Die Kernpunkte der Anklage lauten also: Sokrates glaubt nicht an die Götter, an die der Staat glaubt. Im griechischen Text steht hier allerdings *nomizein*, anerkennen. Das heißt ganz konkret, daß man Sokrates nicht Unglauben vorhält, sondern ein äußeres Verhalten, die Nichtanerkennung der offiziellen Kulthandlungen. In der Verteidigungsrede, die Xenophon wiedergibt, wird deshalb betont, daß Sokrates sehr wohl öffentliche und private Kulthandlungen vollzogen habe. Sokrates wird also nicht Atheismus vorgeworfen, sondern er gehe nicht zum Tempel. Der Anklagepunkt wird als „Frevel gegen die Religion", als Asebie, bezeichnet. Weiter heißt es, Sokrates führe neue Götter ein und verderbe die Jugend.

Das ist wenig, wenn man einen zum Tode verurteilen will. Aber es sind Vorwürfe, die man Sokrates auch schon früher gemacht hatte. Zum Beispiel in Aristophanes' Komödie *Die Wolken*. Da hatte Aristophanes einen Sokrates beschrieben, der die Wolken zu Göttern machen will. Und Sokrates hatte dem Sohn des Bauern Strepsiades beigebracht, Tatsachen so zu verdrehen, daß der Sohn am Ende ungestraft den Vater verprügeln darf.

Die Klage gegen Sokrates wurde beim Archon Basileus eingereicht, dem für religiöse Fragen zuständigen Magistrat. Klage einreichen konnte jeder Bürger Athens. Eine öffentliche Behörde im Sinne einer Staatsanwaltschaft gab es nicht. Jeder Bürger hatte das Recht und die Pflicht, Klage zu erheben, wenn er der Ansicht war, der Polis sei Schaden zugefügt worden. Formal verlief der Prozeß nach folgendem Muster:

a) Verlesung und Begründung der Anklage. Zur Anklage selbst gehörte die Festsetzung eines Strafmaßes.

b) Verteidigung des Angeklagten.

c) Geheime Abstimmung der Richter über die Klage. Dabei hatten die Richter keinerlei Zeit zur Diskussion des Gehörten. Man konnte weder Kläger noch Beklagtem Fragen stellen.

d) Kam das Gericht zu einem Schuldspruch, hatte der Beklagte das Recht, seinerseits ein Strafmaß festzulegen. Beide Parteien unterwarfen sich also dem Gericht. Nun wurde verhandelt, unter welchen Bedingungen der Friede der Polis wieder hergestellt werden konnte.

e) Hatte der Angeklagte seinen Strafantrag gestellt, stimmte das Gericht über die beiden Strafanträge ab. Dabei mußte einer der beiden Anträge mehrheitlich angenommen werden. Die Möglichkeit, einen alternativen dritten Strafantrag zu stellen, hatte das Gericht nicht. Die Strafe wurde dann entweder von den Behörden der Polis vollzogen, wenn es sich um eine Todesstrafe handelte, oder das Gericht gab den Beklagten dem Zugriff des Klägers frei, etwa bei Geldstrafen.

Die Richter nahmen nur passiv an der Verhandlung teil. Sie konnten weder Fragen stellen, noch sich beraten. Das hatte zum Teil praktische Gründe. Meist saßen 501 Männer als Richter im Archon. Bei wichtigen Prozessen konnten es 6000 sein. Die Zahl machte Befragungen und Diskussionen natürlich unmöglich. Übrigens sieht man an der Zahl der Richter auch, daß der Prozeß gegen Sokrates als nicht so wichtig erachtet wurde. Er hatte nur 501 Richter, wobei der Begriff Richter ein wenig irreführend ist, denn um ausgebildete Juristen handelte es sich nicht. Es waren Geschworene, die nach einem komplizierten Losverfahren aus der Bürgerschaft Athens gezogen wurden. Das sollte eine objektive Zusammensetzung der Richter garantieren, die jede Parteinahme und Manipulation ausschloß. Die einzelnen Richter wurden vereidigt, nur nach Recht und Gesetz zu entscheiden, unvoreingenommen und unbeeinflußt. Mit dem Eid unterlag das Handeln der Richter zugleich einer religiösen Kontrolle. Bestechliche Richter wurden hart bestraft. Um die Abstimmung auch vom Druck der Öffentlichkeit zu befreien, wurde geheim abgestimmt. Und jeder Richter bekam ein Tagegeld von drei Obolen, was etwa dem Existenzminimum entsprach. Das war ein Versuch, Demokratie zu realisieren, um auch ärmeren Volksschichten eine Tätigkeit als Richter zu ermöglichen, wenn sie ausgelost wurden.

Es war nicht die Aufgabe der Richter, Recht im Sinne eines juristischen Kodex zu sprechen. Vielmehr ging es darum, daß der innere Friede der Stadt gestört worden war. Geurteilt wurde also nicht auf der Basis einer abstrakten Gerechtigkeit im Sinne von Gesetzestexten oder Rechtsphilosophien. Es ging um die Herstellung eines gesellschaftlichen Konsenses und das friedliche Zusammenleben der Bürger. Die Richter mußten entscheiden, ob dieser Konsens gestört war oder nicht. Für Sokrates ganz konkret hieß das: Kann Athen diesen Mann ertragen, ohne den inneren Frieden zu gefährden – oder nicht? Paßt der Angeklagte in die Polisgemeinschaft – oder ist er ein Fremdkörper?

Über die drei Ankläger des Sokrates ist wenig mehr bekannt als ihre Namen: Anytos, Meletos, Lykon. Der Bedeutendste unter ihnen war Anytos, ein angesehener und reicher Mann, Heermeister und leitender Beamter. Meletos trat als nomineller Hauptankläger auf, über Lykon weiß man fast nichts. Man spürt allerdings, wenn Sokrates sich in seiner Verteidigungsrede auf seine Untersuchungen bei den Politikern, Handwerkern und Dichtern bezieht, daß er damit seine Ankläger meint. Anytos war Politiker. Bei Meletos und Lykon wird es sich also um einen Dichter und einen Handwerker gehandelt haben.

Was wußten die Richter über Sokrates, was konnten sie über ihn wissen? Zunächst einmal: Sie kannten nicht den Sokrates, den später Platon, Xenophon und Aristoteles geschildert haben. Sie wußten nicht, wie er sich nach der Verurteilung verhalten würde. Das ist von großer Bedeutung für den Prozeß, denn der Tod des Sokrates spielt bei seiner Nachwirkung eine ganz wesentliche Rolle. Vielmehr hatte man wohl erwartet, daß der Prozeß lange nicht so spektakulär ausgehen würde. Man rechnete mit einer Geldstrafe, Verbannung oder ähnlichem. Für die Herstellung des

Konsenses in der Polis hätte das durchaus genügt. Der „Fremdkörper“ war gerügt worden, damit hatte es sich. Eher schon war das Bild des Sokrates geprägt durch Aristophanes und seine Komödie. Sokrates also als ein etwas verschrobener Typ und einer der Sophisten, die sich in Athen herumtrieben Man hatte wohl auch gehört vom Daimonion des Sokrates, dieser seltsamen „inneren Stimme“, wie Xenophon durchblicken läßt. Ganz offensichtlich war, daß Sokrates eine Schar vor allem junger Schüler hatte. Mit ihnen sah man ihn täglich in der Stadt. Vielleicht wußten die Richter auch, daß Sokrates mit seinen Fragen oft harmlose Bürger irritierte und sie dem Gelächter seiner Schüler preisgab. In jedem Fall sah der Sokrates, wie er 399 vor den 501 Richtern stand, weit harmloser aus, als er sich dann im Prozeß erweisen sollte. In keinem Falle sahen die Richter eine überragende Figur der europäischen Geistesgeschichte vor sich.

Platon hat die Verteidigungsrede des Sokrates überliefert. Sie beginnt gleich mit einer doppelten Provokation. Da fehlt zunächst jede Anrede des Gerichts, etwa in der Art „Hohes Gericht“ oder ähnlich; stattdessen nur schlicht „Männer von Athen“. Dann wird Sokrates ironisch. Die Ankläger hätten einen tiefen Eindruck auf ihn gemacht, so gut hätten sie gesprochen. Nur, die Wahrheit hätten sie nicht gesagt.

Sofort steuert Sokrates auf sein eigentliches Ziel zu. Er will nicht als gekonnter Redner beeindrucken, sondern einzig und allein durch die Wahrheit. Es geht ihm nicht um Eindruck oder Wohlverhalten. Er verzichtet darauf, die Richter durch Redekunst oder Mitleid zu beeinflussen. Er will überzeugen. Der erste Teil der Rede endet mit einem Appell an die Richter: Es ist die Aufgabe des Angeklagten, ganz und gar die Wahrheit zu sagen. Die Aufgabe der Richter ist es, einzig auf Recht oder Unrecht in der Rede zu achten.

Dann nimmt sich Sokrates seine Ankläger vor. Er unterscheidet zwischen zwei Gruppen von ihnen. Da sind zunächst die drei Männer, die ihn vor Gericht gebracht haben. Aber Sokrates behauptet, er habe noch mehr Ankläger, nur könne man sie nicht beim Namen nennen. Es seien die Vielen, die mit Gerüchten und Verleumdungen Stimmung gegen ihn gemacht hätten.

Um zu belegen, warum es so viele Vorurteile gegen ihn gibt, erzählt Sokrates die Geschichte vom Orakel von Delphi. Das Orakel nämlich hatte behauptet, er sei der weiseste Mann von Griechenland. Er habe es als seine göttliche Pflicht empfunden herauszufinden, warum ihn das Orakel so bezeichnet habe. Er untersucht seine vermeintliche Weisheit also nicht, um sie zu bestätigen, um sich zurückzulehnen mit einer wasserdicht verbürgten Weisheit. Man hat eher den Eindruck, er will den Spruch widerlegen. Deshalb geht er zu den Politikern, den Dichtern, den Handwerkern. Und er findet sich jedesmal weiser als sie, da er eben weiß, wo die Grenzen seines Wissens sind, und nicht aus einem Spezialwissen heraus glaubt, er sei überhaupt weise und allwissend. Man kann sich vorstellen, wieviel Porzellan Sokrates mit seiner Untersuchung zerschlagen hat. Und hier sieht Sokrates auch den Grund für seine Verleumdung, die in der Anklage gegen ihn nur ihren Höhepunkt hat, wobei seine drei Ankläger ja aus den Reihen der Politiker, Dichter und Handwerker kommen. Das also bedeutet für ihn schließlich der Spruch der Pythia: „Der, ihr Menschen, ist unter euch der weiseste, der wie Sokrates erkannt hat, daß er, recht betrachtet, nichts wert ist, was seine Weisheit betrifft."

Nach der Verteidigungsrede des Sokrates wird unverzüglich abgestimmt. Das Ergebnis: 280 Geschworene befinden ihn für schuldig, 221 für unschuldig. Im Prozeßverlauf ist es nun an Sokrates, einen eigenen Strafantrag zu stellen. Der Antrag der Anklage steht fest: Tod. Aber welchen Antrag soll Sokrates selbst stellen? Immerhin ist er davon überzeugt, kein Unrecht getan zu haben. Also stellt er einen absolut provokativen Antrag: Speisung im Prytaneion. Das war eine Art ehrenhafter Freitisch. Die Ratsherren Athens speisten dort, hohe Staatsgäste und die Olympiasieger. Und gegen die Olympiasieger, echte Volkshelden, schlägt er dann auch noch kurz aus: Die machen das Volk nur für kurze Zeit und zum Schein glücklich, ganz im Gegensatz zu ihm, der sich um das echte Glück bemüht. Aber natürlich ist eine Speisung im Prytaneion als Strafe nicht zulässig. Deshalb schlägt Sokrates die Zahlung von 30 Silberminen vor. Nach Xenophon weigerte sich Sokrates, einen Strafantrag zu stellen. Es ist also offen, ob Sokrates wirklich zunächst die Speisung vorgeschlagen hat; offen auch, ob er schließlich eine Geldstrafe vorgeschlagen hat. Im Grunde wollte Sokrates wohl keinen Antrag stellen. Vielmehr bekommt man bei seiner Verhandlungsführung zunehmend den

Eindruck, er habe es ganz darauf angelegt, zum Tode verurteilt zu werden. Nachdem beide Strafanträge gestellt waren, wurde wieder abgestimmt. Das Ergebnis: 360 Richter stimmen für die Todesstrafe, 141 für die Zahlung der 30 Minen. Damit stand fest, Sokrates wird hingerichtet.

Der Prozeß endet mit dem Schlußwort des Sokrates. Sokrates teilt diese Rede. Zunächst spricht er die Richter an, die ihn zum Tode verurteilt haben, dann die, die ihn freisprechen wollten. Sokrates beginnt den ersten Teil seiner Rede geradezu mit einer Drohung: Man werde Athen verurteilen, nicht ihn, und er begründet das Todesurteil mit seinem Mangel an Dreistigkeit und Unverschämtheit. Schwierig sei ihm immer die Vermeidung der Schlechtigkeit erschienen, nicht die Vermeidung des Todes. Nun aber hole ihn bald der Tod ein, die Richter aber seien schon jetzt von der Schlechtigkeit eingeholt.

Der zweite Teil der Rede setzt ein mit einer Warnung: Es werden andere kommen, die euch nach eurer Lebensführung befragen. Und die werden je hartnäckiger sein, je jünger sie sind. Mit dem Tod des Sokrates werde also keine Ruhe herrschen. Zum Schluß spricht Sokrates über den Tod. Er fragt: Was ist der Tod? Entweder ist er eine Art Schlaf, dann muß man sich nicht vor ihm fürchten. Oder aber die Seele lebt nach dem Tode weiter. Dann, behauptet Sokrates, könne er mit den Heroen der Vergangenheit im Jenseits reden. Hier beginnt etwas, das Romano Guardini als den Mythos der Apologie bezeichnet. Ganz selbstbewußt reiht Sokrates sich ein in die Reihe der Großen. Nach dem Tod erst beginnt das wirkliche Gespräch. Die ganzen Diskussionen auf der Agora von Athen waren nur ein Vorgeplänkel. Nach dem Tod erst wird der Auftrag des Gottes ganz erfüllt.

Im Dialog *Phaidon* schließlich schildert Platon den letzen Tag und das Sterben des Sokrates. Platon zeigt uns Sokrates, der umgeben von seinen Freunden in einem Gefängnis vor den Toren Athens sitzt. Den Tag hatte Sokrates im Gespräch mit seinen Freunden zugebracht. Wie immer wurde philosophiert. Sokrates hatte die Frage aufgeworfen, ob die Seele unsterblich sei oder nicht.

Als die Sonne hinter dem Berg Hymettos versinkt, nimmt Sokrates ein Bad. Dann verabschiedet er sich von seiner Familie und kehrt zurück zu seinen Freunden. Schließlich kommt der Gefängniswärter: „O Sokrates, über dich werde ich mich nicht zu beklagen haben wie über andere, daß sie mir böse werden und mir fluchen, wenn ich ihnen ansage das Gift zu trinken auf Befehl der Oberen. Dich aber habe ich auch sonst schon in dieser Zeit erkannt als den edelsten, sanftmütigsten und trefflichsten von allen, die sich jemals hier befunden haben, und auch jetzt weiß ich sicher, daß du mir nicht böse sein wirst, denn du weißt wohl, wer schuld daran ist, sondern jenen."

Der Wärter bricht in Tränen aus. Sokrates, der Todeskandidat, tröstet seinen Henker und bittet ihn, das Gift zu bringen. Aber noch ist Zeit, wirft ein Freund ein, die Sonne ist noch nicht ganz untergegangen. Sokrates winkt ab. Wenn ich jetzt noch Zeit schinden will, mache ich mich nur lächerlich, sagt er und holt den Wärter mit dem Giftbecher. Wie muß man es machen, will er wissen: „Nichts weiter, (...) als, wenn du getrunken hast, herumgehen, bis dir die Schenkel schwer werden, und dann dich niederlegen, so wird es schon wirken." Darf man von dem Trank den Göttern spenden? fragt Sokrates. Der Wärter verneint, es wird nur soviel Schierling zubereitet, wie unbedingt nötig. Ich verstehe, sagt Sokrates. Aber man darf doch beten, daß die Wanderung von hier nach dort glücklich verlaufen wird. Dann trinkt Sokrates den Schierlingsbecher ohne zu zögern aus. Einige der Freunde weinen. Sokrates bittet sie, sich zu beruhigen. Er habe schon die Frauen weggeschickt, daß es keine Tränen und kein Geschrei gebe. Ich habe immer gehört, man müsse still sein, wenn einer stirbt, sagt er. In seiner Zelle geht Sokrates von Wand zu Wand. Als es ihm schwer wird, legt er sich hin. Der Wärter tastet seine Beine ab. Sie sind gefühllos. Sokrates hüllt sich in eine Decke ein. Dann sagt er seine letzten Worte: „O Kriton, wir sind dem Asklepios einen Hahn schuldig." Wenige Augenblicke später ist Sokrates tot.

Wir sind dem Asklepios einen Hahn schuldig. Lange Zeit galt der Satz als rätselhaft. Tatsächlich aber besagt er, daß mit dem Tod die Heilung von der Krankheit des Lebens beginnt. Denn im Heiligtum des Asklepios, Gott der Heilkunst, wurden Kranke in einen Schlaf versetzt, aus dem sie geheilt erwachten.

Platon endet seinen Dialog über den Tod des Sokrates mit den Worten: „Dies (...) war das Ende unseres Freundes, des Mannes, der unserem Urteil nach von den damaligen, mit denen wir es versucht haben, der trefflichste war und auch sonst der vernünftigste und gerechteste."

Mit diesem Tod hat Sokrates Maßstäbe für das Sterben eines Philosophen gesetzt. Es wundert nicht, daß Heraklit und Pythagoras keine Schule machten. Wer als Philosoph nicht nur auf die Wahrheit, sondern auch auf den Nachruhm setzte, der nahm sich das gelassene Sterben des Sokrates zum Vorbild. Vor allen Dingen, wenn es mit dem eigenen Denken nicht unbedingt weit her war. Dann sollte der eigene Tod zum philosophischen Meisterwerk werden, um sich wenigstens auf diese Weise einen Platz in den Lexika und Geschichtsbüchern zu sichern. Ein solcher Tod allerdings war keineswegs leicht zu bewerkstelligen.

Ein Beispiel dafür ist der römische Philosoph Lucius Annaeus Seneca, genannt der Jüngere. Bezeichnenderweise wurde er im Jahre Null geboren. Seneca predigte eine stoische Moralphilosophie. Das sittlich gute Leben bestand für ihn vor allem in unbedingter Strenge gegen sich selbst, in Grundsatztreue und Nächstenliebe. Seine Lehren waren nicht besonders originell, aber das wäre nicht unbedingt schlimm gewesen. Senecas Fehler bestand darin, diese Lehren zur Regierungszeit Neros zu verbreiten. Ja, Seneca war so blauäugig, daß er Nero nach der Kaiserkrönung eine Schrift über die Herrschertugend der Milde überreichte.

Nero bedankte sich auf seine Weise. Er behauptete, Seneca habe an einer Verschwörung gegen ihn teilgenommen und verurteilte ihn zum Tode. Aber wie es scheint, hatte Nero Senecas Schrift über die Milde gelesen. Denn Seneca wurde nicht einfach hingerichtet. Er mußte im Jahr 65 auf Befehl Neros Selbstmord begehen. Nun war Seneca auch Tragödiendichter. Er beschloß, seinen Tod regelrecht zu inszenieren. Und zwar in der Manier des Sokrates. Einen Philosophentod also mit Dialog und Requisiten. Aber leider war Seneca nicht nur ein mittelmäßiger Philosoph. Er war auch ein miserabler Regisseur. Die Inszenierung seines Todes mißlang gründlich.

Zunächst diskutierte Seneca eine Weile mit Freunden und dem Hauspersonal. Dann ließ er sich, als Höhepunkt des Abends, den gesamten *Phaidon* vorlesen, also den Dialog, in dem Platon das Sterben des Sokrates beschreibt. Zum Abschluß der Lesung trank Seneca den tödlichen Giftbecher. Wie Sokrates benutzte er Schierling. Aber Seneca hatte Pech. Der Schierling war zu alt und daher fast wirkungslos. Seneca schaffte es nicht, sich zu vergiften. Also ließ er sich die Adern öffnen. Auch das half nicht. Sein Blut floß zu langsam. Vielleicht wegen der beruhigenden Wirkung des Schierlings. Nun mußte Seneca improvisieren. Er ließ sich ein Schwitzbad bereiten. In dem siedend heißen Wasser trat schließlich der Herzstillstand ein. Aber Seneca hatte noch einmal Pech. Als er spürte, daß es mit ihm zu Ende ging, sagte er seine lang überlegten letzten Worte für die Nachwelt. Leider ging die Tafel, auf der Seneca sie sicherheitshalber notiert hatte, verloren. So wurden Senecas letzte Worte vergessen.

Übrigens hatte Seneca im Gegensatz zu Sokrates seine Frau nicht weggeschickt. Im Gegenteil! Paulina trank mit ihrem Mann den Schierlingsbecher und ließ sich die Pulsadern aufschneiden. Unklar ist, ob sie aus freien Stücken sterben wollte. Nero jedenfalls hatte sie nicht verurteilt. Als sich nach dem Öffnen der Pulsadern auch bei Paulina der Tod nicht einstellte, begann sie zu weinen und zu klagen. Der genervte Seneca ließ sie fortschaffen. Paulina starb allein und ohne die Würde der Philosophie.

So kam es, daß Sokrates mit seiner Überzeugung, daß Philosophieren heiße, Sterben zu lernen, zwar allgemein bewundert wurde. Wirklich nachtun aber wollte es ihm kaum einer. René Descartes, der Initiator des neuzeitlichen Denkens, zog es vor, zu sterben wie Heraklit. Er zog sich in Schweden eine Lungenentzündung zu, weigerte sich aber hartnäckig, sich von Ärzten behandeln zu lassen. Fichte starb an einem Nervenfieber, Hegel an der Cholera, Wittgenstein an Krebs, der Nobelpreisträger Albert Camus bei einem Autounfall. Julien Offray de La Mettrie wurde ein Opfer seiner Lust zu schlemmen. Er starb bei einem Bankett an einem Stück verdorbener Pastete. Erstaunlich für einen radikalen Materialisten. Sein Hauptwerk trug immerhin den bezeichnenden Titel *Der Mensch als Maschine*. Anscheinend hatte La Mettrie nicht damit gerechnet, daß der angeblich so perfekten Körpermaschine ein lächerlicher Bissen Fleisch zum Verhängnis werden könnte. Seine These vom Menschen als Maschine war schlicht falsch, wie sein Tod bewies. Offen blieb nur, warum er als einziger Gast an dem verdorbenen Fleisch starb.

Tatsächlich gibt es nur sehr wenige Philosophen, die wie Sokrates für ihr Denken in den Tod gingen. Das erstaunt kaum. Auch Philosophen sind nur Menschen. Und im Mittelalter brachen für Philosophen weitaus härtere Zeiten an als in Griechenland oder unter Nero. Wer den Herrschenden nicht paßte, durfte sich nicht einmal mehr aussuchen, ob er lieber den Schierlingsbecher trinken oder sich die Pulsadern aufschneiden wollte. Die Heilige Inquisition ersparte ihren Schützlingen die Qual der Wahl. Sie zog andere Quälereien vor. Wer vom rechten Glauben abwich, wurde für sein eigenes Seelenheil bei lebendigem Leibe verbrannt. Davon zeugt noch heute das Standbild Giordano Brunos auf dem Campo dei fiori in Rom.

Am Samstag, den 19. Februar 1600 berichtet die römische Zeitung *Avvisi di Roma*: „Am Donnerstagmorgen wurde auf dem Campo dei fiori jener verbrecherische Dominikanermönch aus Nola lebendig verbrannt, von dem wir in einem der letzten Blätter berichteten: ein sehr hartnäckiger Ketzer, der nach seiner Laune verschiedene Dogmen gegen unseren Glauben ersonnen hatte, und zwar insbesondere gegen die heilige Jungfrau und die Heiligen. Dieser Bösewicht wollte in seiner Verstocktheit dafür sterben, und er sagte, er sterbe als Märtyrer und sterbe gern und seine Seele werde aus den Flammen zum Paradies emporschweben. Aber jetzt wird er ja erfahren, ob er die Wahrheit gesagt hat!" Demnach starb Bruno am 17. Februar 1600 im Alter von 52 Jahren.

Geboren wird er 1548 in Nola bei Neapel. Sein Taufname lautet Filippo. Mit vierzehn Jahren beginnt der Knabe in Neapel ein Studium der Logik und Dialektik. Drei Jahre später tritt er in den Dominikanerorden ein und nimmt den Vornamen Giordano an. Es ist das Zeitalter der Gegenreformation. 1542 hat Papst Paul III. nach spanischem Vorbild die Inquisition erneuert und in Rom zentralisiert. 1564 wird der *Index librorum prohibitorum* eingeführt, eine Liste der für Katholiken verbotenen Bücher. Giordano Brunos Bücher kamen 1603 auf den Index. Sie blieben dort, bis der Index 1965 aufgehoben wurde. Im Gegensatz dazu ist Brunos Karriere als Kirchenmann nur von kurzer Dauer. Schon ein Jahr nach seinem Eintritt in den Orden melden sich bei ihm erste Zweifel am christlichen Gottesbegriff. Er hat Schwierigkeiten mit der Trinitätslehre und der Vorstellung eines personalen Gottes. Seine Probleme betreffen das Innerste der christlichen Dogmatik. Dazu kommt, daß er die Marien- und Heiligenverehrung ablehnt. In Neapel wird ihm deshalb zweimal der Prozeß gemacht, „das erste Mal, weil ich gewisse Bilder und Figuren von Heiligen fortgegeben und nur das Kruzifix behalten habe, indem man mir vorwarf, ich verachte jene Heiligenbilder". Trotz seiner Zweifel und Schwierigkeiten läßt sich Giordano 1572 zum Priester weihen und beginnt ein Studium der Theologie. Aber schon kurz nachdem er sein Studium abgeschlossen hat, wird er 1576 der Ketzerei verdächtigt. Er hat zwei verbotene Bücher versteckt. Als diese auf dem Abtritt des Klosters gefunden werden, flammt der alte Verdacht der Ketzerei rasch wieder auf. Der Prokurator seines Ordens setzt eine Schrift mit 130 Anklagepunkten gegen ihn auf. Giordano Bruno entschließt sich zum Bruch mit der Kirche und zur Flucht. Zunächst nach Rom, dann nach Noli. Die Angst vor der Inquisition treibt ihn im folgenden Jahr quer durch Italien. Er sucht Unterschlupf in Savona, Turin, Venedig, Padua, Brescia und Bergamo. 1578 entschließt er sich, Italien zu verlassen und reist nach Genf. Auch dort bekommt er Ärger. Man wirft ihm vor, eine Streitschrift gegen einen einflußreichen Philosophieprofessor verfaßt zu haben. Nach einigen Tagen in Haft nimmt Bruno schließlich die von ihm aufgestellten Behauptungen zurück. Aber er hat von Genf genug und reist weiter nach Lyon und Toulouse. In den folgenden Jahrzehnten finden wir Bruno in ganz Europa. Er besucht London, Oxford, Paris, Marburg, Wittenberg, Prag, Helmstedt, Frankfurt am Main und Zürich. Überall hält er Vorlesungen, vor allem aber entsteht in diesen Jahren seine Philosophie. In immer neuen Formen legt Bruno seine Theorien dar. Er schreibt Lehrgedichte, Komödien, Dialoge, die ihn zum bedeutendsten Naturphilosophen der Renaissance machen. Seine Wirkung ist enorm. Er beeinflußt Denker wie Spinoza, Leibniz, Schelling und Goethe.

Bruno vertritt eine pantheistische Metaphysik. Er geht aus vom heliozentrischen Weltbild des Kopernikus. Aber er weist die Theorie der das Weltall begrenzenden Fixsternsphäre zurück. Seiner Meinung nach ist das All unendlich, denn ein unendlicher Gott kann nur eine unendliche Schöpfung hervorbringen. In diesem unendlichen Kosmos wiederum nimmt er zahllose Teilsysteme von der Art unseres Planetensystems an. Es ist also durchaus möglich, daß es auch andere bewohnte Welten gibt. Das All ist beseelte Materie, die durch Gott geeint wird. Die Grundbestandteile der Materie dachte er sich als beseelte Einheiten, die sogenannten Monaden. Sie sind verschieden in einem Stufensystem geordnet, wobei Gott die höchste Monade ist. Gott ist also nicht außerhalb der Welt, sondern in ihr. In der Mannigfaltigkeit der Dinge ist er die All-Einheit, in dem alles Sein ist (Bruno spricht von eingefaltet sein, complicatio) und alle Gegensätze zusammenfallen. In den sich aus Gott heraus entfaltenden Einzeldingen geht die Einheit der Gegensätze allerdings verloren. Möglichkeit und Wirklichkeit fallen bei ihnen auseinander, weshalb sie nie alles sind, was sie sein können. Deshalb sind sie unvollkommen, deshalb verändern sie sich und vergehen.

Im Sommer 1591, Bruno lebt fast zwölf Jahre im Exil, wird er von dem Adeligen Giovanni Mocenigo nach Venedig eingeladen. Das Erstaunliche ist, daß er die Einladung annimmt. Immerhin war er aus Italien vor der Inquisition geflohen. Über die Gründe kann man nur mutmaßen. Vielleicht hatte er gehofft, in Vergessenheit geraten zu sein. Vielleicht hatte er die machtpolitischen Konstellationen zwischen Venedig und dem Kirchenstaat falsch eingeschätzt. In jedem Falle trifft Bruno im August 1591 in Venedig ein. Er bewirbt sich sogar um den Lehrstuhl für Mathematik in Padua, wird aber abgelehnt. Statt dessen bekommt Galileo Galilei den Ruf. Eine Weile pendelt Bruno zwischen Venedig und Padua hin und her, dann läßt er sich endgültig in Venedig nieder. Dort soll er seinen Gastgeber über die Gedächtniskunst unterrichten, eine Disziplin, für die Bruno berühmt war. Er selbst soll ein phänomenales Erinnerungsvermögen gehabt haben. Zudem hatte er ein Buch über die Gedächtniskunst geschrieben. Doch Mocenigo ist unzufrieden mit seinem Lehrer. Es kommt zum Streit, und Bruno will zurück nach Deutschland. In der Nacht vom 22. zum 23. Mai 1592 läßt Mocenigo ihn im Keller seines Palastes einsperren. Noch am 23. Mai schickt er dem Inquisitor von Venedig ein Denunziationsschreiben. Darin behauptet Mocenigo unter anderem, Bruno habe Jesus einen Betrüger und Magier genannt. Schon einen Tag später wird Giordano in das Gefängnis der Inquisition überstellt. Es sind die berüchtigten Bleikammern.

Wenige Tage später beginnen die „Verhandlungen", es werden Zeugen gehört, Bruno muß über sein Leben berichten. Er wird über seine Philosophie und deren Verhältnis zum katholischen Glauben befragt. Bruno erläutert seine Ablehnung des Trinitätsgedankens und eines personalen Gottesbegriffes, betont aber, er sei Philosoph und habe sich als solcher nie direkt zu Glaubensfragen geäußert. Theologie und Philosophie habe er streng getrennt.

Und er bestreitet, Jesus einen Betrüger und Magier genannt zu haben. Erstaunlicherweise geht es um Brunos Nähe zu den Theorien des Kopernikus nur am Rande.

Es ist fast sicher, daß Bruno auch gefoltert wurde. Anders läßt sich kaum erklären, daß er am 30. Juli einen Zusammenbruch erleidet und um Verzeihung für seine Irrtümer bittet. Inzwischen hat sich auch Rom in den Prozeß eingeschaltet. Nach langwierigen Verhandlungen wird Bruno im Februar 1593 nach Rom überstellt und in das Gefängnis des Heiligen Offiziums, die Engelsburg, gebracht. In Rom zieht sich der Prozeß gegen ihn fast sieben Jahre hin. Über seinen Verlauf ist fast nichts bekannt. Sicher ist nur, daß Brunos Bejahung des Kopernikanismus kein Hauptpunkt der Anklage war. Vor allem geht es um seine Ablehnung des christlichen Gottesverständnisses und angebliche Kontakte zu Ketzern. Bruno ist also kaum als Märtyrer der modernen Naturwissenschaften zu bezeichnen. Aber seine philosophischen Überlegungen haben auch sein Gottesbild verändert. Deshalb muß er sterben. Denn für einen Gott, der sich in den Naturgesetzen manifestiert und in der Welt ist, ist in der Kirche kein Platz. Am 21. Oktober erklärt Bruno, daß er nichts zu bereuen habe. Er sehe keinen Grund für einen Widerruf. Am 8. Februar wird das Todesurteil verkündet. Nach dessen Verlesung wendet sich Bruno an die anwesenden Kardinäle: „Mit größerer Furcht verkündigt ihr vielleicht das Urteil gegen mich, als ich es entgegennehme."

Zum Heiligen Jahr 1600 wird Giordano Bruno von Papst Clemens VIII. ins Festprogramm der Stadt Rom aufgenommen. Am 17. Februar bindet man ihn nackt an den Pfahl und verbrennt ihn bei lebendigem Leib. Die Mönche der Bruderschaft von St. Johannes dem Enthaupteten singen und beten dazu: „Um zwei Uhr nachts wurde die Bruderschaft benachrichtigt, daß am nächsten Morgen die Hinrichtung eines armen Dulders stattfinden werde. Um sechs Uhr abends versammelten sich die Trostspender und der Kaplan in San Orsola und gingen zu dem Gefängnis im Turm von Nona. Dort betraten sie die Kapelle und sprachen die üblichen Gebete für den zum Tode verurteilten Giordano Bruno (Sohn des verstorbenen Giovanni Bruno), ein abtrünniger Bruder aus Nola (im Königreich), ein verstockter Ketzer. Er wurde von unseren Brüdern mit aller Liebe ermahnt. Auch riefen wir zwei Pater der Dominikaner, zwei von den Jesuiten, zwei von der Neuen Kirche und zwei von der Kirche des heil. Hieronymus. Sie zeigten ihm mit großem Eifer und mit großer Gelehrsamkeit seinen Irrtum. Er jedoch beharrte bis zum Ende immer in seiner verdammten Widerspenstigkeit und verdrehte sich sein Gehirn und seinen Verstand mit tausend Irrtümern; ja, er ließ nicht nach in seiner Halsstarrigkeit, nicht einmal, als er von den Gerichtsdienern abgeführt wurde nach dem Campo dei fiori. Dort wurde er entkleidet, an einen Pfahl gebunden und lebendig verbrannt. In all dieser Zeit wurde er von unserer Bruderschaft begleitet, die ständig Litaneien sangen, während die Trostspender bis zum letzten Augenblick versuchten, seinen hartnäckigen Widerstand zu brechen, bis er schließlich sein elendes und unglückseliges Leben aufgab."

Ein Augenzeuge berichtet: „Er sah bleich und blaß aus – offenbar geschwächt von dem Blutverlust, den er durch die vergangenen Marterungen erlitten hatte. Seine Arme hingen wie leblos herunter. Man hatte sie aus den Gelenken gerissen, als man ihn über das Rad geflochten hatte. Nicht genug damit – die furchtbaren Marterwerkzeuge hatten an vielen Stellen das Fleisch bis auf den Knochen heruntergeschabt." Karsten Schoppe, ebenfalls ein Augenzeuge der Hinrichtung, schreibt in einem Brief: „Heute ist er also zum Scheiterhaufen oder Brandpfahl geführt worden. Als hier dem schon Sterbenden das heilige Kruzifix vorgehalten wurde, wandte er mit verachtender Miene sein Haupt."

Der Tod als letztes Werk eines Philosophen. Im Falle von Sokrates und Bruno bestätigt der Tod ihr Denken. Ihr Sterben setzt einen Schlußpunkt, der deutlich macht, daß sie für ihre Überzeugungen ganz und gar einstanden. Was aber, wenn vor dem Tod kein großes Werk geschaffen wurde? Dann wird die Art und Weise des Sterbens zu einem philosophischen Zeugnis ganz eigener Art. Das ist der Fall bei Jules Lequier. Im Gegensatz zu Bruno und Sokrates war und ist Lequier völlig unbekannt. Der französische Philosoph starb allerdings 1862 einen wirklich außergewöhnlichen Tod.

Lequiers Leben war eine einzige Pleite. Schon als Schüler wurde er wegen seiner republikanischen Gesinnung nicht zur Abschlußprüfung zugelassen. Der Versuch, auch ohne Schulabschluß in der Politik Fuß zu fassen, scheiterte 1848 bei den Parlamentswahlen kläglich. Auch privat war Lequier ein Verlierer. Seine große Liebe Anne Deszille weigerte sich hartnäckig, ihn zu heiraten. So blieb ihm nur die Philosophie. Aber auch dort hatte Lequier Pech. Seine Bücher fanden keine Beachtung.

Am elften Februar 1862 ging er zum Strand des Ozeans bei Plérin. Dort zog er sich nackt aus. Seine Kleider faltete er ordentlich zusammen. Das war für ihn durchaus nicht ungewöhnlich. Lequier hatte die Angewohnheit, auch in der eisigsten Kälte nackt am Strand herumzulaufen und sich mit Wasser zu benetzen. Er wollte damit das Brennen in seiner Brust lindern, wie er sagte. An diesem elften Februar jedoch blieb Lequier nicht am Strand. Er ging ins Wasser.

Jules Lequier war ein guter Schwimmer. Bald sah man nur noch seinen Kopf als kleinen, schwarzen Punkt zwischen den Wellen am Horizont. Dann verschwand er. Am Abend fand man seine Leiche. Jules Lequier hat die letzte Konsequenz daraus gezogen, daß Philosophieren Sterben lernen heißt, wie Sokrates gesagt hatte. Er hat seinen Tod nicht als das letzte seiner Werke inszeniert. Er hat nur noch ein einziges philosophisches Werk hinterlassen: seinen Tod.

Literatur

Adorno, Theodor W.: Jargon der Eigentlichkeit, Frankfurt/Main 1964.
Anders, Günter: Die Antiquiertheit des Menschen, 2 Bände, München 4. und 7. Auflage 1992.
Arendt, Hannah: Menschen in finsteren Zeiten, München, Zürich 1989.
Arendt, Hannah/Jaspers, Karl: Briefwechsel 1926–1969, München 1993.
Aristophanes: Sämtliche Komödien, München 1976.
Aristoteles: Metaphysik, 2 Bände, griechisch-deutsch, Hamburg 1978/80.
Aristoteles: Physik, 2 Bände, griechisch-deutsch, Hamburg 1987/88.
Augustinus, Aurelius: Bekenntnisse, lateinisch-deutsch, München 4. Auflage 1980.
Beauvoir, Simone de: Die Zeremonie des Abschieds, Reinbek 1996.
Berkeley, George: Eine Abhandlung über die Prinzipien der menschlichen Erkenntnis, Hamburg 1979.
Bernhard, Thomas: Stücke, 4 Bände, Frankfurt/Main 1988.
Biemel, Walter: Sartre, Reinbek 1987.
Bloch, Ernst: Das Prinzip Hoffnung, 3 Bände, Frankfurt/Main 7. Auflage 1980.
Bloch, Ernst: Geist der Utopie. Erste Fassung, Frankfurt/Main 1985.
Boehm, Ulrich (Hrsg.): Philosophie Heute, Frankfurt/Main, New York 1997.
Brillat-Savarin: Physiologie des Geschmacks, Frankfurt/Main 1979.
Capote, Truman: Frühstück bei Tiffany, Reinbek 1962.
Crescenzo, Luciano de: Geschichte der griechischen Philosophie: die Vorsokratiker, Zürich 1985.
Crescenzo, Luciano de: Geschichte der griechischen Philosophie: von Sokrates bis Plotin, Zürich 1988.
Deutsch, Michel: Sit venia verbo. Seinsvergessenheit; Programmmheft der Städtischen Bühnen Freiburg 1989, Aufführungsrechte: S. Fischer Verlag, Frankfurt/Main.
Diels, Hermann/Kranz, Walther: Die Fragmente der Vorsokratiker, Berlin 17. Auflage 1974.
Dietzsch, Steffen: Philosophen beschimpfen Philosophen, 2. Auflage 1996.
Diogenes Laertios: Leben und Meinungen berühmter Philosophen, Hamburg 3. Auflage 1990.
Doucet, Friedrich: Geschichte der Psychologie, Bindlach o.J.
Guardini, Romano: Der Tod des Sokrates, Mainz, Paderborn 5. Auflage 1987.
Heidegger, Martin: Sein und Zeit, Tübingen 15. Auflage 1979.
Heidegger, Martin: Denkerfahrungen, Frankfurt/Main 1983.
Heidegger, Martin/Jaspers, Karl: Briefwechsel 1920–1963, München, Frankfurt/Main 1992.

Hoffmann, Hilmar (Hrsg.): Gestern begann die Zukunft, Entwicklung und gesellschaftliche Bedeutung der Medienvielfalt, Darmstadt 1994.
Hölderlin, Friedrich: Sämtliche Werke und Briefe, 2 Bände, München 3. Auflage 1981.
Hughes, Patrick/Brecht, George: Die Scheinwelt des Paradoxons, Braunschweig 1978.
Jelinek, Elfriede: Totenauberg, Reinbek 1991.
Kant, Immanuel: Kritik der Urteilskraft, Hamburg 1974.
Kant, Immanuel: Kritik der praktischen Vernunft, Hamburg 1974.
Kant, Immanuel: Kritik der reinen Vernunft, Hamburg 1976.
Kant, Immanuel: Was ist Aufklärung? Aufsätze zu Geschichte und Philosophie, Göttingen 4. Auflage 1994.
Kirchhoff, Jochen: Giordano Bruno, Reinbek 5. Auflage 1987.
Klein, Jörg: Wenn die Prüfung ist durch die Knie gegangen; Selbstverlag, Aufführungsrechte beim Autor.
Lenk, Hans: Kritik der kleinen Vernunft, Frankfurt/Main 1987.
Moser, Friedhelm: ‚Alles am Weibe ist ein Rätsel ...': der philosophische Blick auf die Frau, Frankfurt/Main 1998.
Nietzsche, Friedrich: Werke in drei Bänden, Darmstadt 1997.
Onfray, Michel: Der Bauch der Philosophen, Frankfurt/Main, New York 1990.
Onfray, Michel: Der Philosoph als Hund, Frankfurt/Main, New York 1991.
Onfray, Michel: Der sinnliche Philosoph, Frankfurt/Main, New York 1992.
Onfray, Michel: Philosophie der Ekstase, Frankfurt/Main, New York 1993.
Onfray, Michel: Die genießerische Vernunft. Die Philosophie des guten Geschmacks, Baden-Baden, Zürich 1996.
Pagès, Frédéric: Frühstück bei Sokrates, Philosophie als Lebenskunst, Bühl-Moos 1993.
Patzer, Andreas (Hrsg.): Der historische Sokrates, Darmstadt 1987.
Petzet, Heinrich Wiegand: Auf einen Stern zugehen. Begegnungen mit Martin Heidegger 1929 bis 1976, Frankfurt/Main 1983.
Platon: Werke in acht Bänden, Darmstadt 1990.
Postman, Neil: Wir amüsieren uns zu Tode, Frankfurt/Main 1988.
Quine, Willard Van Orman: Grundzüge der Logik, Frankfurt/Main 3. Auflage 1981.
Rosenberg, Jay F.: Philosophieren, Frankfurt/Main 1984.
Ross, Werner: Der ängstliche Adler. Friedrich Nietzsches Leben, München 2. Auflage 1994.
Russell, Bertrand: Eroberung des Glücks, Frankfurt/Main 1977.
Russell, Bertrand: Philosophie des Abendlandes, Wien 1983.
Safranski, Rüdiger: Schopenhauer und die wilden Jahre der Philosophie, Reinbek 1990.
Safranski, Rüdiger: Ein Meister aus Deutschland. Heidegger und seine Zeit, München, Wien 1994.
Sartre, Jean-Paul: Das Sein und das Nichts, Reinbek 1993.
Schmidt-Bergmann, Hansgeorg: Futurismus. Geschichte, Ästhetik, Dokumente, Reinbek 1993.
Schopenhauer, Arthur: Werke in fünf Bänden, Zürich 1988.

Sloterdijk, Peter: Kritik der zynischen Vernunft, 2 Bände, Frankfurt/Main 1983.
Stopczyk, Annegret: Was Philosophen über Frauen denken, München 1980.
Weischedel, Wilhelm: Die philosophische Hintertreppe, München 14. Auflage 1986.
Weiss, Peter: Stücke II/2, Frankfurt/Main 1977.
Whorf, Benjamin Lee: Sprache – Denken – Wirklichkeit, Reinbek 1985.
Wittgenstein, Ludwig: Tractatus logico-philosophicus, Frankfurt/Main 19. Auflage 1985.

Namenregister